王淦昌传

Wang Ganchang Zhuan

郭兆甄 / 著

中国青年出版社

图书在版编目（CIP）数据

王淦昌传 / 郭兆甄著 . —北京：中国青年出版社，2014.11（2024.1 重印）
（共和国科学拓荒者传记系列）
ISBN 978-7-5153-2884-3

Ⅰ . ①王… Ⅱ . ①郭… Ⅲ . ①王淦昌（1907~1998）—传记 Ⅳ . ① K826.11

中国版本图书馆 CIP 数据核字（2014）第 251456 号

原版责任编辑：方小玉
本版责任编辑：彭岩
书籍设计：刘凛　刘黎立
出版发行：中国青年出版社
社　　址：北京市东城区东四十二条 21 号
网　　址：www.cyp.com.cn
编辑中心：010 - 57350407
营销中心：010 - 57350370
经　　销：新华书店
印　　刷：三河市君旺印务有限公司
规　　格：710mm×1000mm　1/16
印　　张：21.5
字　　数：210 千字
插　　页：2
版　　次：2015 年 2 月北京第 1 版
印　　次：2024 年 1 月河北第 6 次印刷
定　　价：36.00 元

如有印装质量问题，请凭购书发票与质检部联系调换
联系电话：010 - 57350337

目　录

第一章

王淦昌和他的时代

一个响亮的名字传遍世界

公元1964年10月16日下午，中国爆炸了第一颗原子弹。这一震惊世界的消息，使得美国白宫的首脑们惊慌失措。他们开始感觉到自己在世界的霸权地位受到挑战。更何况，这一颗原子弹的爆炸，比美国科学家的预言提前了五年，比苏联最高领导人赫鲁晓夫讲的早十多年呢。

上帝给了中国什么法宝？中国人竟然不怕美国前几任总统要用原子武器攻击的威胁。现在，那种威胁像撞在喜马拉雅山的崖壁上，反弹出回波，拍响了白宫之墙，就像扇了对方一记耳光。

约翰逊总统愣怔了半天，终于悟到这一天改变了世界的态势。无论如何，贫穷的中国能如此迅速地掌握强大的核武器，足以显示其强大的生命力了。而美国前国务卿杜勒斯的预言"赤色中国不过是很快就会消逝的暂时现象"也已彻底破产。

与此同时，世界上几乎所有的地震监测仪都已测到中国的震波，而且，都断定其震源是中国西北部的罗布泊。

罗布泊震撼全世界。全世界都在猜测中国人——

在火药的故乡，是谁造出上帝都怕触摸的核火？谁是创造当代中国这一伟大奇迹的科学群体的灵魂人物？世界物理学界自然想到了他——王淦昌。

王淦昌是什么样的中国人？

美籍华人、物理学家冯平观在20年后著文回忆当年外国的反应："原子弹爆炸突然打破了罗布泊的沉默。淦昌师大名出现在西方报章上，被认为是中国的奥本海默，是原子计划的总领导人。《纽约时报》上还刊出了他的长篇传略，说他以前在杜布纳做过粒子物理研究，发现了反西格玛负超子，并任杜布纳联

国际小行星中心和国际小行星命名委员会于2003年批准将国家天文台1997年11月19日发现的国际永久编号为14558号小行星正式命名为"王淦昌星"

1985年在中国原子能科学研究院

合原子核研究所副所长，回国后从事原子弹研究工作，不久就
成功了，云云。西方人按他们自己的经验，认为要知此事底细，
就得找出个奥本海默来。找到了就心满意足，于是就一知半解
地不再研究了。"

他们不明白，了解了他，就如同了解中华民族自强不息的
英雄史诗，就能更深入地了解新中国。

是的，他如此搭起中国近代物理的长桥——

第一个为抗日战争讲授"军事物理"。

第一个在中国讲授原子核物理，叩响原子核物理神秘的
大门。

第一个在1945年8月下旬，绘制原子弹构造图，向浙大的爱

国师生阐述原子弹及其原理。

当时听课的学生，后来有不少人成为我国的第一代原子弹专家。

他，影响着中国几代物理学家。学生们无不称颂他是我国物理学界一大尊师。

严师出高徒。学生们都知道，要想获得科学成就，就必须像他们的尊师，倾注毕生精力。邓稼先虽然在"两弹"的研制工作中立下了卓著的功勋，但却从不敢在老教授面前怠慢事业。他甚至忙得扣错了衣扣，急匆匆地跑到研究室门外和老教授合影。历史便留下了这样一个画面：身材魁梧的邓稼先教授，衣摆高低不齐地肃立在王淦昌教授身旁……

先知先觉者为师。中国人向来有尊师的美德。李政道教授虽然只在流亡中的浙江大学物理系就读一年多时间，但他在国外功成名就之际，仍不忘王老教授的滴水之恩。为此，他在王淦昌教授80大寿华诞前夕，写了一篇祝寿的科学论文，并在序言里回忆教授对他的影响后，继续写道：

> 王淦昌教授对核物理学和粒子物理学有几项重大贡献。包括Σ—反西格玛负超子的发现。他一直受到世界科学界的高度尊重。在中国物理学的发展上，以及对几代物理学家的教育培养上，他所起的作用已是不争的事实。

但是，人的美德不是与生俱来的，而是由民族优良的文化传统养成的。这位受到国际科学界高度尊重的科学家的性格——他的崇高形象大都由祖国的苦难铸炼与陶冶而成。

首届清华学子

1925年秋天，北京清华大学校园里迎来一位青年学子。他身材瘦削，步态从容。他一进门，抬眼望见门额上遒劲有力的三个大字：清华园，目光中便流露出自豪而欣喜之情。进得校园，只见林木堆绿，掩映着科学馆；花草铺彩，环绕着幽静的图书馆。宏伟的大礼堂，壮丽的体育馆雄立于蓝天之下，使人感到力的凝聚和力的律动。这位青年环视幽静肃穆的校园一周后，在树下的长椅上坐下，心里默念道：清华学堂，清华学

1930年8月17日王淦昌24岁时在清华大学

堂！你是我的清华天堂啊！

这位青年便是来自锦绣江南的王淦昌。

此刻，他禁不住思潮翻滚，浮想联翩。他的思绪，随着林中徐徐的和风，向南飘飞，飞向他的家乡，江苏常熟县枫塘湾。

打从他记事起，就知道父亲王以仁是远近闻名的好中医。靠着一只乌篷船，父亲一年四季，风雨无阻，咿呀咿呀地摇荡在湖湾港汊，水乡泽国，为老百姓看病。父亲医术精，医德好，美誉四乡传。这样，王家就建起了一份还算丰厚的家业。王淦昌自幼就受到母亲、外婆、父亲、大哥、二哥的疼爱和呵护。他更是受到家乡古老文化的熏陶和滋养，才养成了他强烈的求

1992年回到阔别50年的故乡江苏常熟受到家乡人民的热烈欢迎

知渴望。在王淦昌童年的梦幻里，有家乡虞山山洞里铁琴铜剑的铮鸣声，也有云中仙人琅琅的读书声，这些都丰富了少年瑰丽的想象，帮助他鼓动奋飞的翅膀。如果说从蹒跚学步的枫塘湾到新学初起的沙溪镇小学，王淦昌还只是个懵懂少年的话，到进了上海的浦东中学，这个教学先进，设备良好，并已培养了诸如革命诗人闻一多，科学家钱昌照，教育家王垠仲、董纯才及史学家范文澜、罗尔纲等众多人才的优秀中学，他才真正懂得了发奋读书，不畏艰难，乃是奠定他一生最重要的基石，并沿此路走下去，成就一番事业，为民族的强盛，作出自己的贡献。

此刻，他脑海里浮现的人物，不仅有领他进入中学校门的表哥崔雁冰，还有他敬爱的英语老师盛炎裴、严琬滋，以及数学老师周培，是他们用辛勤的汗水为他铺平了通向清华的道路，然而，更使他一想起便心潮澎湃，热血沸腾的是家乡的一族人。他们得知王老先生的第三个儿子王淦昌考入清华，便从四面八方聚拢来，到他家贺喜，放鞭炮，甚至要到祖宗牌位下烧香，说是祖宗的阴德，不然，王家怎会出这样的才子呢？无论是家乡族人的殷切希望，还是爱妻吴月琴多年的含辛茹苦，此刻都化作胸中的一腔豪情热浪，他不能辜负这位虽仅有小学文化，却温柔体贴备至的妻子的希望，不能辜负家乡父老乡亲的深情嘱托，决定他一生的命运，就要从今天开始，就从清华园——脚下这一方土开始啊！

清华大学建校于1911年。据说是用美国退还中国的一部分

"庚子赔款"建校的。八国联军打败清王朝军队后，11国公使团强制清政府签订丧权辱国的《辛丑条约》，给中国一个在35年内付清战争赔款4.5亿两白银及其利息的限期。本来已贫弱的中国，脖子上再勒条巨额赔款的背带，无异于身负重石落井，将无重见天日之时。美国议会里有些怕鲠喉的议员，力劝政府勿太贪心，并做出退还其所得的部分赔款，要清政府用于选派学生到美国留学的决议。清政府为满足美国要选派既会英语又懂点自然科学的学生赴美留学的要求，遂于1911年在清华园王府内设立留美预备学校，取名"清华学堂"。这样，清华学堂截至1925年，共派送1200名留美学生。一些美国战略家原希望这些留学生喝了洋牛奶吃了洋面包，会变成很会听话的洋人，但闻一多、罗隆基、梁实秋、顾毓琇、叶企孙、周培源等学者，去了美国，头发还是黑的，双眼也未变成色盲，更未改姓为什么华盛顿、林肯，或者戴维斯·约翰。他们依然故我，中国人还是中国人。

不过，中国文人到底觉得"庚子赔款"里有民族的屈辱在，吃去吃来，肠胃气胀不说，心上的阴影也是抹不掉的。原校长周贻春建议，停止招收留美学生，收取正式大学生。现任校长曹云祥认为此一举，可为清华大学正名，名正则不仅言顺，心气也顺，遂于1925年执行老校长的建议。王淦昌幸运地成为清华大学新学制的第一届大学生。

在清华园里，科学馆、图书馆是他最神圣的去处。王淦昌在课堂之外的大部分时间都在这两馆度过。据说，他连星期天的晚上也想在科学馆或图书馆里过夜，直到主管教授或管理人员来把他赶走时，他还请求延长几分钟。

科学馆和图书馆不仅仅是当代科技成果的展览和科技资料的陈列。任何摆在那里的东西都是昨天的创造，是历史的遗产，是前人架设的桥梁。它活着的灵魂是暗示，是启迪，是基础和起点，是通向未知世界的幽径。凡是来采撷知识的学者，都应该借用这些活的因素激发自己的创造性思维，拓展开去，在新的领域建造更为壮美的科学园林。所以，这两馆对王淦昌的吸引力还在于，它们是学术交流最活跃的知识园地。

当时，在清华任教的多数是美国教师和在美国学成归国的学者。他们不仅给清华园带来大洋彼岸的新科学思维，也带来民主教学的新风尚。除开主修课，学生尽可自由选修其他学科。上课时也不点名，你爱听不听，无人问津，但优胜劣汰的校规却是严峻的。足见，清华园里的自由并非任由你无边际地泛滥，它有它的游戏规则，你如果自由玩到不及格，或玩不过那条高标杆，即被无情地淘汰。淘汰率往往高达百分之五六十。自由过头的人，到此就难过关。如此这般，由不得你不朝社会的价值取向去奋斗。

这种自由民主的学风，活跃了清华园的学术交流，学者们都热衷于参与当代科技前沿课题的讨论。每逢这样的盛会，那些美国的富豪学者，就像端出烤火鸡和甜玉米粥那样，摆出他们的学术见解，中国教授则像炒出美味的粤菜，献上最奇妙的学问。哪怕是旁听的学生都能品尝到中西文化的特色。因此，

与诺贝尔物理奖获得者丁肇中
（左）在讨论问题

科学馆和图书馆成为王淦昌最爱去的地方。

王淦昌正是在这两馆里认识到世界科学的"英雄时代"！

据说，那个时代，是从英国剑桥大学卡文迪许实验室首领卢瑟福教授的一声炮响开始的。

此前，人类都以一成不变的观念建造或加固坚实的物理学大厦。这座经过100多年构建的大厦，已被视为永固不朽的建筑。因为，铸成这一建筑的分子是物质世界再也不可分割的小粒子。

卢瑟福的α粒子炮首先轰击了这座物理大厦。

这位新西兰人，是在剑桥流经草地和松林的小溪旁开拓他的科学领地的。他在那儿创建了一个小得只可想象的粒子王国——卡文迪许研究所。他是那个王国的至高无上的统治者，像个声色俱厉的极易暴怒的帝王。有人说，这位无冕之王的王国貌似渺小，但他的试管在某种意义上看，要比英伦三岛广阔得多，他的实验室能包容整个宇宙。

然而，他是唯一科学至尊的"君主"。别人因他不参加一个反潜艇新方法的英国专家委员会的讨论会批评他时，他毫不客气地说："那算什么呢，比我做的实验重要么？我现在做的，可是将要打开一个新奇的世界呵。"

过了不久，《哲学杂志》发表他的文章：他用α粒子轰击氮，使氮变成氧和氢……

这一事件，立即轰动了整个物理学界。

α粒子也被认为科学史上最伟大的大炮。正是这枚卢瑟福的大炮，轰毁了那座物理大厦。一个保守诗人用他颤抖的笔写道：

> 卢瑟福的α炮张扬邪恶，
> 居然动摇上帝的宝座。
> 那以既有观念砌起的圣殿，
> 开始在丧钟声里破落……

那是1919年6月的一天。那天，卢瑟福卡文迪许研究所的实验室发射的第一枚α粒子炮弹，宣告新时代的诞生。

当然，动摇旧物理学大厦的炮手不只卢瑟福，还有普朗克、爱因斯坦、居里夫妇、尼尔斯·玻尔。正是这群伟大的天才给那座被先人视为牢固的物理学大厦带来了毁灭性的打击。

《比一千颗太阳还亮》的作者写道：普朗克动摇了几千年来一直被肯定的关于自然界不可能发生突变这个观念。爱因斯坦曾经证实过这些不可动摇的概念的相对性，如时间和空间，他确定物质是《凝固了的能》。居里夫妇、卢瑟福和玻尔都论证了不可分开的东西是能够分开的；固体，如果严格地分拆它，它并不稳定，而是经常在变化的。

但是，影响最大的是卢瑟福的α粒子大炮。人们忘却了多年来对世界末日的恐惧，由于卢瑟福α粒子攻破氮的事件，又将梦魇之手压迫人们的胸口，噩梦的阴影常使人们惶惑到误把晨钟当作丧钟。

德国物理学家瓦尔特·尼恩斯特在卢瑟福α粒子炮轰两年后的1921年，如此描述人们当时的心情："可以说，我们是生活在用火棉做成的岛上。"他大概意识到这句话太使人悲观了，马上安慰道，"感谢上帝，我们现在还没有找到能够点燃它的火柴"。

卢瑟福则认为他能管制他的粒子王国。他到死都坚持认为，人类永远不能利用原子蕴藏的能。这无异于否认他是第一个试图打开上帝核能宝库的炮手。

也是他，促使科学界的实验室更近似血雨腥风的战场。1919年10月，柏林作家文尔夫雷德·德布林写道，"对人类的决定性的进攻，现在从绘图板上和实验室里开始了"。

卢瑟福的α炮，轰出了"创造性的时代"，轰出了"英雄的时代"。

其实，科学的英雄时代在王淦昌的童年就已开始了。那时，他还只听外婆讲这样的童话。他依稀记得，古时有条黑谷，谷里的人家为了探寻生路，派兄弟俩去寻找光明。那小兄弟俩历尽艰辛，胡子白了，没找到。兄累死了，只留下一包花籽；弟带着那包花籽回到黑谷时，父母已在黑暗中苦度100多年了，见他只带回花籽而非光明，气得将花籽撒掉。不料，花籽瞬时变成飞萤，一闪一闪地，以数万点萤光照亮了黑谷。喜见光明的乡亲无不夸耀这兄弟俩是百折不挠的好汉，吃尽了苦，才找到朗照黑谷的光明。后人说，光明就是知识。有知识的人，都像萤火虫，萤火虫没有照不见的夜路。

外婆讲的这个神话故事，无疑源于家乡的铁琴铜剑文化。正是这种文化养成他对科学知识顽强的探索精神吧，他那求知的航船才没抛锚在枫塘湾，也不落帆于大上海，而是开进了清华园。

清华大学虽然鼓励学生自由治学，从不在学科上难为学生，但体育运动例外。当时主教体育的马约翰先生，常对校领导强调，人体是生命的行舟，是学问的载体，船不坚固，会在狂潮恶浪中沉没。因此，学生必须具有强健的体格，清华学子绝不能被外人讥笑为东亚病夫。校领导极为重视马约翰的建议，规定学生务必做课间操；此外，硬性规定每天下午4时至5时为全校体育活动时间，届时，学生宿舍、科学馆、图书馆、教室、实验室，一律锁门，学生都要到体育活动场所去锻炼身体。这一强制性措施，迫使不爱运动的学生上运动场，即使不进入跑道，也得在一旁散散步。有人因此抱怨马约翰先生强迫学生做希腊神话中的大力神赫尔墨斯，还嫌你背上不长翅膀。

王淦昌则认为有健康力才有驮载力。

科学馆、图书馆、体育场所，是他课余活动最爱去的地方，也是引他入胜之所在。校园里时有文娱活动，甚至有排演莎士比亚剧的课余剧社、合唱团等，他都怕去花费时光，仿佛到文娱场所去，便应了"荒于嬉"的古训，他是毫不偏离"业精于勤"的。

无论王淦昌自觉不自觉，他事实上已开始了英雄的人生旅程。在他迈进清华大学校门前后的漫长岁月中，物理学界不断回响着卢瑟福α粒子炮的轰鸣，全球的科学氛围使这位核物理大师常在当代科技前沿识辨新奇粒子的径迹，永葆俘获新粒子的童稚般的浓兴。

从化学元素周期表到贝努利原理

王淦昌在浦东中学读书时，对数学与英语学习的兴趣浓于其他学科。这是出于他天才的悟性，还是由于某种童稚好奇心的驱使？他爱学英语，掌握了开启外国知识宝库的语言钥匙；他深研数学，学到大学一年级课程的微积分，掌握了描述化学物理现象的手段。神谕也罢，自觉也罢，反正他是正确地铺垫成才之路了。

由于他十分注重数学，用在化学上的精力少一些。所以，尽管浦东中学也有化学实验室，实验室的设备也较其他中学好，但他只是去完成一般性的实验，并未深入研究，远未触及化学内在的美，未受化学的美所吸引。如今，他到了清华大学化学实验室，像突然到达一个奥妙的世界，顿觉化学如此新奇，如此美。他悔恨，在浦东中学时为何不深入化学的神宫呢？其实，他对化学的兴趣，完全是在科学界对物质世界认识的新思维中萌发的。尽管他当时并未意识到卢瑟福α粒子炮的轰动效应已波及他的心里，但新思维确实在影响他的学习兴趣。他集浓兴于化学实验中所看到的现象，这种现象已暗暗引导他去研究物质运动的内在美了。

因为，化学作用在表现物质生成美时，也在表现物质运动的美。

《核物理学家王淦昌》的确如此描述他热衷于化学实验的兴趣：在清华大学的化学实验室里，他对一切都有极大的兴趣，甚至石蕊试纸的颜色变化都使他大为惊异。

奇异的化学反应现象，神话般地吸引他，玻璃搅棒和玻璃试管、烧杯，在他看来，都像魔杖、神杯、仙笛，不仅能产生魔幻的世界，还能发出动听的仙乐。这一切，都诱引他入迷地去做物质生成的种种实验，乃至忘却时间；若无人提醒，或赶他去体育场，他无疑会在实验室里过夜，而不察觉月落西山日上东岭。

一天，有人因记不起门捷列夫化学元素周期表中一个元素的位数，急得在路上叩额自问，不慎撞上他，他即笑着说出那一常被人忽略的元素的位数。近旁的几位同学甚为诧异，都好奇地考问他，见他都能敏捷回答，索性请他背，他居然能倒背如流，同学们连连鼓掌叫好，足见他对化学已爱到熟知其根须的程度。

这是他在大学一年级普通课程学习中的传奇般的表现。当时主管科学馆的叶企孙教授对他的表现，不仅有所闻，也有所见。叶企孙教授尤其赞赏他做实验的动手能力和全神贯注的情态。教授认为，这两方面的特质，是大才必备的要素。

谁都知道，叶企孙教授一向严格把握时间，首次的例外是对王淦昌。那一次，当人们都准时离开实验室后，王淦昌还在专注地做实验。他本想提醒一句的，但发现王淦昌正全神贯注地摆弄着试管和烧杯，怕他走神，操作失慎引起爆燃，便默立门口提心吊胆地审视着，直到实验过程安全完成才长吁一口气。抬腕看表，已过午饭时间半个小时了，他心里想："时间对于生命来说是金贵的。生命对于时间来说是神圣的。那么，让时间

1928年清华大学校园留影

服从生命吧。"教授因此不想惊扰他，转身要走，忽听到王淦昌说话，立即止步。

其实，王淦昌是对试管自语："啊，真是太有趣了！"

"如此说来，你也已看到物质运动的美了。"叶教授情不自禁接口道。

王淦昌忙转身，向教授深鞠一躬。

叶教授提醒他午饭时间已过，叫他快去"合作社"买饭吃。

王淦昌每因迷恋实验室迟去个把小时，只能买个馒头啃，就点残汤喝。有时，碰上将军锁，便只好省一餐饭钱了。

因此，曾有人问叶企孙教授，你这个科学馆馆主一向严格限制使用实验室时间，为何偏爱王淦昌呢？

他有理由偏爱勤奋的王淦昌。反过来说，王淦昌是幸运的。因为他有一位贤明的导师。

我们知道，20世纪初，"普朗克、爱因斯坦、居里夫妇、卢瑟福和玻尔，给在19世纪和20世纪之交被视为如此坚固的物理学大厦，带来了一个又一个的毁灭性打击"（引自《比一千颗太阳还亮》第四页）。他们对人类决定性的进攻，无疑也影响到了中国的叶企孙。或许，未上名单的叶企孙，也参与打击那幢大厦，敲落了几块砖？也许这位曾在美国留学五年、先后师从著名物理学家W.杜安和P.W.布奇里曼进行实验物理研究，并获得哈佛大学哲学博士学位的上海籍学者，就是他们之中的一个炮手。无论怎么说，叶企孙是熟悉普朗克的。因为，他于1921年测定的普朗克常数是盏华光四射的宝灯，在国际上被沿用16年之久。正是这位天才的中国物理学大师亲手创建清华大学物理系，并担任系主任多年，而且，成为大名鼎鼎的清华园的科学馆馆主，主宰着那个科学王国。

现实条件限制着我国现代物理学的先驱们，叶企孙教授只能尽力培养清华大学物理系学子。他的启发式教学，每一堂课都能触燃学生的才思。他甚至在一堂普通物理课后，把王淦昌从化学王国引渡到物理世界中去，改变了王淦昌学习的方向，使这位江南才子成为名扬世界的核物理大师。

在那堂课上，叶企孙教授先做物理演示。他将一支约10厘米的麦秆的一头破开几片，做成漏斗状，将一粒豌豆投进漏斗时，即在另一头吹风，结果，豌豆既不掉进管去，也不被吹走。演示之后，他问学生们，这是什么现象。王淦昌等学生们只觉得教授的物理演示好玩，有意思，不料，教授一问，就都愣了，愕愕然说不出什么意思来。哑场好一会儿，大家都用目光互相探询，教授也笑眼闪闪地看着每一张脸。结果，还是王淦昌打破了沉默。

他站起来说："这是关于流体力学的一个原理，叫贝努利原理。"

"对。"叶企孙教授惊喜地连拍讲台一角，"说下去，说下去。"

王淦昌进一步说明后，同学们无不钦佩他才学过人，叶企孙教授更是高兴，夸他物理概念清晰，回答问题机敏而准确，说到极致，大声道："物理很美呵！"

从此，叶企孙教授更加重视王淦昌，也更为关注他的学业。

那堂课后，他即对王淦昌说："今后，你在学习上遇到什么问题，随时都可以去办公室找我，或者去敲我的家门。"

王淦昌在叶教授的亲切关怀和热心教导下，学习的兴趣渐渐从化学转移到实验物理，像坐在教授驾驶的一艘游轮上，在引人入胜的风景中，进入一条奇妙的航道。他学了一年普通课后，成为清华大学改制后第一届物理系学生，在叶企孙教授悉心指导下，努力钻研力学、热学、光学、电磁学等几门必修课，都取得优异的成绩。在清华大学期间，叶企孙教授对他的影响是决定性的。他日后成为我国核物理和粒子物理的奠基者之一，并且能饮誉全球物理学界，无不得益于叶企孙教授。

血染的3月18日

王淦昌一向疏远闹市，喜临宁静之境。他即便处身于人群中，也能闹中求静。沉默，维护着他科学的静思。

但他所处的时代，所在的境地，却是苦难接苦难的中国，也是在抗争中求生存的中国。因此，他的同学都劝他，多讲点话，多参加一些社会活动。比他大一岁的陶葆楷尤其关心他。陶葆楷1923年进校，是留美预备班的学生，常与美籍教师交往，思想活跃，性格热情豪放，他向王淦昌讲了许多物理学家的传闻轶事："物理学家都爱讲话。你不讲，不善于论证和辩论，人家会以为你的物理是无理的。"直讲到王淦昌发笑。

也许，陶葆楷日后会告诉他。物理学家都能言善辩，他们的文字表达能力，甚至不亚于莎士比亚和普希金。他也许会在那时笑着指出陶葆楷的偏见："也有例外，少言寡语的迪拉克，每两年才讲出一句完整的话。"

陶葆楷很看重现实需要，他像关心亲弟弟一样，继续劝王淦昌加强文学素养，多多锻炼口才，鼓励他参加演讲，还教他如何做笔记，写演讲稿，对他说："你将来无论做什么工作，都要通过语言表达能力，传播你的思想，你的知识，你的感情。美妙的语言，会使你的影响力增强十倍。"

日后的事实说明，王淦昌没有辜负这位学长的希望。他在浙江大学任教时，物理系高年级只有三个学生，但他每次讲课，旁听生多到挤不进教室，碰上雨天，有许多低年级学生在室外打着伞听他讲课。著名理论物理学家、中科院院士程开甲教授，就是当时一个低年级的旁听生。程开甲院士曾对笔者说，王先生的课新鲜、生动，每次去听，都大有所获。

当然，这里只强调语言的魅力和演讲技巧的运用。不过，程开甲院士对淦昌师的仰慕，在于"先生总是有新鲜的东西，先生的学问，像每天的清晨，令人神往"。这位最爱辩论、后来在马克斯·玻恩门下常与欧洲物理神童海森堡就低温超导问题打嘴仗，并从爱丁堡把那位诺贝尔奖获得者"打"到苏黎世去的理论物理学家，直到年近七旬，仍以敬慕之情回忆王先生的课，足见王教授不仅学识渊博，语言艺术也是很能吸引人的。

但在清华园时期的演讲热，是为反帝反封建的新文化运动应运而起的。面对帝国列强妄图吞噬我中华大好河山的阴谋和罪恶行径，最先觉醒的知识界不能缄默，他们要像闻一多的著名诗篇《一句话》那样，爆发晴天怒雷，唤起蛰伏着的民族斗争精神。因此，当时的北京大专院校，几乎每周都举行演讲会。清华大学的学生会，也常举办专题演讲。

1926年春天，仿佛跟随冒出石墩下的迎春花一起到来，真是来得艰难。3月18日清早，陶葆楷到宿舍来动员王淦昌去参加学生会主办的大会，说，海报上写了，希望爱国师生参加，这是一次爱国运动。王淦昌出乎他的意外，爽快地答应去。

又是日本发难！

两天前，王淦昌就听说，日本于3月12日入侵我内河，遭到我驻守大沽口的国军阻击，附近的老百姓也配合国军打击侵略者。他甚为亢奋，说，辛亥革命后的中国，已非昔日清政府统治的中国，我中华应该给日本鬼子一点颜色看。不想，日本很快联合英、美等国，以"大沽事件"为由，向中国政府发出最后通牒，难道他们又要组织八国联军，要续订《辛丑条约》，还要贫弱的中国给已肥胖的帝国列强们输血么？

这回，王淦昌不仅自己要去参加集会，还动员他的同学汪梧封去。汪怕影响学业，犹豫不决，他便拽着汪道："国家兴亡，匹夫有责。去吧，现在需要全民族怒吼呵。"

陶葆楷也劝道，去听听演讲也有收益的。

他们到会场时，学生会主席刚上台演讲。演讲者慷慨陈词，列举帝国列强的侵华罪行，愤怒声讨日本接连挑起的"五卅惨案"和"大沽口事件"，揭露日本政府的种种侵华阴谋，激起全校学生的愤慨，一致决定参加北京大专院校联合举行的反对八国最后通牒的集会游行。王淦昌心中爱国的情焰被这位学生会主席的演讲煽旺了，喷发了，情不自禁挥拳怒吼："打倒日本帝国主义！""打倒列强！"等口号。游行队伍怒潮般地从校园涌向大街，汇入天安门广场的人海。那儿，已有200多个社团共万余人在集会。总指挥是王一飞、陈资一、陈日新、李大钊、徐谦等到会的主席团八名成员。大会听了徐谦、顾孟余，以及几位学生代表演说后一致通过北京国民的《致京各国公使之最后通牒》和八条《大会决议案》，即整队从天安门出发，开始声势浩大的示威游行。

汪梧封开始还顾虑重重，经他鼓动，决心先游行，后补习功课，便也勇敢地参加游行，在通往铁狮子胡同的路上，还激愤地高呼口号，积极散发传单。这使王淦昌感到，效应好的演讲，是以感情说话的，今天所有发表演说的人，都是以爱国之情点燃数万人反帝的怒火。突然，一排枪声响起，队伍乱了。王淦昌愕愕然不知所以时，身旁一位同学倒下了，血溅出伤口，他才知道，把守段祺瑞官邸的军警真向爱国示威队伍开枪了。他正要救起那位同学，人潮猛退，瞬息将他涌到胡同拐角，挤进墙角去。只听见有人惊叫，前头的女师大遇到大难了，一些大学的学生也死了不少人了，军警们杀过来了。人们都夺路逃难。他在被挤得无路可走时，只好攀上墙角，翻墙跳下墙外，跑向另一条胡同。他一边惦念那位倒下的同学，不知他是死是活，是否被人救起，一边寻找汪梧封。没找见汪梧封，他甚懊恼，但想到段祺瑞政府竟然镇压爱国运动，血腥屠杀爱国民众，又非常气愤。他跑到西直门时，各路跑回的同学正在那儿找寻失散的学友，或看护受伤的同学，气氛甚是悲壮。乍暖的天气，骤然冷起，落日冻红，瑟缩在云缝里。他在悲哀中寻找汪梧封时，汪突然欢叫着唤他。他即转忧为喜，与汪相迎跑去，相互拥抱。"呵，我们都还活着。"

"活着，记住这一天的血！"

1926年，血染的3月18日。在"三一八"惨案中，爱国学生惨死47人、伤150多人。王淦昌同班同学韦杰三身负重伤牺牲了。

那天，叶企孙教授从早到晚都忐忑不安地关注着事态的发展。夜里，教授盼到王淦昌和同学们归来，才松了一口气。他听王淦昌描述当天的见闻后，气愤地说："如果我们的国家像大唐帝国那样强盛，这个世界上有谁敢欺侮我们呢？"教授沉思良久，接着说："只有科学才能拯救中华民族。"叶企孙教授这一席话，使他到老还在为"科学强国"的目标奋斗不息。

参加"三一八"爱国运动的学生，死过一回似的，更加珍爱生命。但他们不是苟且偷安，而是更懂得活法。这活法，多半由文化传统教会，父母师长的言传身教：人要勤奋。另一半，是在恶人威逼下学到的，即：要抗争，要自尊自强。

这是清华学生普遍会唱的校歌的歌词：

西山苍苍，东海茫茫；

我校庄严，巍然中央。

东西文化，荟萃一堂，

大同爰跻，祖国以光。

莘莘学子来远方，

莘莘学子来远方，

春风化雨乐未央，

行健不息须自强。

自强，自强，

行健不息须自强。

校歌的曲作者是本校英文文案处主任何林一先生的夫人张慧珍女士。旋律优雅舒缓，又含有深沉内在的力量。

此前，王淦昌只是一般地唱，也只是在集会上跟着唱，平常从不挂在嘴上。"三一八"后，他才认真探究词义，渐渐感觉到校歌的旋律里富有生命的神韵，那爱国之情波动着，以山脉造势般的旋律，激励学子为国图强。此后，他每当做出成功的实验，都哼一哼："自强，自强……"做操时，他也唱一唱："行健不息须自强。"

"不自强，必亡。"死里逃生的陶葆楷、汪梧封等同学也感到这一人生哲理，他们每与王淦昌晤谈，都这么说，并互勉发愤读书。

王淦昌似乎变了，变得成熟了些。但引起他大变的，不仅起因于"三一八"血火的熔炼，还因为叶企孙先生施以他极大的影响。叶先生的人格力量和知识力量，不仅改变了他的学科方向，还把他引进世界科学的"英雄时代"。

那时的科学新思维，也给上帝的神宫予以毁灭性的打击。

一次，叶企孙先生对他讲起卢瑟福开创性的贡献时，提到柏林作家艾尔夫雷德·德布林。先生认为，德布林对α粒子炮的认识最深刻。那位作家在卢瑟福炮击牢固的物理学大厦后四个月，即在一篇文章中宣布科学的新纪元。这个纪元从绘图板和实验室开始其对人类决定性的进攻。先生接着评价普朗克等大师的新思维引发的轰动效应。他把王淦昌的认识引向大时代大世界，接着便向他这位非凡的学生提出下一个问题：中国学者怎样在绘图板和实验室行动？这位清华大学物理系的开创者，在王淦昌入学该系的头三年中，一直这样开拓其高徒的视界，犹如大元帅启发将军或勇士制定战略目标，使王淦昌逐渐习惯于思考科技前沿课题。当然，作为教授，叶企孙先生不忘以民族自信心和国家的长远利益，激励学生向远大的目标奋进。3月18日夜晚，他就在家里告诉王淦昌，从鸦片战争到1926年3月12日的八国联合通牒，这近百年的帝国列强侵华史都证明了一个事实：他们对我国的侵略，也是起于绘图板和实验室的。中国学者自然要从绘图板上找到立足点，并画出反攻的路线。那就是科学兴华，科技强国的道路。

王淦昌领悟到叶先生的心意，从不懈怠学业，他就是在散步时也不忘《校歌》中的"行健不息须自强"一句。"自强，自强！"他遇到难题时，也哼两声以自勉。不知现代的清华学子是否还唱那首校歌。以前，每学年新生入学伊始，都先在迎新晚会上听到《校歌》，接着学唱。他如此，他的同学也如此。

但凡伟大的导师，都是最贤明的向导。叶企孙教授给他指明做人做学问的道路，修行全在他自己了。三年级临近期满的一天，教授好像暗示他，将另有贤明引领他前进，直到大学毕业之后。

不久，就有叶企孙教授要出国度假的传闻，那么，谁能替代这位尊师呢？同学们忧心忡忡地私下猜测，生怕由哪位史密斯来教授四年级课程。当时的清华大学教师，有半数是美国人。他们之中，有的是刚毕业的大学生，有的是应聘而来的中学教员，学术水平远不如留美归来任教的我国学者。但是，他们都享有特殊待遇，月薪高于中国籍教授近10倍，住宅也最好，在北院，号称"美国地"，而我国教授，只能蜗居在破旧的古月堂。一天，王淦昌和一位同学去叶教授家，问他谁将执教四年级。

教授笑眼闪闪的，问他们，知道"康普顿—吴效应"么？

他们回答，略知一二。

于是，叶教授介绍了一位后来对王淦昌影响深远的天才物理学家。

维护康普顿效应的天才学者

叶企孙教授说，康普顿是美国芝加哥大学的著名教授，

1927年，以康普顿 X 射线散射效应荣获诺贝尔物理学奖。但是，康普顿在发表这一"效应"论文之初，受到著名的 X 射线专家杜安（D. Duane）等人的反对。杜安等人猛烈的抨击，使人们恐惧地感到，对康普顿效应的效应，是毁灭性的打击。要知道，杜安的理论武库，有最充足的弹药，与他同观点的自由射手们，即使胡乱发射霰弹，也会使康普顿的名声葬于火海。若不是那时来了一个中国的青年学者，若无那个学者以不可置疑的实验维护这个"效应"，可怜的康普顿，他哪能神气起来，哪能放心地远渡重洋，到德国的哥廷根去主持1926年著名的答谢宴会，并且以自由精神给德国的同行们表演怎样吃小火鸡喝甜玉米粥，为他们唱《肯德基，我的老狗》，同时，也向德国朋友学习喝啤酒，唱日耳曼民歌，请他们操练狐步舞曲的步法。假设康普顿那艘船无人维护，而不幸在杜安掀起的狂潮急浪中覆没，康普顿恐怕得在苦海里挣扎几年，才能登上光辉的陆岸去摘取那顶诺贝尔物理奖桂冠。说到这里，叶企孙教授停顿少顷，问王淦昌他们，你们说，仅此一项美国该不该感谢那位中国天才帮助他们增添了一个花环，一顶桂冠？康普顿该不该感谢他的这位中国学生？

王淦昌肯定地回答后，教授说，当然，我们中国也应当感谢康普顿大师特别培养了一个天才的物理学家。

那个维护康普顿效应的中国人就是吴有训！

这是1928年8月的故事，而1927年度诺贝尔物理奖的轰动效应，还波动着时序的航道，以致物理系的学生们不必借助历史的回闪去认识那一科学盛事的重大意义。他们此时只急盼着看到他们景慕多时的吴有训先生。

吴有训教授是江西高安县人。祖上曾做过清朝的小官，到吴有训的父辈时已家道中落。1916年他进入南昌心远中学，当他在这所高等学府的理化科读到三年级时，学校来了一位刚从美国哈佛大学获得博士学位的年轻教师，这便是中国著名的物理学家胡刚复先生。他由此开始接触物理学前沿的知识，为他日后成就为物理学家打下了基础。

1920年，吴有训毕业于南京高等师范学校。翌年，到美国芝加哥大学，师从康普顿教授。教授思想开朗，性格豪放，初见吴有训，即无保留地坦述自己的阅历，说他与其他美国学者一样，爱走出国门特别爱到欧洲，到德国哥廷根去，看看歌德式雅克布吉尔赫尖塔上长起的小树，或者漫步在威廉韦伯街，观望教授们的住宅，甚至想剥开爬墙的紫藤和铁线莲，探究德国墙的秘密。他们尝遍威廉韦伯街各个小馆的风味美食后，便要窃取乔治亚·奥古斯塔大学里的科学贡品。美国人的胃口极大，从不拒绝新奇的东西。他本人也是猎奇的好手。当时，那个小镇上的富豪学者是美国人。市民们认为只有美国学者能骑自行车。所以，他们一听到车铃声就说，阔佬儿来了。其实，美国多数学者，是靠大亨们的资助去欧洲摆阔的。

康普顿的坦率，甚使吴有训称奇。反过来，吴有训超凡的勤奋和敏捷，也使好奇的康普顿惊赞。1923年，他请吴有训一道研究 X 射线散射谱。在他发表康普顿 X 射线散射效应不久，遭到杜安等著名学者的强烈反对。是吴有训以实验证明康普顿效应的普遍性，并证明杜安等人的观点是错误的，有力地维护了康氏效应，使其行舟能在"普遍性"的航道上顺利行驶，登上光辉的陆岸……

因此，国内有人称那个效应为"康普顿—吴效应"。

叶企孙教授在赞扬吴先生是个了不起的物理学家时，吴先生正在南京中央大学教学生吹玻璃管呢。

1928年8月，叶企孙教授终于陪同吴有训教授进入四年级教室。王淦昌惊诧不已。他和同学们仰慕已久的物理天才，著名康普顿效应的天才卫士吴先生，原来是个精瘦的身着长衫头戴礼帽的眼镜先生。这位大名鼎鼎的物理学家的开场白，居然像某一汽车修理厂师傅对其开门弟子那样讲话。

他说："实验物理的学习，要从使用螺丝刀开始！"

"我不明白。"一位同学悄声问王淦昌，"他是用这些工具去维修康普顿的'小船'吗？"

吴有训"作坊"里的高徒

然而，王淦昌却很敬佩吴有训教授。吴教授生于1897年4月，足足比他长10岁，仅论年龄，也不愧为毕业班全体学生的师长。但是，吴教授也像叶教授，从不摆架子，更未给人"师道尊严"的感觉。相反，吴教授经常穿粗布工作服，拎个工具箱来上课，讲了理论课，就进实验室教他们动手做实验，使人觉得实验室集体变成了吴有训作坊。

叶企孙教授非常赏识吴先生的才华和教学方法。聘请他来后，不仅把他的月薪定得比自己高，临出国度假时，还委托他代理清华大学理学院院长和物理系主任。因此，同学们不仅感佩叶教授崇高的德行，也由此看到吴有训先生的学术地位。事实证明，吴先生的那些工具，将能造就我国物理学界的远航舰队。

吴先生在教室里经常强调："学物理要概念清楚。"因此，他讲课时，十分注重科学性、逻辑性和生动性。学生易懂的地方他一带而过，对学生不易懂之处，则反复讲，把枯燥抽象的概念、公式形象地绘声绘色地表述出来。他每堂课只讲一个问题，而让学生通过自学或个人推导去掌握理论基础，通过实验去体会实验技巧与精确性，加深对理论的理解。比如，他出了一道题："假设光是由被称为'光子'的微粒组成，那么，当一个光子入射到一个静止的电子而被散射到另一个方向时，它们的能量应如何变化？"在当时，"光子"这个词还很陌生，学生们也是头一次听到有光子这种物质，但王淦昌等人平常都能吃透老师讲的课，而且在老师的启发下，有了较强的推导能力，他和多数同学都能推导出正确的答案。吴先生看罢答卷，非常满意，在课堂上告诉他们，这个光子被电子散射的问题，就是康普顿效应。

大家恍然大悟：康普顿效应原来如此！

吴先生就是用这种教学法，教学生们去认识密立根的油滴实验、汤姆逊的抛弧线离子谱、汤林德的气体放电研究、卢瑟福的α粒子散射实验，等等。

> 他似乎只领你走到路口，
>
> 或者送给你一张地图，
>
> 去吧！他抛来几把钥匙说，
>
> 相信你能找到那个宝库……

有人如此描述他的教学特点，说导师并非都是随船航行的舵手，但他能使航海家到达预定的口岸。

此外，他还结合课题，论述相关的科学家的生平，或者讲某一科学家的两三件事。借以激发大家的奋斗精神，培育中国物理学界的舵手。

比如，他在讲到卢瑟福的α粒子"炮"时，就顺便论述那位"粒子王国"统治者的一件事。第一次世界大战前，维也纳研究所将250毫克镭给他们尊敬的英国同行卢瑟福暂时使用，大战期间，英国当局视那一实验用的镭源为敌国财产，没收了。这位原则性强，性格直率的新西兰人，以他惯用的严厉言辞，批评当局不义的行为，指出他们没有任何理由没收那一贵重物质。没收那些朋友借给他自己使用的东西，无异于打家劫舍的强盗。只有最厚颜无耻的野蛮人，才会这样明火执仗地对科学研究所进行粗暴的抢劫。卢瑟福只要有机会，都要提起这件事，当局怕戴上毫无道义的帽子，答应让他暂时使用那种贵金属，他仍愤懑地说："不！先生们，你们没资格决定如何使用我自己借来的东西！"他坚持在战后亲自还给多瑙河那边的同行们。1921年4月14日，他得知囿于战败国的维也纳研究所的同行经费拮据得付不起取暖费，便写信给住在那儿的老朋友斯特凡·迈尔先生说："您通知我关于维也纳研究所的财政情况，深使我不安，我打算竭尽全力凑集一些钱，哪怕买少量的镭也好。过去，维也纳科学院是那样慷慨地给我提供了镭，这些镭对我的研究工作曾有过很大的帮助。"

尽管迈尔提醒他，战后镭的市场价格数十倍于昂贵的黄金。但他不被那耸人听闻的昂贵吓住，极重义气的卢瑟福还是四处奔波，筹集了几百英镑，帮助维也纳镭研究所缓解通货膨胀造成的危机。

卢瑟福非常珍视科学家之间的友谊。战争期间，他坚持通过中立国投信给他的在德国和奥匈帝国的朋友和学生。某政客告诫他勿引起通敌之嫌。他诚笑道："你们需要树敌，我需要交友，物理学家需要国际大家庭的团结互助共求发展，我们绝不会听从行政命令变成彼此仇视的敌人。"他照样写信，照样寄信，尤其加强与他的忠实的老助手汉斯·盖革之间的联系。

吴先生几乎每上一课，都要评价一位科学家某个富有性格特征的故事。王淦昌感悟到，先生不仅教大家做学问，也教大家做人。日后，王淦昌在抗日战争中无私关怀友人与学生的事迹，堪称楷模。

理论课如此，实验课亦然。吴先生做起实验来，确实与心灵手巧的工厂师傅毫无二致。当你看到他用锯子和斧头加工木材做起X光装置护栏时，你会以为他是个走村串乡的木匠；但他一用煤气或氧气火焰拔制石英丝，安装康普顿静电计时，他就是你心目中的玻璃器皿厂高级技工了。事实上，先生确实手把手地教大家掌握了烧玻璃的火候和吹玻璃的技术。据说，他为了提高"实验技术"，曾二度赴美，再跟康普顿教授学艺。

吴先生当然也在实验课里讲康普顿。一天，当有人问起他如何维护康普顿效应的船时，他笑道，如果康普顿先生的船当真有破绽，那也用不着我去修理。康普顿本人就是个能工巧匠。有个乡镇小厂的厂主看到他制备的烧杯和试管后，曾想高薪聘请他当高级技师，他开玩笑要那个厂主出价后，说："先生，您买不起世界的，而我那个试管，可是能容纳一个小宇宙呢。"他讲了这个小故事，即要求学生们选修工学院和化学系的课，要求大家学会制图、车钳工工艺，研究电工学、化学热力学。他说，康普顿教授正是精于那些学科，才能成为实验大师。

吴有训先生的实验课，给王淦昌留下深刻的印象。他在《吴有训》一文中写道："吴有训教授还十分重视用实验演示来帮助学生理解讲课的内容。"他和他的学友难忘，吴先生在大课堂上拉一根长绳子，通过等距离吊在长绳下的8个大号电池的相继摆动演示，帮助他们理解"振动与共振"的情景。

日后，当犹太裔著名物理学家迈特内教授看到王淦昌巧手做实验设备，当皮埃尔·居里夫妇看到钱三强吹玻璃试管的高超技艺，当他们得知，他俩都是康普顿效应维护者吴有训的门生时，就更惊赞他们高超的实验技术了。

吴有训先生从1928年8月到1929年夏，只教王淦昌一年多时间，但这期间的师生情谊，对王淦昌的影响却是难以估量的。他在教学过程中，发现王淦昌在理论上有很高的悟性，更是有一股披坚执锐的钻研劲头。王淦昌做起实验来，也是心灵手巧，严肃认真，周到细致，不放过一点细节，就连做实验记录，也是一丝不苟。人们如此评论王淦昌："吴有训作坊里的高徒。"

于是，这位以慧眼识才著称的物理学界泰斗，决定用"通过实验接受近代物理学"的方式培养王淦昌。在他毕业时，邀他留校做实验与教学的助手，并且要他做一项重要的课题实验，使他崭露物理天才的华光。

一份优秀的实验报告

王淦昌毕业前一年，二女儿诞生，大哥甚喜，起名为王韫明。从慧明到韫明，都包含着她们大伯父的希望，而王淦昌仍专注于学业，他似乎并不怎么顾家，也无暇顾及家庭生活。对于家庭，他像个粗心的园丁，种了树，却忘了看开什么花，结什么果，及至1930年大儿子出世，他也顾不上，还是由孩子的大伯起名，叫王懋基。三个儿女在五年之内接连来到支塘镇那座庭院里，吴月琴多么希望夫君毕业后能作为家庭的主要支柱，陪伴她养育儿女呵。但她这时已经了解丈夫的志趣。这位贤淑的江南秀女只能抑制渴望，带着三个儿女，默默地生活。命中注定，她这一生完全是为着成全丈夫的。

正是莲荷满池，绿柳成荫的夏季，清华大学物理系首届大学生毕业了。四年的寒窗苦读终于结出丰硕成果。教师兴奋，学生激动，个个都像弦上的利箭，随时准备射向新的目标。王淦昌郑重接过方形博士帽，听完校长的训话后，被吴老师叫到办公室谈话。吴老师告诉他系里需要人才，他自己亦缺少助手，决定将他留下来当助教。尽管王淦昌渴望出国留学，但对校方的决定，尤其是尊师吴老师的信任，他不能违背。初出茅庐的他，只觉得肩头沉甸甸的，他决心继续跟吴老师学习，做研究工作。

不久，王淦昌从吴教授那里接受一项新的科研题目，即"清华园周围氡气的强度及每天的变化"。这个题目涉及气象知识和实验方法，当时在国内尚无人涉猎。1902年至1904年，德国的物理学家埃耳斯特和美国特耳发现了大气中的放射性气体，继之，人们在大气放射性与气象条件的相互关系方面做了大量研究。为了使这种关系形成一个明确概念，需要在世界上尽可能多的地方从事此项实验工作。吴有训教授认为中国物理学家也应该在这个领域作出自己的贡献。这项研究的目的就是要透彻研究北平附近气象因素对大气放射性的影响。

实验开始前要做许多准备工作。吴老师带着他钻图书馆查找资料，有些是原版外文期刊，还要逐段翻译，这对王淦昌来说既有趣又是极好的锻炼。实验用的静电机是从清华机电系的库房弄来的，自然是吴教授出面办的交涉。实验开始了。

时值初冬，气候寒冷。王淦昌每天都在9时之前，把长6米，直径0.5毫米的裸铜线呈水平状架到实验室外5米高处，用蜡杆使它绝缘，用静电机使导线带有3000伏的电势。上午11时，把架在空中的裸铜线仔细地绕在一个线框上，当静电机停止工作两分钟后，再把线框放入金叶验电器的绝缘箱内，通过显微镜读出金叶的放电率。在实验过程中，记录下该天上午大气压、气温、风速、风向及云的性质、分布等。

氡气，符号Rn，是一种放射性元素。它在不同的气温下表现出不同的状态。吴有训，这位实验物理学大师、中国近代物理的先驱者，正是希望通过实验的方法来引导王淦昌，启发他献身科学的坚定信念。这个题目显然在清华、在中国也是首例，能否获得预期的实验效果，吴有训在期待着。

初冬的北京气温已降至零下，枯草凝着寒霜，湖面结着薄冰，清华园地处郊外就更冷得多了。王淦昌每天冒着严寒在室外重复着架线、绕线、观察、记录的实验，既烦琐枯燥，又需要有敏捷而熟练的技巧，有时手指冻得僵硬却仍然坚持着，坚持着。为了观测云的形状和性质，他还背熟了许多农谚和歌谣。一次，夜晚熄灯就寝之后，他仍默念那些气象谚语，禁不住念出了声：

　　　　天上钩钩云，地上雨淋淋；

　　　　天上鲤鱼斑，明天晒谷不用翻；

　　　　鱼鳞天，不雨也风颠；

　　　　一块乌云在头顶，再大风雨也不惊；

　　　　……

同寝室的另一同事听见他口中念念有词，以为他梦呓，忙起身推他，待开灯一看，原来他瞪大双眼根本未睡，还在思考那个课题呢。此事传到了吴教授的耳朵里，他深表赞赏。

这样艰苦的科学实验从1929年初冬到1931年的初春，共进行了6个月，他经受住了6个月的严峻考验，得出了北平上空大气放射性，如：大气压、风向、风速、云的性质与分布等大量数据，以及大气放射性的平均值−5，最高值的按月变化情况，并写出了论文。

《北平上空大气层的放射性》是清华大学用试验报告形式写出的第一篇优秀论文，吴有训先生对他出色的工作成绩和成果表示非常满意。一年后，当王淦昌考上德国柏林大学做研究生时，竟然看到自己那篇论文被翻译成英文发表在清华大学论文集的第一期上。他既惊喜又感激，他完全懂得叶、吴两位老师育人的一番苦心。

就在他写出论文当年的夏天，他考取了江苏省公费留学资格，这都是由于叶企孙、吴有训两位教授的引导和安排，给他铺开了通向德国留学的路。

这两位教授，不仅教学生做学问的好方法，更是教学生如何做人，给学生指出人生崇高的价值取向。这样的教师，无疑是人生最伟大最值得信赖的向导。

王淦昌在省城应试后，回家乡常熟走亲访友，做出国准备。大哥舜昌这时已在县城建造了一个单家独院，一幢二层洋楼立在花团锦簇之中。竹影横窗，房里的光线被树荫染绿了，庭院更是显得恬静幽雅，而开在街上的王家药店，门庭若市。大哥不忘父名与家风，生意做大了，富了，仍以仁待人，众口皆碑。

兄弟仁分家不分心，大哥一如既往关心小弟家的生活，每月资助吴月琴和三个侄儿女30块光洋，又为刚出生的侄儿起名为王戀基。大哥对淦昌，更是寄予厚望，劝他离乡前，去游虞山，再看一看那山上的铁琴铜剑。

大哥说："你这一去，远离乡土，东洋人面前别忘了你是中国人。尤其是故乡的文化典籍，名人掌故，多知道一点好，跟人家交谈起来，不会缺少资本，也可使自己和故乡的亲情不断。"

大哥还说，我们常熟的文化名人多，就是外省外地的人，也来此地写书作画，清代《镜花缘》的作者李汝珍就曾在这里研墨写书。他写的书，留有墨香，作的画不被虫蛀，多年了色彩依旧，宛若新作。他说，众人屏息凝神，四周一片寂静。然后他又说，听啊，神仙来了，神仙来弹琴了。这时，就听见山间的泉水叮叮咚咚，哗哗啦啦，由远而近响起来。嘿，要是再在山间的茅庐住上一夜，就说不定能听到几阕古曲呢。再到黎明，晨光照进窗户，你就会看到铜剑出鞘……大哥说得津津有味，王淦昌听得如痴如醉。不觉已到下午时分，天色向晚，吴月琴照例端上可口的饭菜。5岁的慧明和3岁的韫明也都能上桌和大人一道吃饭了。唯有襁褓中的幼子，浑然不知地撒泡尿就躺在父亲怀里熟睡了。吴月琴将孩子接过去，让丈夫好生吃饭。是夜，大哥又说了些关怀的话，便返回自己家中。屋里静下来后，王淦昌望着刚刚从厨房洗罢手出来又奶孩子的妻子，心里

1930年赴德国途中，在轮船上

不禁涌动一股难言的激情，但这时的他，才23岁，还醉心于学业呢，尚未懂得如何做个好丈夫，好父亲。他只问妻子，你带三个孩子，累不。

妻不说累，只柔声道，我心甘情愿。他便联想到，但凡做人母亲，都这般心甘情愿地以全部的爱哺育后代。唯其如此，母亲是人间最伟大的人。

王淦昌对吴月琴爱到敬重了。是夜，他与妻彻夜长谈。

吴月琴轻叹一声，说，你放心走吧。

翌日，王淦昌去枫塘湾拜谒列祖列宗和父母的灵位，去了外婆家，便去乘船了。还是那条乌篷船，还请龚大哥撑船摇橹，在咿呀咿呀的橹声中，船儿缓缓远行了。

第二章

跋涉在欧洲大陆上

雅克布尔赫尖塔遐想

20世纪二三十年代，欧洲的哥廷根比天国还更幽静而高邈。世界的科学天才，几乎都想聚集到那天国一隅。在那座耸立着高高的歌德式雅克布尔赫尖塔的小城里，科学巨星们有时漫步在乔治亚·奥古斯塔大学的幽径上，有时坐在小咖啡馆里品茗沉思，有时郊游于绿茵场细声交谈。夜空里闪烁着爱因斯坦的神思，日月中放射出玻尔的奇想。这座小城因为有了这样的科学泰斗，人们尽可以称之为太阳城、月亮宫。在学者们心中，她与罗马教堂同等神圣；而玻尔创立的自由平等讨论的学风，又使欺行霸市者愧躲羞逃；被此学风净化的小城，恐怕连树木花草，也会在自由的氛围中放出奇光。正是这座城里的天才们，影响了20世纪的人类生活。他们的天才之光，甚至已贯穿时间的云层，投射到未来的世界中去了。

王淦昌正式就读柏林大学之前，先到哥廷根学习半年。他是向他的导师迈特内提出申请获准后才来的，因为他初到柏林这世界一流大学，恐怕自己的理论知识跟不上实验工作的需要，迫切需要学习，况且他的导师叶企孙应邀在那里作学术演讲，介绍中国的物理教学与研究活动的状况，这对他是个绝好的学习机会。

20世纪初的二三十年间，科学家们被新思维激发起近似疯狂的探索热情。一旦有人提到某一个新领域，他们都要一拥而去，那种热衷开垦处女地的现象，也吸引着来自东方文明古国的师生。他们来到哥廷根时，大洋彼岸的美国著名学者，早已逆着哥伦布的航向来到这块"旧大陆"了。

一天傍晚，叶企孙教授引导王淦昌在威廉·韦伯街散步，一边观赏一幢幢教授们豪华的住宅，看那在夕照中的好像什比茨维尔风景画似的爬满了紫藤和铁线莲的楼墙，一边谈论当时最热门的物理课题，当讲到给哥廷根带来自由风气的美国富豪学者的几则趣闻时，教授驻足望他，问道："美国学者自称他们是与哥伦布航向相反的英雄，那么，你呢？"

王淦昌不知该怎样回答老师的问题，心里却是明白他来欧洲这一科学活动中心的目的，也是要发现一片科学的新陆地。

"你也要当英雄，要在当代科学前沿占领一席之地。"叶企孙教授鼓励他。

这一夜，他望着高高耸立于城中的雅克布尔赫尖塔的黑影沉思。一颗星，嵌在尖顶上似的，向他投来神秘的眸光。

初到异国，几分激动又有几分胆怯。语言和生活习惯都不熟悉。他租了一间房屋，德国房东老太太对这位来自遥远中国的年轻人关怀备至。他学习异常紧张，每天早出晚归，夜晚无论他回得多晚，老太太都为他开房门。德国的冬天异常寒冷，而他却不会烧壁炉，房东老太太便亲自为他烧好壁炉，当他带着满身雪花回到屋里时，顿觉一片暖融融的春意。

德国家庭的氛围，既有康德唯心辩证法的冷静，也有费尔巴哈唯物论的热情。王淦昌极为敬重这位做事有条不紊、周到细致的房东太太。每次得到她的关照，总是恭敬地道一声"谢谢"。

老太太见他总是那样彬彬有礼，似乎怕多领受他人的关怀，便笑着讲："您是需要关怀的，先生。我也需要您的友谊。您若不想与我们这样的人家亲近，您就会住进威廉·韦伯街的别墅，或者租用海兹马列尔—兰德街的花岗岩楼房。"

王淦昌听说，富有的英国人迪拉克和美国的罗伯特·奥本海默，曾租用一幢用花岗岩建造的别墅，那别墅面对着卡尔·弗里德利希·高斯工作过的天文台。有人开玩笑说，那两位富豪学者之所在太豪华了，以致紫藤与铁线莲都不敢爬上漂亮的石墙。

其实，住在那两条街上的富豪学者也罢，著名教授也罢，他们都不因经济地位高低而隔阂学术交流。你即使贫困得像个

1932年王淦昌在德国留学

乞丐，只要你带着创见半夜去敲响豪门，说，先生，我有个新发现，那求知者就会惊喜得不顾穿上豪华的睡衣急忙打开房门，把你当作富翁迎进客厅。

因为云集到哥廷根来的学者，都为求知而来，学者们对于先知先觉者的敬重，甚于对上帝的崇拜。也是为了求知，他们都以真挚的友谊铺设沟通思想的桥梁。在哥廷根，你绝对感觉不到国界的限制，甚至在威廉韦伯街，你随时都能看到各国学者在小酒馆里谈论学术问题。那从他们嘴里喷出的烟雾，弥漫了酒馆。若有未能解决的方程，他们就写在桌上，嘱老板留着，明天再来研究。在那儿，只要谁有"刹那间闪现的思维火花"，都会引得各国学者惊喜万分。

王淦昌多么渴望与那些国际职业团体友爱相处，共同研讨问题。由于语言障碍，他常感到孤单。因此，他请求房东太太教他德语。

"语言不通，等于没有与友邻交往的路。"他苦恼地向她诉求。

房东太太热情答应他："好吧，我的朋友，如果您也能教我汉语，我们将能走进彼此的心里。"

从此，房东一家人都热心教他学德语。房东太太的小孙女也成为他的德语老师。那个"小教师"很热心，一有空就教他，甚至念海涅的诗和歌德的《少年维特的烦恼》给他听。他自然抓紧一切机会学习，即便在路上遇见几个玩耍的小孩，也要向他们学一二句。

当然，他也常常向叶企孙先生请教如何运用德语语法，以及德语和法语英语的异同点。此间，叶企孙教授为了帮助王淦昌更有效地利用这一短暂的进修时间，常常约他到自己的住所晤谈，与他讨论量子力学问题，并且告诉他，威廉韦伯街小酒馆里又闪现何种新思维的火花，哪位教授有何领先成果，不断

1931年在德国留学与老师叶企孙（中）和曾炯之（左）在一起

激发他去探索科学前沿课题。于是，他选修了玻恩的热力学、米泽斯掊（R. Von mises）的概率论、海特勒的量子力学，还听过诺特海姆（Nordheim）的固体物理课，也听过几堂弗兰克（J. Franck）的课。学习的最大障碍是语言，他依然孜孜不倦地学。半年之后，他见到迈特内教授时，已能较为流畅地用德语会话了。

迈特内甚为惊诧地说："天呵，如此这般，你大概常常进威廉韦伯街的小酒馆去吧？"

他谦虚地回答导师："我只是借到一把钥匙，还未能爬上雅克布尔赫尖塔塔顶上去呢。"

翻越威廉皇家宅院的围墙

王淦昌来到德国柏林大学，本来是要求做盖革（H. Geiger）的研究生，但盖革已有四名研究生，于是才改做迈特内（L. Meitner）的研究生。

那是个阳光明媚的日子，他应邀来到迈特内的办公室等候，心情既兴奋又有点焦灼不安，企盼着和导师的第一次会面。

墙上的时钟滴答、滴答，分分秒秒都牵动着他的心。当迈特内在几位年轻人的簇拥下走进来时，他立即站起来迎上前去，眼前仿佛有道璀璨的阳光，令人目眩。这位身材矮小，身着白色工作服的中年妇人，分明头一次相见，却又感到如此熟悉如此亲切。他立即上前深鞠一躬，向教授问好。迈特内向他伸出自己的手，王淦昌握着导师的手，那样温暖柔软，一股暖流流遍全身。

迈特内是柏林大学第一位女教授，蜚声世界物理学界。她是一位追求人生最高目标，志向不移的犹太裔女子。任何传统羁绊，都不能阻止她闯进只有男生课椅的大学课堂。因为，在她前面有个玛丽·居里。既然波兰女子能进入高等学府，她，迈特内，一定要做犹太民族登上科学圣殿的第一个巾帼。爱因斯坦（A. Einstein）曾称她是"我们的居里夫人"，并认为"她的天赋高于居里夫人"。她执着地学习榜样，但决不循规蹈矩进入人家的宫殿，而是另辟蹊径，到达榜样们未涉足的科学领域，成为闻名遐迩的犹太女物理学家。

这时，希特勒的党徒们还未掀动法西斯的狂飙。从康德·路德维希、费尔巴哈时代聚敛的沉静的哲思，仍像晨雾，笼罩着这片人才荟萃的国土。达列姆小镇里的这座高等学府，更是一片幽谧的圣地。她比神圣的天国还更沉寂。

时间宛若飘落的金叶，
风，再不能摇响树枝。
严冬思考着迈进学府，
悄然带来暗夜与黎明。
那远离喧嚣尘世的天仙，
爱在这儿开启心灵之门。

1932年王淦昌在德国

　　在达列姆，他见不到一个中国同学或同胞。一切音响都隔绝在研究室的围墙外面。也许只有试管里的沸液，为他吹奏天籁的妙曲。或许粒子的径迹，是供他伴读的乐谱。那美妙的束流，是沿着智慧树的脉管直至树冠，枝头上骤然开放出奇葩了！面对新奇的发现，他竟像轻握爱妻之手，依依不舍地倾诉衷情。化开层层坚冰，去探索春心的奥秘。科学又以美的吸引力，导引他走向新的境界。

　　他，忘了时间。

　　时间，却不忘在夜间10时锁上研究室的门。

　　每当夜神紧闭世间的秘密之后，他不得不翻越"威廉皇帝的围墙"，回自己的宿舍去。于是，围墙外面的积雪上，总是留下他深深的脚印。

因此，达列姆居民每早最先发现的，大概是王淦昌的足迹。也许，迈特内教授也有所发现。这位最能辨识科学前沿课题的女物理学家，不可能不望见，在通往科学高地的蹊径上彳亍着中国骄子的背影。她曾不止一次地赞赏王淦昌孜孜不倦的求索精神，赞赏他对实验物理的特殊兴趣和异乎寻常的敏锐。

倘若这位深受爱因斯坦赞美的犹太裔教授的评价，日后化作支持王淦昌的实际行动，如果王淦昌关于校验玻特某种强辐射的实验诉求，不被她的偏执拒绝，那么，师生俩的这段历史，将是科学史上最辉煌的一页。

达列姆的遗憾

就在这年，王淦昌先后两次在柏林大学校本部参加了意义深远的物理讨论会。知道玻特及其学生贝克尔以前做的一个实验，用放射性钋所放出的α粒子轰击轻元素硼和铍，发现了很强的贯穿辐射，它能穿透10厘米厚的铅而强度减弱得很少，他们把这种辐射解释为γ辐射（波长极短的电磁波）。这一奇异现象引起了科学家们的重视，他们重复做这个试验，得出了同样的结果，他们证明玻特—贝克尔辐射至少有一部分是由高能量的γ射线组成的。王淦昌先后两次在讨论会上听了科斯特斯有关这一问题的报告后，认真思索着这个问题。其实王淦昌早就知道，他的导师迈特内早在1922年就对γ辐射的性质做过一系列的研究，所以科斯特斯报告给他留下深刻的印象。他反复思考，总觉得γ辐射果真具有那么强的贯穿能力么？值得怀疑。他想，玻特在实验中用的探测器是计数器，如果改用云雾室做探测器重复玻特的实验，是会弄清这种贯穿辐射的性质的。

讨论会后，他匆匆出门，跳上一辆顺路马车，请求车夫频频加鞭直奔达列姆小镇。到了导师府第庭院，才想到导师不是也参加了讨论会么？他竟先于迈特内教授回来了。后到的导师，请他进屋，坐在书房里听他陈述他对玻特及其他学者的实验结果的歧见。他认为科斯特斯的报告也值得怀疑。

迈特内奇怪地望着他笑。

他敏锐地感觉到导师认为他是痴人说梦话。从这位犹太才女的眼神里，他读懂这样的意思：你来柏林不到半年，还没有足够的知识去怀疑玻特等大师们的理论与实验呢。

但是强烈的好奇心，鼓起王淦昌的勇气。他明知玻特也是当时的物理巨人，还要像顽童那样，想看看这座大山背后真实的物理现象。

他问迈特内："教授您从1922年起就进行γ射线性质的研究，您大概不会认为玻特与贝克尔的发现，仅仅是硬γ射线吧？"

"我想，其他人的实验也已证实，玻特—贝克尔的辐射，至少有一部分是由高能量的γ射线组成的。"迈特内不以为然地回答。

王淦昌敏锐的思维，却还紧紧抓住所谓的"硬γ射线"和"高能量的γ射线"的现象，想探究这种特异现象的性质。

他说，巨人往往看不见其背后的东西，也对他身影下的东西熟视无睹。

"那么，王，你想怎样发现巨人身影下的宝藏呢？"迈特内下意识地垂眼看一看美光闪烁的胸针。

王淦昌说："玻特在实验中用的探测器是计数器，我想，如果改用云雾室做探测器重复做玻特的实验，会弄清那种硬辐射的性质。"

"重复？"迈特内摇摇头。

这位已届"知天命"之年的著名物理学家，似乎已知一切而对此项实验兴趣索然。或者，她不屑于重复玻特的实验？她漫不经心地捻着绿宝石胸针，如同随随便便摸一枚普通的纽扣，并不觉得宝贵。当她笑着摇摇头时，王淦昌只好带着他的建议告辞。

他踏着街上的残雪沉思着：教授对那束贯穿力极强的射线为何无动于衷呢，难道她对奇异的物质现象失去敏锐感了么？人呵，千万别把你的身影变成禁地。

雪凝寒冰，洁白而清冷。街旁的树，那将爆未爆的叶芽在隐隐萌动其春意。达列姆小镇是爱沉思的，微微寒风，也像一路思索的学者轻轻路过，街道异常沉静。在这个小镇生活的外国人，无不感到这是康德的德国。

王淦昌的思辨却是活跃的。他不仅能走出巨人的身影，更能超越自己的身影，他不仅要看清巨人面前的天地，更想了解大山背面的世界。他不断提醒自己，不要迷于物理现象，一定要透过现象去探究它的性质。回到住处，他仍在想，想多年来科学家们关于不带电粒子的推测，想卢瑟福1920年的一个预言……他浮想联翩，想到半夜，仿佛望见微风拂动树冠时，树上露出半熟的圣果。那棵神树离他不远，它火一般地燃烧着，立在明黄的坡顶上。于是，他第二次去向迈特内陈述己见，要求借用师兄菲利普的云雾室，重复玻特—贝克尔实验。他认为每种物质都有其特定的量，用硬射线或高能量射线来解释玻特—贝克尔以及其他同类试验的结果说不通，他恳求道："请允许我用一用菲利普的云雾室……"

这一次，迈特内像圣母那样，温婉地微笑着打量他："你很聪明，何必重复他人的试验呢？自己开辟新路吧，那样，你会到达另一座山峰。""不不，"王淦昌力图把他的计划讲得清楚些，"我不是要重复玻特的试验，而是要用另一种手段另一种方法实验。如果这样，将会得出不同的结论。我认为，那种现象不是强γ射线，不是的。物质的极端现象，意味着那不是原物质的重复现象，那是另一种物质，是比γ射线穿透力更强的物质。"固执的迈特内瞥他一眼，即收敛笑容。乌云，终于遮蔽了初露的天才的晨光。

1931年，约里奥·居里夫妇利用他们自己的强大的α射线源研究了这个奇异的射线。他们用电离室测量它的强度，以石蜡做屏蔽层放置在铍源与测量装置之间，发现计数器的计数大大增加，证实铍和硼发出的辐射能从石蜡中打出很多质子来，并且用威尔逊云雾室拍摄了质子的径迹，证明质子的能量很大，γ辐射能量就更大，达到50兆电子伏。他们把这种现象解释为γ

辐射效应，并在1932年1月18日发表了简短的实验报告。一个月后，剑桥大学卡文迪许实验室的查德威克看到了这个报告，他怀疑γ辐射不可能有这样大的能量，就用线性放大器对质子所产生的脉冲进行逐个测量，并将它们和电子所产生的脉冲分开，他发现质子的数量太多，与当时关于γ射线的理论不符。他深信铍源放射出来的是一种新奇的辐射。经过几天紧张的工作后，证明这种粒子是一种质量和质子相近的中性粒子，后称中子。他认为这个粒子是原子核的主要组成部分。为此，查德威克获得了1935年的诺贝尔物理奖。

对此，《王淦昌先生传略》的作者不无感慨地写道："许多人为约里奥·居里夫妇与科学最高荣誉擦身而过深表惋惜。其实，值得惋惜的却不止他们两个，如果迈特内当时考虑了王淦昌的建议和要求，以王淦昌对实验物理学的孜孜以求，对前沿课题的直觉和敏锐，凭借迈特内杰出的实验才能，丰富的经验，谁能说中子的发现，这个开创了原子核物理学新时期的重大事件，这项诺贝尔奖不会成为对迈特内和年轻的中国学者王淦昌创造性合作的褒奖呢？"

中子发现后，迈特内曾沮丧地对王淦昌说："这是运气问题。"她的话里，隐含着伤感，语气却是轻柔的。

王淦昌则认为这与运气无关，科学是实实在在的。他认为，约里奥·居里夫妇做了实验，却没有发现中子，是因为他们没有往这方面想。也正如约里奥自己承认："他们忘了过去多少年来存在着关于不带电粒子的推测。"他还说："这个发现出自卡文迪许实验室是合乎情理的。因为早在1920年卢瑟福就已预言中子的存在，这个假设一直像团迷雾在卡文迪许实验室的空气中飘浮着，最终还是在那儿被发现了。约里奥·居里夫妇说："这是公道的。"

如果要说运气的话，王淦昌确实不如查德威克的运气好。

詹姆斯·查德威克即使在第一次世界大战之初当上德国的俘虏，被监禁在柏林附近的陆贺列兵营地，也还受到物理学国际大家庭的关怀。如，他的德国老师尼恩斯特和鲁宾斯尽一切可能，给他在营地里建立一个小实验室，让他同其他俘虏在那儿做了许多有趣的实验，使他能够生活在物理世界中。战后他回到英国，又继续在卢瑟福大师主持的卡文迪许研究所工作，利用世界一流实验设备去探索粒子世界。当时，这个研究所已拥有了新的放大器，齐全的精密仪器，这些无疑为詹姆斯·查德威克发现中子提供了优于世界上任何一个研究场所的实验条件。

王淦昌呢，他连师兄的实验室也不能借用。

如果他在1930年因无实验条件错失宝贵的时间，以致不能及时去弄清那种强辐射的性质，那么，1931年苏黎世物理学家大会上，德国物理大师马克斯·玻恩和贝克尔作的实验报告，如果能警醒迈特内，王淦昌也许还能赶在查德威克之前揭示中子的秘密。

那两位物理学家在大会上说，他们用α粒子轰击铍时观察到很强的辐射。这一发现，立即引起与会者强烈的反应。他们都想重复那种试验，以揭露那种辐射的性质。比如约里奥·居里夫妇接着做的实验，几乎点破了这个谜。

奇怪的是，迈特内对这样热闹的讨论和那些频繁的、令人亢奋的科学信息，仍然置若罔闻，而王淦昌由于客观上的限制和心理上的障碍，不再努力去争取实验，这大概就不完全是运气问题了。

詹姆斯·查德威克则一直在研究着。他还幸运地一直受到卢瑟福的支持和指导。他正是沿着前人指述的径迹，走向摘取发现中子桂冠的科学巅峰。

而迈特内呢，她在1932年那个多雪的2月，除在壁炉前向她的学生王淦昌发出沉重的叹息外，还清醒地意识到，这位非凡的青年学者，在洞察科学前沿课题上，其敏思甚至超过欧洲的物理圣人。她从王淦昌、博恩、贝克尔、居里夫妇对那种强辐射物质产生的质疑和行动的时序上，认定她这位学生的天才。她因此抱憾地看了王淦昌一眼，苦笑着，往壁炉里扔一块劈柴。

其实，王淦昌也在自责自问，如果他当时坚持自己的主张，不屈不挠地力争实验条件，如果他能以极大的韧性通过其他途径去寻求支持，他能不能把这项工作做下去呢？

然而，这个历史的遗憾，只能像那行残雪上的脚印，留在达列姆，以致半个世纪后，王淦昌的传记作者们还因此扼腕痛惜那个旁落的诺贝尔物理奖。

1985年3月，国际科学史学会主席、哈佛大学科学史系主任

1985年3月17日美国哈佛大学科学史系主任、国际科学史学会主席希伯特教授访问王淦昌，了解核物理早期发展情况

希伯特来访我国，了解到上述情况，十分兴奋。他对王淦昌说："目前世界上已没有第二个人亲身经历了中子发现的过程，你一定要把这段历史写下来。这是十分珍贵的史料。"

尽管这一历史的憾事曾像一团乌云浮在王淦昌的心上，但他天才的晨光还是从噩运的罅隙透射出来，在欧洲的科学前沿上投下一片明黄。

他事实上已参与破除一团科学疑云。

初探中微子的奥秘

或许，迈特内不让王淦昌用另一种方法重复玻特—贝克尔实验的主要原因，并非完全出于她对新事物的敏感衰退，而是因为她更为关注笼罩当时物理领域的几团疑云。

当时最使物理学家们感到困惑的问题是：原子核释放出β射线的β衰变过程，所剩余的能量跑到哪里去了？

这个问题在动摇能量守恒原理。

众所周知，释放α粒子或γ射线的核衰变中，两者的能量分布，类似原子光谱，呈分立状态，此一态势是与原子核的分立的能量状态相适应的。换言之，符合能量守恒原理。

但是，人类的天才们是最不愿顺其纰缪行车的。1914年，查德威克用计数器发现，β衰变时的β射线能谱是呈连续分布状态，接着，迈特内等人也证实了β能谱的连续性。这就和原子核的分立的能量状态相矛盾了。而且很多实验证明，β谱的上限即最大能量Emax，正好等于根据母核和子核质量算得的衰变能，那么在能量未达Emax的β衰变中，所余的能量又到哪儿去了呢？

这就是β谱之谜。

β谱之谜，置先知先觉们于无知的窘境。为解释这个谜，聪明的尼尔斯·玻尔认为只有放弃能量守恒原理，而主张对于基元过程，能量和动量只是在统计上是守恒的。他的主张，使他被置于《最后的晚餐》犹大的席位，爱因斯坦、卢瑟福、泡利、迈特内等人，几乎把他视为物理圣廷中的叛逆，都向他投去批判的目光，同时，这些人为了捍卫物理神圣的教义，又在实验室里进行艰苦的探索。

1929年，迈特内做了关于β衰变量热学实验，否定了β粒子由于与周围介质的核外电子相作用，其能量才小于Emax的说法。

翌年12月，泡利根据迈特内的实验结果，提出原子核中存在一种电中性的粒子假说：它的自旋为二分之一，服从泡利不相容原理，质量很小，最大可能值与电子质量处于同数量级。β衰变时，它与电子一道发射出来，两者能量之和即是Emax。由于它不附着于他物，他物亦难吸附于它，所以，它的穿透力很强，仪器是不能直接探测到它的。泡利认为，正是这个电中性粒子，带走了那一部分能量。人们找不到这个电中性粒子，也就无法找缺少那一部分能量的原因。这个假说中的电中性粒子，泡利最初命名为"中子"。后来，因为查德威克发现了中子，才改为中微子。

1931年6月，泡利进一步提出：根据玻尔假说，基元过程能量不守恒，β谱要拖一条很长的尾巴；而根据泡利假说，β谱应有明显的上限。因此，对于这两个假说的决定性的检验是：β谱是否显示出明显的上限。

解这个谜，等于赢得一场物理神圣教义的保卫战，也将能占领微观世界一片新天地。欧洲几个科学活动中心因此都着迷地进入实验室，去抓β谱长长的尾巴。

　　迈特内显然是醉心于破除疑团的研究，才不支持王淦昌重复玻特—贝克尔实验，自然不让他借用师兄菲利普的实验器具，致使她与王淦昌失去发现中子的良机。她也许认为，探测β谱上限是最有趣也是最有意义的工作。作为学子，王淦昌当然要听从这位科学母亲的课题安排。

　　王淦昌在迈特内指导下，投入β谱上限的实验探索。时间载着玻尔与泡利的假说，悄然行驶于静谧的长河，科学的思辨彳亍于神秘的粒子世界里。当冬季的残雪开始在凯撒·威廉皇帝的墙角融化，冰挂在1932年的春晖中变成滴珠，一闪一闪地滴下石阶时，他的论文《关于RaE的连续β射线谱的上限》终于发表在德国《物理学期刊》上。

　　此前，特罗克斯于1931年测定的β射线能谱，上限值偏高，尾巴也偏长。两相比较，王淦昌的准确性大大超过特罗克斯，得出明显的上限。不过，王淦昌认为，钱皮恩几乎与他同时发表的那个实验结果，数值比较准确。

　　1933年，卡文迪许研究室的埃利斯和莫特的实验，测出两个蜕变过程中α粒子能量与β粒子能量最大值的和，恰好是β谱上限的能量差。

　　在埃利斯和莫特公布这一结果之前，迈特内已叫王淦昌用β谱仪和计数器进行了更为复杂的实验：以测定"ThB+C+C"的β谱的上限作为王淦昌的博士论文。

　　"你能很快完成RaE的上限实验，也一定能把这个有趣的实验完成得很出色。"迈特内满面生辉，语句也像晨光般清丽，

"你的才华，正像朝阳喷射的霞光呢。"

迈特内也许认为，比查德威克年轻得多的王淦昌，必将做出更为炫目的业绩。

然而，科学成果并非俯拾皆是的草莓，更非容易吃的豆腐，那是用生命之火冶炼出来的奇珍。要取得这样的成果是十分艰难的。由于β谱仪不大，自制的计数器必须做得很小，才能记录不同能量值的β粒子数，以便描出β谱来。因此，王淦昌必须吹制极为细小的玻璃管。尽管王淦昌在清华大学师从吴有训教授期间，学过吹玻璃管，颇谙熟康普顿吹法，吹制过各种型号的工件，甚至七拐八弯的曲管，他都曾巧妙地吹制过，但吹制这样细的管子，难度在用气上，气微，且要运气均匀，才能像吐丝那样吹出适合的玻璃管来。如果气功不深，稍为发颤，或

1932年王淦昌（右）与欧阳
予倩在柏林

用力稍大稍猛稍快，不仅难吹成型，还容易吹破。破了，再来。重做前，又要运气，那气的强弱粗细长短，是必须在运气时测算了的，否则，即便不破，吹出来的玻璃管也不符合尺寸，足见吹制这种玻璃管的难度。一天，与他一同到欧洲留学的施士元从巴黎来柏林看望他，看见实验室内碎玻璃片满地，开玩笑道："你要开玻璃店呀！"

也是在那一天吧，师兄菲利普告诉他的导师："王在危险的玻璃碎片上开始实验了。"

"上帝！碎玻璃片没有划伤他吧？"迈特内惊问。

她不放心，悄悄去窥视王淦昌如何吹制玻璃管。看罢，她告诉菲利普："王不像在吹制玻璃管，他是在吹奏一支小夜曲呢。那支乐曲深深使王陶醉了。"

王淦昌确实迷醉于物理的美。他在实验中，不仅较为准确地测出β谱上限，而且还从β谱上出现的多个分立的峰值，测定了那些放射性元素的内转换效应——内光电效应。这一结果，远比埃利斯测定的峰值强度准确得多。迈特内十分高兴，欣然与他共同署名，以"γ射线的内光电效应"为题的短讯，发表于1933年7月的德国《自然》期刊上。同年12月，王淦昌在《物理学期刊》发表他的博士论文《ThB+C+C的β谱》，王淦昌认为实验结果在强度方面优于埃利斯的实验，而分辨率稍差……

不久，一场瑞雪带来他进行博士论文答辩的日子。答辩委员会的主考人是鼎鼎有名的物理学家冯·劳厄教授。

考场宛若圣廷，端坐在教授们中间的冯·劳厄，如同众神之至尊。他极严肃，即便笑，那笑，也是隐藏在他那花白的络腮胡子里。这位智者只是在提问时，才看一看被他考问的亚洲学者。问罢，即垂下眼睑，似乎这样做，才能置身心于夜的无边的静穆中。

王淦昌面对欧洲的物理圣人们站着回答问题，他的吴侬语调的德语，宛若晨风传递物理的才思，渐渐吹散主考者布下的疑云迷雾，使得冯·劳厄情不自禁地开启了眼睑，露出笑的微曦。答辩很让委员会满意。迈特内更为欣慰，对王淦昌说，"不轻易笑的冯·劳厄教授浓密的胡子，到底藏不住心中喜悦"。

迈特内却甚赞赏他的实验物理天才，心里希望他继续留欧深造，问他："你今后有什么打算，王？"

战云密布时，游子思归

迈特内问王淦昌有什么打算的时候，欧洲的政治气氛已不甚美妙。种种迹象表明，法西斯已向欧洲大陆投下厄运的阴影。科学家们说，整个欧洲，大概只有莫斯科克里姆林宫尖顶上的红星能抵挡法西斯的鬼魂。这是有根据的。

人们不忘几年前的一件事。

那年的冬季，一个多雪的夜晚，苏联物理学家勃拉姆·约飞教授来哥廷根拜访欧洲物理圣人詹姆斯·弗兰克。在弗兰克租用的一幢别墅的二楼客厅里，向同行们介绍苏联学界的情况。当他谈到他们国家给予科学家们的种种实际帮助时，引起在座的人们好一阵惊讶。约飞说，在他们的列宁格勒学院里，有300个大学生和许多高工薪的助教；他们不担心失业，更不会为温饱操心；他们坚信他们的工作是一往直前的。因为他们日益壮大的祖国需要有权威的学者。

约飞的话，不难理解。在他此次造访不久，俄罗斯天才的儿子卡比查从剑桥大学卡文迪许实验室回国，卢瑟福为了褒奖他在英国卓越的科研成就，决定将他亲手建造的实验室整个儿端到苏联，为了保证把那套贵重而庞大的仪器能够顺利移交，英国著名科学家爱德利安和狄拉克专程到莫斯科办理移交手续。为此，苏联政府不仅为那套实验设备支付了3万英镑，还为卡比查在莫斯科建造了一座具有英国庄园风格的研究所。

可见，约飞并非虚夸社会主义制度的优越性。苏联科学界确实受到优越制度的暖照。相反，约飞造访哥廷根时的西欧，却在经历可怕的经济危机。在整个严寒的冬季，许多学院连生炉火取暖的费用都没有，经济危机引起剧烈政治动荡，连哥廷根这样幽谧的科学圣城也受到冲击。法西斯党徒们的疯狂迫害，逼迫许多犹太血统的科学家纷纷离开德国。1933年秋，爱因斯坦举家搬迁去美国普林斯顿。这件事，轰动欧洲物理学界。法国物理学家保罗·兰捷文说："这是一个重要事件，其重要程度就如同把梵蒂冈从罗马搬到新大陆去一样。当代物理学之父迁到了美国，现在美国就成了物理学中心了。"

有人后来说，爱因斯坦给美国带去了好运，使美国不花分文，就能得到他从欧洲吸引去大半个世界的科学天才。

在那个秋天里，王淦昌醉心于实验，不甚了解凯撒·威廉皇帝围墙外的事。他既不知道爱因斯坦出走，也不知道詹姆斯·弗兰克的离恨。这位物理圣人也是在这一年离开哥廷根的，比爱因斯坦早走几个月。

两位大物理学家离开德国的事，冷风般地吹在报端上，王淦昌看到描述这些悲惨事件的报章时，德国已进入1933年酷寒的冬季，天阴沉沉的。联想到祖国东北三省遭受日军的侵占和蹂躏，他心上也冷，也阴沉，也布满阴霾似的硝烟。

他难忘到柏林留学的第二年，发生了日本侵略军攻占我东北三省的"九一八"事件，海外华人学子无不为我河山沦入敌手而悲愤。王淦昌天天翻阅报纸，收听新闻，关注着时局的变化。当看到日军已占领我东北三省，又大举进攻华北的消息后，一连数日，他夜不安寝食不甘味，"何以雪耻，在我学子"这句话，不断盘桓于脑海。他没有别的选择，只有更加努力，尽快学成回国为饱受苦难的祖国人民服务。

现在他完成学业了，初探中微子的两篇论文以及博士论文，引起欧洲物理学界的关注。因此，迈特内想留他在身边工作，一些外国同行也希望他留德与他们共事。他的师兄菲利普对他说："科学是属于全人类的，科学是上帝交给聪明人的钥匙，由他们去为人类打开物质宝库。而在德国，在哥廷根，在这个世界科学中心里，有可供你施展才华的环境和实验设备，你何必回中国去呢。科学，是没有国界的呀。"

他忧郁地望了望落雪，对菲利普说："先生，我想您一定

1933年王淦昌（左二）及中国留学生游览德国莱茵河在Wuppertal车站合影

注意到今年4月的报纸上，登载詹姆斯·弗兰克只身离开德国的文章吧。我刚读到那篇文章，此刻，我仿佛还听到火车离站时发出的悲鸣。那列火车真不肯载走欧洲的物理圣人弗兰克呵。上帝似乎也不愿意这位蒙难的天才出走呀，列车出站时，天下泪雨。"

菲利普看过报纸，知道两位大物理学家是因为德国已变成法西斯制造灾难的魔窟才愤然离走的。但菲利普不谈政治，也不便谈论德国的政治，或许还因为法西斯浓重的阴影使他绝望得难以回答王淦昌的问题。他望着纷纷扬扬的落雪，哀叹一声，默然了。

王淦昌此刻耐不住沉默，问菲利普："爱因斯坦为什么不去哥本哈根，偏要远离欧洲去美国呢？"

"因为玻尔的哥本哈根避难所太小了。"菲利普心里似乎隐隐作痛，话是沉痛的，脸上微露悲戚的神色。

王淦昌叹道："其实，现在的地球，也嫌小了。"

"是的，种族歧视与政治偏见，使得世界也显得如此偏狭，甚至犹太民族的天才也无立足之地。"菲利普凝望着无声落雪，仿佛自语："那个避难所恐难再挤上人了！"

王淦昌离别决心已定，他想在行前拜见恩师迈特内。

迈特内自先推门来了。

这位后来于1938年3月由于受第三帝国种族法令波及而秘密离开达列姆小镇，离开凯撒·威廉皇家研究所，流亡丹麦，去斯德哥尔摩的犹太民族的天才女物理学家，这时似在被某种灾难的预感磨难着，她进了门，坐在王淦昌搬给她的椅子上，抿一口茶，神色还很阴郁。她沉思少顷，问他："你真的要走吗，王？"

王淦昌想，菲利普师兄肯定把他的决定禀告导师了，于是说："是的，我要走，要回我的祖国去。"

"谢谢您的厚爱，老师，谢谢您寄予我那么大的希望。我自己也深信，不同的人有不同的路，我是能凭借自己求知的毅力去开拓新领域的。但是，我和我的祖国一样，在被厄运磨难。"王淦昌下意识地拿把尺多长的铁钳，拨旺炉膛里的火，说，"我的祖国在流血，在受苦，在呻吟。您知道的，老师，祖国是我唯一的母亲。我不能再失去母亲……"

他眼里汪起了泪水，哽咽着说不下去。

丽丝·迈特内听他讲过，母亲出殡那天，他抱膝独坐河边，默望远去的船帆，望那西沉的落日，那个失去母爱的夜晚，他孤苦伶仃地躺在无边的哀伤中。

泪珠沁出她的眼角。她的心弦被拨动了。

然而，丽丝·迈特内是个意志坚强的学者。她不需要他人怜悯，而且不易表露哀愁。犹太民族最善于把巨大的伤痛闭锁于灵魂的硬壳里，他们若不能以顽强的毅力，排除艰难险阻，全世界怕早就找不见他们的行踪了。

不能这样，她想，不能再让乡愁主持她和这位中国学者的谈话了。于是，她便给他讲了几位科学家的传闻逸事。

她先讲弗利士。

"你见过他，他也投合你的爱好。但是，你不知道他有时像个坏小子逃避我。"她充满爱意地说起她的侄子，那个引起她自豪的青年物理学家。"他逃避我，是怕和我讨论高能物理。有时，他借故去卫生间，一去大半天不出来，我还以为他吃牛排多了，坏了肚子。可是你知道我的弗利士，我那坏侄儿在卫生间做什么吗？他在里面坐在马桶上读歌德的《浮士德》。"

她咯咯地笑着："泰勒你肯定听说过，他也是犹太人，很爱滑雪，为了赶去滑雪场，从飞速行驶的电车上跳下，摔断了一条腿。"

"泰勒，我知道的。"王淦昌说，"我听说，他成了独腿怪。因此，魏茨塞克跟他开玩笑时，试图证明立正站着是第欧尼斯的经验。因为那个希腊神话中的酒神，是个瘸腿。"

王淦昌说到极兴，跑去抱劈柴，不慎险些滑倒，迈特内爱嗔道："忘记脚，脑袋可要受到惩罚的呀。"

"那呀，我可要用脑袋走路啦。"王淦昌说。

迈特内笑了笑，问他："你听说过匈牙利物理学家西拉德么？"王淦昌摇摇头，说："仅听说过名字而已。"

"他年轻时也饱受战乱之苦。大学一年级后便应征入伍。但他其实很反感当兵。几经波折之后，原本想在布达佩斯继续学习的他辗转到了德国，受到当时在柏林执教的爱因斯坦、尼恩斯特、冯·劳厄和普朗克等人的影响，决定选择理论物理作为方向。最初当冯·劳厄的助手，后来在凯撒·威廉学院做额外讲师。之后，他又到了维也纳，从那儿，他又去了英国。他极有才华，他最早提出用'铍'这个元素作为链式反应的钥匙。你看，他经历了多么艰难曲折的寻觅，走过多少艰苦的路程啊！"

王淦昌会意地点点头说："我明白，您是再次提醒我，不单只习惯在安宁的环境里从事科研，更要善于在动荡不定的严酷环境中坚持科研。"

"那么，海森堡你一定了解多一些。"迈特内继续说，"他还在中学时代，就敢于冒着生命危险，在敌对的'红区'和'白区'的分界线上来回潜越，并在恐怖的气氛中镇定自若地坐在神学院的屋顶上阅读柏拉图的著作，敢于对'提玛乌斯'一书中关于原子概念的议论表示不满，绝不盲目屈从于权威。甚至他的教师萨默费尔德邀他一起去哥廷根听玻尔的讲座时，他仍坚持着。他才19岁，在和玻尔长时间散步时就敢与其'交锋'。"迈特内顿了顿，继续说："至于迪拉克，他比海森堡更年轻了。哎，你知道他是什么地方的人吗？"

王淦昌笑道："我知道他的父亲是瑞典人，他的母亲是英国人，照理，他的语言比谁都丰富，可我听说，瘦高个迪拉克，差不多每隔一个闰年的时间才说一句完整的话。"

"他像条极会捕猎的神犬。"迈特内顶开心似的，笑了老半天才讲："猎人都认为，越会沉默的猎狗，是良种猎犬。"

迈特内讲的名人逸事，王淦昌曾听叶企孙和吴有训说过一些，他想，导师们讲这些逸事的目的，无非都是要给我树立学习的楷模吧。我会像他们一样勇于在粒子世界里探奇的，会的，一定会的。在求知的路上，我绝不会遇到艰险而后退。房东老太太端来咖啡，请他们喝。

两只波斯猫蜷伏在书架上，一白一黑，毛茸茸的，颇像绒毛玩具猫，却分明都有一对灵性的碧眼，微眯着，做着猫的哲思。

"贵族猫！"迈特内一瞥猫，鄙夷道。

房东太太笑着指一指猫说："对的。这两只猫原是一幢豪华别墅里的宠物，因在贵妇人床上排污，被逐，才到这儿避难。不过，它俩比新领袖们懂事，并不因为这是犹太人的家，就对我们失礼。"

这话，引起迈特内讲到爱因斯坦出走的事。

王淦昌想起法国人保罗·兰捷文的话，赞叹道，犹太民族把她天才的儿女撒播了全世界。不想，迈特内神色悒郁地叹一声。

"唉，那是在全世界流亡呵。"她沉默一会儿，问王淦昌，"中国也有犹太人吧？"

王淦昌很敏感，意识到导师今天谈论的著名科学家，多数是犹太人，许是心情不好吧。"有呵，1000多年前就有了。"

他告诉迈特内，唐朝盛世时，与国外通商，过往甚密。那时，有许多犹太人来中国做生意，同时带来中东文明。不少人后来安家在长安。唐太宗得知犹太人很聪明，便恩准他们定居，御赐他们姓蒲。皇帝对他们的族长说：蒲公英花籽会打伞，随风四处传播，落地就能生根，命大得很。犹太人聪明，赐予蒲姓，是希望犹太人在中国生根开花，传宗接代，安居乐业。现在，中国各地的蒲姓人家，都知道这个古代的故事，也没忘记他们的祖先是犹太人。由于中国方言不同，也有姓卜姓甫的，同音也同族，他们当中历代都有不少名人。

王淦昌这番话，很使迈特内亢奋，不断提出一些诸如民族大融合的问题。他都乐于回答，笑道："导师既然舍不得我离开，我也难得与你分别，导师何不如蒲姓人家那样，移居中国呢？"他真是忘乎所以了，似乎不知道祖国东三省正在日寇的铁蹄下呻吟。

王淦昌继续说："我国是个很美丽的国家，无论上海还是北平，尤其是北平，到处都有宏伟的古建筑和皇家园林。我念大学时，常去游览，即便那样，我浏览的景点，还不及百分之一。

不知导师是否有机会去看看？"

"唉，乌云笼罩天空时，世界都将被雨淋的，概莫能外。"迈特内提醒他，"你不是说过，你的祖国在流血么，王？据我所知，日寇已侵占你祖国的东北三省了。狼心是贪婪的，贪得无厌的狼群，还将使你的祖国蒙受更大的灾难啊。"

王淦昌的心突然被针扎似的，他感到心在滴血，他痛苦得说不出话了。

物理圣母大概想起王淦昌对菲利普说的话，她轻声叹道："是的，科学家是有祖国的。我同意你回祖国去。你回去，难免要卷入那场残酷的战争，甚至可能上前线去当兵。那样，将会毁灭你的事业。说心里话，我其实还希望你留在德国。可是这片国土的政治气氛更恐怖。我，早晚都要走的。你呢，或许到丹麦哥本哈根，寻求玻尔帮助？"

"不，我不想逃避战争灾难。尽管它会影响我的科学事业，但我还是愿意回去与我患难中的同胞同甘共苦共命运，为他们服务。如果我的祖国我的家庭都毁灭于侵略的战火，我一个人生存下来又有什么意义呢？"

王淦昌很激动，站起来，还想再讲什么话。

马车来了。

王淦昌忙扶导师上车，送一程路。

迈特内一路无话，临别时才说："既然我们无能力制止战争，而只能以自己的知识服务于人类，那就更加充实和丰富自己吧。你应到更多的地方去走走看看。如，英国的剑桥，意大利的罗马大学。"

王淦昌点了点头。向导师辞别后，他踏着厚厚的积雪回住处准备行装去了。

登上卢瑟福光辉的陆岸

一个少雾的晴天，王淦昌乘船去英国。

英吉利海峡是灰暗的。海也一样，浪花在墨蓝色的海面上顽童般奔涌，哗哗的涛声，拍打着船体。

王淦昌遥望海际，极目眺望欧洲大陆对岸的星座——卢瑟福的卡文迪许研究所。在欧洲，卢瑟福的"孩子们"只要提到那个研究所，无不肃然道，那是物理学界的教堂。他们说卢瑟福的每一篇实验报告，都是物理圣经光辉的篇章。

20世纪的物理伟绩，无不与卢瑟福相关。

卢瑟福的"孩子们"，因而认为他比上帝伟大。

信奉上帝的教士们了解物质世界，他们把原子描绘成有眼睛的钩形蝌蚪。这种愚蠢的画，被那个一屁股压在天主教堂顶上的天才顽童海森堡讥笑为屁画。人们后来称海森堡为欧洲的物理神童。

而物理神童们崇敬的物理上帝就是卢瑟福。

但是，卢瑟福不像远离尘世的上帝。那个上帝是信徒们幻境中的人物。他的智慧他的德行以至于他的圣殿，全是文学的虚构，无一科学的基石。卢瑟福呢，则是通过实验去发现世界本质，去建造物理王国。他在助手们中间。因此，他的周围聚集着人类的天才。

王淦昌的心，通向剑桥大学卡文迪许研究所的卢瑟福大师。他觉得他所乘的邮轮不是停靠在寻常的码头，而是靠上一片圣土。

1871年，出生于新西兰的物理学家卢瑟福，因为第一次提出划时代的原子蜕变理论，发现放射现象是原子自行蜕变的过程，为人类深入探索光彩夺目的原子世界打开了通道，因而获得诺贝尔化学奖。当卢瑟福登上领奖台时，王淦昌年仅1岁，他是成为清华大学物理系的学生之后，才第一次听到这位原子巨人的名字的。他由衷的崇拜、敬仰，进而学习效仿这位巨人。他还知道，卢瑟福在发现了α射线和β射线，提出原子自然蜕变理论之后，于1911年又同他的助手汉斯·盖革一起，利用自己发现的α粒子做"子弹"，去轰击一块厚度只有两万分之一厘米的重金属箔，成功地进行了一次散射试验，并据此提出一个原子结构模型。在这个模型中，原子的中心，是一个带正电荷的核，电子在它周围按不同的轨道旋转，这些电子在旋转时所产生的离心力与核电子的吸引力相对平衡，使电子能够与核保持一定的距离。因为电子质量极小，所以原子的全部质量几乎都集中在原子核里。这个模型的假说，为探索原子内部结构打开了神秘的大门。之后，量子力学创始人之一的尼尔斯·玻尔，于1913年提出一些假设，进一步完善了原子"行星模型"。玻尔的模型巧妙地将量子理论同被人们普遍接受的经典力学结合起来，对原子物理学和化学作出了不可磨灭的贡献。因而，爱因斯坦高度赞誉卢瑟福和尼尔斯·玻尔的原子模型，称其具有"思想领域中最高的音乐神韵"。如今，他终于走进那位受人敬仰的粒子国王之所在——剑桥大学。

早在十二三世纪，英国的牛津大学和剑桥大学便已先后成立。不过当时的大学仅仅是知识分子们聚在一起的"行会"组织，不仅设备简陋，学生不多，授课内容也极单调。直到14世纪，到了欧洲文艺复兴时期，随着"人文主义"文化运动的高涨，各国的大学都相继成立，不断扩充人员，增添设备。大学才逐渐成为欧洲教育和科学研究的中心。而此时的中国，离曹雪芹的父亲科举考试作弊而被革职抄家的年代，还差二三百年呢。可爱的炎黄子孙们在祖先四大发明的光荣业绩上酣睡得太久啊。

剑桥大学以其悠久的历史和完备的教学设施闻名于世。她是培养出类拔萃的优秀人才的摇篮。她培养诸如弗兰西斯·培根这样的"英国唯物主义和整个现代实验科学的真正始祖"（马克思、恩格斯语）以及数十位诺贝尔奖获得者。而剑桥的卡文迪许实验室更以卢瑟福为代表的科学家，因首次向人类揭示了粒子王国的秘密而闻名于世。

剑桥大学的尖形屋顶如利剑直刺苍穹。常春藤翠绿的枝蔓覆盖了一幢幢优雅的建筑。王淦昌无心浏览风景，一心要会见物理学界的巨星们。

卡文迪许实验室以少有的热情，迎接这位来自东方神州的年轻学者。在无论多么骚动的政治干扰下都未停止过工作的实验室，居然以半天时间来接待他，年逾花甲的卢瑟福精力充沛过人。当他知道王淦昌是丽丝·迈特内的学生后，更以亲切而平和的口气和他交谈。他说他曾读过他在德国《物理学期刊》上发表的《关于RaE的连续β射线谱的上限》的论文，亦看到过他与迈特内联名写的通讯《γ射线的内光电效应》，为他们的发现大加赞赏。他还向他介绍，他的学生查德威克找到中子后，意大利物理学家费米利用慢中子造成核及其反应所做的一系列实验引起他们的兴趣。王淦昌说，他的导师迈特内与哈恩同样做过类似的实验。这些实验为人类进一步揭开原子世界的秘密做了极为可贵的探索。卢瑟福举手笑指睿智的前额："喔唷，我早把他们的智慧果实捡进这个金袋子了。"

卢瑟福表示他对彼岸的同行怀有深深的敬意。当他得知王淦昌出生在中国江苏时，欣喜地问道：为什么说苏杭是天堂？

王淦昌又像他曾对迈特内描述的祖国自然景观和人为景观那样，向这位尊师描述江南的美和圆明园的壮观。

在此之前，王淦昌得知卢瑟福有个绰号：鳄鱼。

这个绰号是卢瑟福最得意的高徒卡比查私下给其导师起的。卡比查比卢瑟福小25岁，没有亲生儿子的卢瑟福，尤其喜爱这个具有顽强性格，并能将这种性格特质与天才和聪明结合起来的俄国人。同行们说，卡比查和他的老师一样，也热情地享受生活的快乐，具有那样不可遏止的精力和那样丰富的想象力。他也像个野人，一个高尚的野人。但他更像一个顽皮的野孩子，他爱在寂静的农村路上飞奔，爱在你意想不到的时候向河里扎个猛子，然后抓条小鱼笑呵呵地爬上对岸。他有时会突然学乌鸦叫吓唬在路边学绅士行走的白鹅。他做起实验来往往几昼夜不眠地摆弄高频发生器，使之像雷公那样闹得惊天动地。他玩命一样的工作状态深受卢瑟福赞赏，并为他的高压的"硕大婴儿"的诞生创造条件，让他建立一个专门研究室。卡比查因此请雕刻家用石头雕成一块鳄鱼徽章挂在实验室门上，对参加落成典礼的同行们说："鳄鱼象征科学。鳄鱼是不转头的，它像科学一样张开大口，勇往直前，去吞食一切。"人们都知道，鳄鱼就是卢瑟福。

鳄鱼却像这位强悍的粒子国王，它无论在陆岸还是在沼泽，都快速进取，宛若无声的电闪。

卢瑟福的确像鳄鱼那样披坚执锐，一生在粒子王国里勇猛进取着。他的科学思维敏锐超群，旺盛的精力也是超凡的。有人说，当他的科学预见流星般闪现于夜空时，他和卡文迪许那群"天才孩子"们追捕新奇粒子的行动瞬息像滚滚的雷鸣。

他此刻在王淦昌面前，就像强健的老伐木工坐在被他砍倒的巨树上，一手按着木柄大斧似的按在座椅扶把上，那硕大的五指像焊在那儿，青筋异常突显。笑闪的眸光宛若深空睿智的神火，使人觉得，即使日月星辰都熄灭了，那照亮人类的神灯，仍放射卢瑟福生命的美焰。但是，他不完全同意王淦昌的话，当然也间接地否认卡比查给他起的绰号"鳄鱼"。"噢，我怎么能够吞食那些我们未知其详的物质呢，先生，你知道，有些粒子并非像炒黄豆那样好吃，你有时甚至难以找到它，而它却能穿透地球，不留痕迹地逃逸了。比如中微子，它简直像在迷雾中飞行的美人，诱引你，又闪避你。查德威克1914年发现它的连续分布状态，你的导师迈特内也找到它连续的踪迹，可是，科学前沿的天才猎手们无一能捕获到它。聪明的尼尔斯·玻尔因此主张放弃能量守恒原理，从真理的大道跑到岔道去，在基元过程中寻求统计上的便道。这引起爱因斯坦、泡利等人的不安，我本人也担心玻尔使物理世界倾斜。为了拯救能量守恒原理，泡利根据迈特内1929年关于β衰变量热学的实验结果，提出中微子假说，指出，玻尔β谱的那条尾巴应该有个明显的上限。这以后的事，先生你是当事人之一，你比我清楚，特罗克斯先于你探测β射线谱的上限。可是他的上限值偏高，尾巴偏长。而你的实验结果，精确性大大超过了特罗克斯，得出了明晰的上限。与此同时，钱皮恩那个类似特罗克斯的报告，得出较为准确的数值。此后，埃利斯、莫特也探测了那条尾巴。先生，我听说你最近做的实验结果，在强度方面优于埃利斯，只在分辨率上稍比埃利斯差。但不管那条尾巴长短粗细如何，我们如果抓不到它，泡利的假说，还是假说，能量守恒原理将会被玻尔弄出一条连他自己都感到尴尬的长尾巴，而整个物理学都被视为无理。先生，我如果像你那样年轻，也许能俘获那个粒子美人，现在我好像老了，有时，往验电器上装一小条金箔，两手都颤抖得难以承受那一份轻微，我不得不请年轻的助手代劳。那么，谁能帮我拯救能量守恒原理这座圣殿呢？是特罗克斯、钱皮恩、埃利斯、莫特，还是你呢，先生？"

王淦昌感到这位至圣至尊的老科学家在提出问题时，仍有气吞山河的英雄神威，仍然保持探索自然界最深奥秘的极大兴趣。他一直都在寻求真理，并且在崇高的境界建造他的神庙，直到老死还维护他的坚固信念。他认为，上帝决不允许一些坏孩子碰醒蛰伏于物质中的足以毁灭地球的核能。唯独那把钥匙深藏在上帝的耳蜗里。

王淦昌想，也许，只有人的信念才是永固不朽的建筑。

这一天，卡文迪许实验室在卢瑟福灿灿的微笑中，向王淦昌敞开每一个实验室的房门。王淦昌毕竟只是个刚迈出校门的年轻博士生，对眼前的一切感到生疏，言语和行动也有些拘谨。卢瑟福便令他的"乖孩子"来陪同他参观实验室，并与之交谈。埃利斯很自豪，对王淦昌爽朗笑道："先生，但愿您能在我的实验室里找到一个缺憾。"

实验室好像一座农舍，一侧是缓坡，碧草如茵；一侧是树林，拢翠凝绿，有条小溪淙淙流过，不时有一对白天鹅悄然滑翔而来，白云朵一般，浮在清流上。早来的春天，已染红几丛月季花。

"这儿简直是块圣地。"王淦昌赞美道。

埃利斯笑得更爽朗，"如此，我更要感谢上帝的恩赐了"。

"先生，上帝好像特别偏爱您呢。"王淦昌一进入实验室，就倍加感到卢瑟福的"乖孩子"们个个是上帝的宠儿了。他发现，晚于他一年做出β谱上限实验结果的埃利斯，已在这里用上了巨大的发生器和新的高灵敏度的测量仪表。实验室宽敞而明亮，室内空气经过过滤，十分清新。他情不自禁赞叹："这比工厂的装配车间还要大呢！"

埃利斯的胡子笑开来，"以前不是这个样，先生，15年前的卡文迪许，相当于现在的马厩或羊圈。那时的实验室，不会比首饰工匠的作坊好一些。你如果那时来参观，必定以为走错了店铺。"

"15年前我还不满12岁呢。"王淦昌说。

埃利斯笑着打量他，"那么，当时的卢瑟福老爷准会把你视为放鹅的小牧童了。他先是对你发怒道，小家伙，请走开吧，这儿是时间的园地，不是鸡鸭鹅群的娱乐场所。等他做完实验了，才召唤你过来，笑着问你，我们现在玩什么游戏好呢，小天使，是下河去捞虾摸鱼，还是用显微镜观察微小的世界？或者，打开小铜箱看一看，它是不是神奇的魔盒？请下圣旨吧，上帝，你的仆人卢瑟福在恭候你吩咐哩……先生，我在1919年来卡文迪许时，看到卢瑟福老爷刚刚用于进行第一批原子裂变的实验仪器，就是用小铜箱制作的，他当时在用显微镜观察闪烁现象。我看着他几乎光着膀子，挂着皮革围兜，却还那样弯下腰，弓起脊背，眯起一只眼工作的样子，直觉得好笑。先生，你如果在那时见他用这样简陋的设备做实验，而你又像他所称呼的上帝，你肯定会叹一声说：'伟大的仆人，你为什么不去参加反潜艇新方法讨论会，偏要来摆弄这些玩意儿呢？'"

"这个问题，卢瑟福大师早已回答了。1919年6月，他在《哲学杂志》上发表的实验资料，证明人工方法使原子转变的前景要比战争重要得多。"王淦昌一边说，一边仔细观看实验设备。

他心想：如果我拥有完备的实验手段，又有一个幽静的实验环境，任何富豪都休想与我交换人生的位置。因为人世间没有什么事情比科学探索和科学发现更有价值，更令人快乐。埃利斯还是谈实验设备。他说他读过王淦昌1932年初发表在德国《物理学期刊》上的《关于RaE的连续β射线谱的上限》，王淦昌与迈特内联合署名的《γ射线的内光电效应》，他也许在1933年7月的德国《自然》期刊上看到了，前几天，他又读到王淦昌发表在1933年12月德国《物理学期刊》上的博士论文。这几篇论文无处不闪烁着作者智慧的光彩。

"先生，我了解你，并且看到在你敏捷的才思里、在你实干的精神里，不缺少实验技巧与方法。你现在只需要一个设备精良的实验室。"埃利斯说出满怀的希望。"你一旦有了这些实验手段，物质神秘之门都将被你叩开。"

王淦昌有个好习惯，出门都要揣个小本子在兜里，笔也是他的一只手，而这只手也是须臾不离身的。所以，他在与这位英国科学家交谈时，既怀着敬意聆听，也做笔录。

"呵，先生，我刚才说的话毫无价值，值得你拿去发表的话我还没说出来呢。"埃利斯摸一摸胡子笑道，好像那把杂色的胡子会帮助他想出金贵的话。他想了想，才慢条斯理地道出："你相信在本世纪未来的时代里，各国政府对科学家的认识会达到这样的程度么——某一天，他们会讲出这样一句话：谁给演奏者付钱，谁就能叫他演奏什么曲目？"

王淦昌笑着，没回答埃利斯的问题。他既不认为自己是优秀的演奏家，也不想成为见钱才肯表演的艺人。心想，艺术家和科学家一样，他们的职业都出于崇高的志趣。人活着如果只是为了赚取钱财来营造一个幸福的窝，他何苦不跟随大哥行医，不与妻子儿女在枫塘湾大宅院，或支塘镇那个新居享受天伦之乐，而要在人生的苦旅上，远渡重洋，到欧洲大陆来涉猎科学知识呢？知识是美丽的，而物理的美往往潜藏于物质奥妙的深宫。凡是令人神往的境界，都是最美最崇高也是最愉悦心灵的胜境。通往那一境界的路，会给开拓者无比的欢乐。那种欢乐，任何巨商都难买到。

他这么想着，想得心宽似碧海，晴朗如蓝天。那在绿野上翔游的白天鹅，就像在他心间欢翔。清溪似乎也从他心上流过。他穿过一条林间幽径，去到大名鼎鼎的詹姆斯·查德威克的实验室。

不是老天有意安排这次会见，而是他本来就与查德威克有缘。早点儿讲，在他7岁时的1914年，查德威克用计数器发现，β衰变时的β射线能谱呈连续分布状态，这一与原子核的分立能量状态相悖的实验，引起国际物理学界巨人们的不安。仿佛这几团笼罩物理领域近20年的疑云是查德威克施放出来的。他放出这几团疑云，等于把王淦昌和爱因斯坦、卢瑟福、迈特内、泡利、特罗克斯、钱皮恩、埃利斯、莫特置于与尼尔斯·玻尔对立的地位，让王淦昌作为能量守恒原理的青年近卫军主将，挥舞β能谱上限的快刀，割掉玻尔设想的长尾巴，最终还是由他提出俘获中微子的实验建议，消除了爱因斯坦等科学大师心上的疑云。

这是他与查德威克结下的第一个科学情缘。

他与查德威克的第二个情缘，则是在中子的发现问题上。如果他的导师迈特内让他动用师兄菲利浦的设备重复玻特—贝克尔实验，说不定，发现中子那一划时代的功勋章，会挂在他胸前，而不至于落入查德威克手中。对此，王淦昌并不认为自己运气不好，而是想到查德威克的天分。

所以，他此刻造访查德威克的心情，远比刚才与埃利斯的会见激动。

詹姆斯·查德威克这时已敞开实验室的大门，立于阶前迎候年轻的中国学者。这位学者除有英国的绅士风度之外，毫无大英帝国不可一世的傲慢神态。礼仪的程序一过，王淦昌面前的查德威克，完全越过年龄与学术地位的界线。他笑着问王淦昌，"先生，我能为你做什么事呢？"

"我怀着求知的渴望来拜访您，先生。"王淦昌虔诚道，"我能在你的实验室领略到中子闪现的快乐吗？"

这时的詹姆斯·查德威克的成就，仍像中天之日，辉耀着物理学领域。那篇发表于1932年2月德国期刊上的文章，既使人们因沐浴在其天才的晨辉里而感奋，也令一些科学预见者为强大的核能而惶恐。因为查德威克发现的中子，是一把分裂原子的钥匙。

发现中子这把钥匙，是个伟大的科学事件。然而，伟大的詹姆斯·查德威克，却不愿在人前显示其炫目的光芒。他以寻常心和王淦昌交谈，是这样平易而快乐。

他说，他是在前人开垦的田地上收获的。"所有的科学发现，都不是偶然事件。此前，玻特—贝克尔的实验，博恩、贝克尔观察到的强辐射现象，以及约里奥·居里夫妇公布的实验材料，都仅仅与中子隔一层窗户纸，而卢瑟福比他们还早，他早于1920年就预言中子的存在。我在他的鼓励下，一直研究这个问题，所以，我才能在使人难以解释的现象中，把我的发现解释为中子。"

"如此说来，约里奥·居里夫妇忘了多年来关于存在不带电粒子的推测？"王淦昌问。

查德威克一声"哦？"惊目望着他，才笑起来。"先生，我想你已看到我生活在与众不同的环境中了。因为我生活在粒子王国卢瑟福国王麾下，他那个存在中子的假设，一直存在于卡文迪许实验室的空气中。在这个科学王国里，就是河里的鱼儿，也能呼吸到水泡里的中子呵。"

"所以，卡文迪许合乎逻辑地领先发现了中子！"王淦昌活跃地笑。

查德威克为能结识这位中国青年而高兴，他说："那么，你请随便考察这里的实验设备吧，先生，我已感觉到这个大发生器和那些测量仪表，都乐意做你的知交了。"

"谢谢。"他感激道，"不过这些世界上第一流的实验设备认为，让我们再交谈几分钟更有价值。"

查德威克一看钟，就笑起来。"钟停了，时针和分针都停在17时上，时间有情，要留住这个静寂的黄昏呵。"

然而，时间还是似溪水流过夕照下的树林，归鸟的飞影正掠过绿树林梢，该结束关于中子的话题了。

"感谢您给人类找到了这把钥匙。"王淦昌讲罢中子的前景，即告辞。

查德威克握住他的手笑道："那把钥匙挂在门外，是公用的。"

不久，他又登上欧洲文艺复兴的策源地，去拜访日后成为"反应堆之父"的恩里科·费米。遗憾，那个酷爱球类运动的科学健将不在家，他只好怀着莫名的惆怅，去游览举世闻名的古罗马斗兽场。他沿着那些幽古而沉静的小街走着，仿佛听到意大利航海家马可·波罗远古的足音。他进到一个小酒馆去吃饭，见几个醉汉狂笑着摔瓷杯玩乐，哈，哈，哈！china（瓷杯）！令他心碎的破裂声，不仅使小酒馆老板痛苦万分，更使他的心痛如刀割。一个富翁轻弹一尊中国明代的青花瓶后，摇摇头说，不错，它价值连城，但也像china（瓷杯）一样，不堪一击。

翌日，王淦昌怀着沉重的心情，离开罗马。他乘坐商业巨轮，缓缓地在大洋上航行。轮船驶出地中海，穿越苏伊士运河，进入红海。沿途风光绮丽，目不暇接，但他内心却焦躁不安。他正经历着由彼岸回归此岸的过渡。既有学成而归的喜悦，又多少有些前途未卜的迷惘。祖国正遭受战争的摧残，昔日宁静

的环境已不复存在，他即将面临怎样的选择呢？他又想起导师
对他的教诲，在严峻的战争环境，动荡不定的生活中，能坚持
自己孜孜以求的物理事业吗？船上有人在谈论古印度，并朗诵
起古印度圣诗《波哈加瓦基达》当中的一节：

> 漫天奇光异彩，
> 有如圣灵显威，
> 只有一千个太阳，
> 才能与其争辉。

　　王淦昌听罢，甚为亢奋地想，如今科学家们苦苦探索的那
种能量，古印度的诗人早已描述得如此辉煌壮美。拥有如此辉
煌诗魂的民族，无论现实多么困苦，都不会毁灭。我的祖国也
如此，战火中，正孕育着更为壮美的明天。

第三章

辛勤的园丁

山东大学风云录

1934年4月，王淦昌回到家乡，那时的阳澄湖畔，已是柳岸成荫、莺歌燕语、桃红李白的春天。大自然从不理会纷乱的世事，依着时序走它的路，给在常熟支塘镇上的王家，送来一阵阵蚕豆花香。别妻离子近五年，他一回到家，备感家庭的温馨无时不萦绕于怀。7月，叶企孙教授推荐他去山东大学任教，他本想举家搬去，但因搬家费用大，又担心妻子儿女不习惯北方生活，便先独往。

山东大学，后迁青岛，与私立青岛大学合并，改为国立大学，是一所文理科综合性大学。

1934年任山东大学教授时留影

　　每天，当太阳刚刚露出地平线，校园里便出现一位年轻教师的身影，他热情而谦和，向年老的尊师和年轻的同行们打招呼，然后走向自己的岗位——大学讲台。他便是年仅27岁的教授王淦昌。在这个中国最古老的大教育家孔子的家乡，他既承袭了中国传统的教育美德，又充分发挥他留学期间所掌握的知识和教育方法。由于该校的师资不足，许多系尚处在筹建阶段，物理系便是其中之一。

　　王淦昌教近代物理。实验室的实验设备，有一部分向德国订购，有许多简单部件，则由他带领助教、学生和技工，自己动手制作。很快，必要的实验设施建立起来了，山东大学的物理系有了迅速的发展。

　　王淦昌教学也像他的老师叶企孙、吴有训那样，强调训练学生从事实验物理学研究的本领，谆谆教导大家充分掌握实验技巧，努力提高实验的准确性，把对物理理论的理解建立在牢固的实验结果之上。他的课也像他老师的一样深入浅出，引人入胜，富有启发性。

一次，有个学生在实验室向王淦昌提了一个自己感到难以解释的光学现象，他问："布湿了为啥颜色变深？"王淦昌没有直接回答学生的问题，只是弯下腰，用手提起蓝布长衫的襟角，往上面泼了点水，然后双手把两个襟角提得高高的，对着窗外晴空，让这个学生站在后面，透过布往外看，想一想布湿了为什么颜色会变深。这个学生就像丈二和尚摸不着头脑，感到莫名其妙，老师为什么不直接回答我的问题，只让我看布衫呢？过了几天后，这个学生高高兴兴地对王淦昌说："感谢王老师的提醒，我明白了其中的道理。"王淦昌的这种启发式的教学方法，深受学生喜爱，学生们变得爱动脑筋，主动性更强了。

校园是个平静的小社会，它无法阻挡，也不可能阻挡中国这个大社会正在掀起的反蒋抗日的风潮的影响。日本帝国主义侵略我国东北后，气焰尤为嚣张。于1935年，进一步发动华北事变，企图使冀、鲁、晋、察、绥五省脱离中国，由日本控制。国民党政府竟准备于12月成立"冀察政务委员会"以适应日本提出的"华北特殊化"的要求。在严重的民族危机面前，中国共产党发表了抗日的《八一宣言》，号召全国人民起来抗日救国。在中共的号召下，北平学联的学生举行了大规模的示威游行，即著名的"一二·九"和"一二一六"运动，他们不怕反动军警的包围和镇压，提出"打倒日本帝国主义！""反对华北自治！""停止内战，一致对外"，"反对华北任何傀儡组织"等决议案。这一运动严重打击了国民党反动派的卖国活动。北平学生的爱国风潮迅速蔓延全国。山东大学的学生在中共地下党的领导下也立即响应起来。

那是在一堂物理实验课之后。

王淦昌从一沓学生的实验报告中，发现一位学生的作业写得很有创建性，顿感兴奋，便约他第二天到办公室来聊聊。

那是位个子高高的年轻人，瘦削的脸庞上有一双明亮而快乐的大眼睛。他一进门便带进一股活泼的清风。王淦昌热情指出他的实验报告有一些新鲜的见解，这是很可喜，很难得的，希望他沿此方向继续努力下去，并希望他随时有问题都可去找他。年轻人见教师如此赏识自己，非常高兴，竟也毫无胆怯之意，当即发表一番滔滔宏论，王淦昌听后更加喜爱，又问了些关于他家乡还有什么人，父母可健康，毕业后打算参加工作还是继续深造等问题，谈话才结束。年轻人刚走不久，王淦昌便发现他座椅旁有个纸卷，想必是他遗留下来的。拾起一看，是油印传单。瞥了一眼标题，字字如迸射的火星：《山东大学——北平学联的坚强盟友》。

王淦昌是过来人，他中学时代便参加过上海的反帝大游行，抗议帝国主义及其走狗军阀制造的"五卅惨案"，险些坐牢。他知道这玩意儿会惹祸，捧在手里这些纸条颇感烫手，一时不知如何是好。

山东大学的地下党组织很活跃，王淦昌是知道的，但他不

1934年王淦昌（右四）与山东大学物理系全体人员合影

知道他的学生也参与了这样的组织，并将传单送到教师手上，真是机灵透顶。他无心干预学生的选择，只是替年轻人担心，能否经得起考验。

　　一周之后又逢物理实验课。果然他最钟爱的那位学生没有出现，他问同学，同学说不知道。他顿感事情不妙。接着校内便传开了，一些同学因到校外去撒传单，参与"闹事"而被校方开除了。王淦昌看后气愤之极。他亲自到校长办公室为学生说理，校长赵坷竟避而不见。此事激起全校师生的愤怒。校方的迫害和镇压，未能使学生屈服，他们进而采取罢课的行动，请求释放被捕同学。

　　为了压服"闹事"学生，校方蓄意制造师生对立，竟动员教师全体辞职，遭到王淦昌等人的坚决反对。学生爱国何罪？伸张正义，呼唤真理何罪？教师们拒不辞职，与爱国学生团结一致，终于挫败校方的阴谋，收回了准备第二次开除的13名学生的决定。通过这次斗争，王淦昌认识了校方伙同反动当局的丑恶本质，感到山东大学的环境太糟，很想离职另找工作，又难打定主意去何处好。一连数日，他处于痛苦的彷徨之中。

王淦昌郁闷不乐，如徘徊在十字路口的游人。正当他苦闷之时，一位姓戴的人写信邀他去苏北一所国民党教育学院任教，并许以高薪，还允诺他去那儿可当副院长。无奈王淦昌既不想当官，更憎恶国民党的腐败无能，断然拒绝了他的要求。

戴某被他拒绝，叹一声说，良机难得，你再考虑吧。

1935年王淦昌在青岛

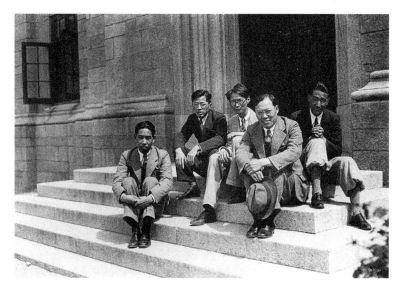

1935年王淦昌（左二）在山东大学

他摇摇头，索性进实验室去了。在实验室里，他常与何增禄研制实验器皿，情趣相投，很谈得来。

何增禄工于物理学实验技术，在光学和高真空技术方面造诣极深。他吹制高真空度扩散泵的技艺，堪称一绝。1932年，他首次制成四喷嘴式和七喷嘴式的高真空油扩散泵，曾轰动美国物理学界。他在美国《科学仪器评论》《物理》等期刊上发表的论述与此相关的几篇论文，更是使油扩散泵的设计制作开始走上由理论指导的新阶段。这一领先成果，使他蜚名于当时的美国实验物理学界。然而，这位著名的实验物理学家，不同于非常健谈的同行，他的所思所想，似乎都只能表现在娴熟的制作技艺和实验方法上，而少见于言谈中。他虽然不善辞令，但却很诚恳正直。1935年秋，由于时任浙江大学校长的郭任远实行独裁，支持国民党军警特务入校抓捕师生，并且硬要分散中华文化基金会指定补助物理系的设备费用，引起全系师生愤慨，教师们都相约辞职。何先生自然义愤填膺，他自来到山东大学物理系后与王淦昌一见如故。又见到王淦昌带领技术员、助教、高年级学生制备的诸如光电管、计数管等实验器皿，更是打心眼里赞叹王淦昌的才德，又常相互关照。他俩的友谊，情同手足，他说能与王淦昌一道工作，真乃三生有幸。

何增禄说，自己已接到竺可桢校长的聘请书，希望王淦昌先生同去浙大任教。王淦昌很高兴地表示："有这样贤明的校长，我当然乐意去，何况，浙大在杭州，离我的家近呢。"

竺可桢校长得知王有另择理想之地的想法，即派何增禄亲自前往邀请。如春风拂去心头的积云，王淦昌愉快地接受了邀请，不久便离开山东大学到浙江大学任教去了。

受欢迎的"Baby Professor"①

钱塘江畔，西子湖旁，有着"人间天堂"美誉之称的浙江杭州，自古以来就是文人荟萃的繁华圣地。王淦昌因杭州离他家较近，从此可结束家庭分居的生活，便欣然接受竺可桢的邀请，随同何增禄一道从山东大学到了杭州浙江大学，成为浙江

---

① 直译娃娃教授。王淦昌是当时浙江大学最年轻的教授。这是对他的爱称。

大学最年轻的教授。

　　浙江大学的前身是1897年5月在维新变法的思潮影响下创办的求是书院，办学的宗旨是"务求实学，存是去非"。算学、化学、西文和经史策论并重，优等生中的许寿裳、蒋百里等都先后被派送日本留学。书院后改称求是大学堂、浙江大学堂、浙江高等学堂等，辛亥革命后，称浙江高等学校。所培养的学生如陈独秀、邵元冲、蒋梦麟、陈布雷、陈仪、郑晓沧、何炳松等，都是学术、教育或政治界的名人。这之后又经过多次的改革调整，院校、科系的兼并重组，才改名为浙江大学。

　　浙大以学风朴实著称，学生生活朴素，勤奋好学。抗日战争前，物理系毕业生虽少，但也出了不少人才。如著名的天体

1935年9月王淦昌（后右一）与浙江大学物理系同事游览杭州水乐洞

物理学家黄授书、解放后曾任浙大校长的物理教育家王漠显等。在历次爱国运动中，浙大学生都站在了前头。

"九一八"事变后，浙大发生了一起规模不小的"驱郭"运动。那是因为"九一八"之后，为要求停止内战，坚决抗日，浙大学生发起组织杭州市学联，并在火车司机冒险协助下，开请愿列车到南京，当面向蒋介石提出正义要求。为此，国民党政府撤了浙大邵裴子代校长的职改任程天放和郭任远为校长。郭于1933年到浙大后，搞个人独裁，大批处分爱国学生，并支持国民党军警特务入校抓人，激起全校师生强烈不满，以致1935年秋，物理系全体教师、技工和高年级学生集体愤而离校，并发表《驱郭宣言》，不承认郭任远是校长，宣布不达目的，誓不复课。蒋介石亲临浙大训话，也无收效，不得已免去郭任远的校长职务，请气象学家竺可桢出任校长。竺于1936年4月22日和胡刚复一起到杭莅任。

竺可桢任校长使浙江大学的名声大震，报考的学生逐年增多。竺校长主张教师队伍要兼容并蓄。对杭州市名流，如经学大师马一浮、前校长邵裴子，竺两次亲到其寓所邀请任教。至于像王淦昌这样既年轻，又毕业于清华大学，且是柏林大学的博士，当然是很合他心意的。竺校长戴副金丝边眼镜，文质彬彬，是个待人热情的长者。初次见面，即带王淦昌参观校园，详细介绍学校情况。王淦昌最关切的自然还是物理系的情况。当他得知在竺校长的多方活动下，朱福炘、张绍忠、束星北先生都相继来到浙大，感奋之余十分佩服竺校长的识才慧眼，更为赞赏竺校长高度的凝聚力与感召力。尽管看到物理教研室房屋破旧，屋顶的罅隙还渗漏着雨滴，也依然非常乐观地连连说道："很好，很好。"尤其当他在物理室发现有个用白金包裹着的小罐时，他猜测这一定是某种贵重的放射源。竺校长告诉他，这是一毫克镭，是浙大费尽心机从比利时王国购买来的，王淦昌顿觉双眼发亮，想到今后开展教学和研究时就有了方便条件时，竟情不自禁地笑出声来。

　　望着王淦昌那年轻、热情、活泼而且天真的模样，竺可桢自是十分喜爱，便进一步试探他在浙大工作多久。

1936年在杭州钱塘江观潮处

其实，王淦昌的行动似已回答了。竺可桢知道，教育乃我中华民族生存与发展的命脉，尤其是高等教育，是培养振兴中华的栋梁之材，其重任非同一般。他便与蔡元培、胡刚复等人商量。大家一致认为，要上任，必须先让陈布雷答应几个条件，即大学的用人权由校长说了算，与国民党党部无关，在财力上需源源不断予以接济。这两个条件，极为重要。一者校长可广纳贤士奇才；二者能拥有改善学校教学环境和教学设备的经费，以便培养国家的栋梁之材。陈布雷觉得有理，便如实禀报蒋介石。蒋介石气得直骂："娘希匹，他竺可桢想搞独立王国呀。"但他最后还是被陈布雷说服，一一应允了。这样，竺可桢才答应赴任。

人说，明君周边聚天才。竺可桢上任后，吸引来不少著名学者和德才兼备的教授。王淦昌就是其中之一。所以，当竺可桢问他打算在浙大任教多久，王淦昌自然说希望把家眷从江苏常熟迁来，竺校长一听便笑道："好啊，这我就放心啦。"又像兄长般地关怀他，搬家有什么困难，需不需要帮助等等。

竺可桢确实打心里喜欢这位"Baby Professor"，师生们也都欢迎娃娃教授王淦昌。他年轻，有学问，由于师承叶企孙、吴有训两位导师的教学精神和教学方法，既重言教更重身教，既重理论也重实践，特别在实验物理和实验制备方面的杰出表现，都给人以美好的印象，这更引起竺校长的特别关注与依赖。竺可桢在笔记中不乏对他的记述。王淦昌参加攀登西湖北岸葛岭的比赛,《竺可桢日记》也有记载:王淦昌只花了8分钟,就到达峰巅,争得第一名,获奖品《小男儿》一本。

刀茅巷记事

竺可桢不忘许诺,很快派人去江苏常熟支塘镇帮助王淦昌搬家。他的一家终于能团聚了,住在学校附近的刀茅巷内。房屋当然是房东的。那是一个小院落,一排共五间,有桃李树,也有几丛幽篁,甚宜家居。他只租住两间平房,用泥糊竹篱墙隔成小四间,安顿全家六口人。王淦昌热情,妻子又很温顺娴静,儿女们受父母影响,都很乖,因此,房东甚为喜欢王家,逢人都说,小院里迎来了一户有学问的人家。

不久,朱福烆和张绍忠两位教授应聘从南开大学来浙大任教,无住处,王淦昌与朱福烆虽是头一次见面,却心无芥蒂,主动邀请他与自家同住。他去与房东交涉,将院内剩下的三间房以相同的租价租给朱福烆一家住。房东感于他助人为乐的精神,欣然出租,说,王先生的好友,肯定也是好人家。

朱福烆一家只有三口,却能住上三间,过意不去,多次提出要将三间换王淦昌的两间,王始终不同意,还开玩笑说:“现在论间数,我已比你多一间了呀。”但此事让朱福烆看在眼里,挂在心上,望着他们进进出出的一家人,尤其是两个上小学的年幼的孩子,心里总有某种内疚感。一遇到适当机会,他总要

1936年在杭州

有所表示。比如远方来的故旧，乡间来的亲戚，非留宿不可时，他知道后，总要招呼年长的孩子到他家，搭个临时铺位，以解燃眉之急。两位教授相让方便的情谊，深深打动了房东的心，房东教育自家儿女，学他们的榜样。

　　吴月琴虽然出身于殷实人家，但由于多年单独理家，很会调理家庭生活，钱花得不多，却能给全家做出美味可口的饭菜。她但凡做出新鲜的菜肴，都要孩子送去给邻居尝一尝。由于每家都很爱护邻居，自然而然给王淦昌和朱福炘造就了优良的生活环境。

　　王淦昌更是因为有朱福炘这样的好友为邻，感到非常满意，他俩一有闲暇就在一起研讨从外文期刊上发现的科技前沿问题，或者交流教学经验。往往是，一壶龙井茶，一席饶有兴味的交谈。朱福炘对王淦昌敏锐的科学才思甚为赞赏，他为自己能与这么一位热情而又有才华的好友为邻感到万幸。他们的往来如此密切，以至谁半夜里有什么问题，或者解决了哪一个难题，都会情不自禁地去敲邻居的房门，一聊，就聊到天亮。

事实上，竺可桢校长上任不到一年，确实像哥廷根大学的爱结交优秀学者的希尔贝特教授一样，吸引来其他大学的著名教授。有这样一个教授群体，浙大将如旭日东升，光耀全国教育界与科学界，并将成为东方的"剑桥"或"哥廷根"。

从此，王淦昌再也不感到孤单了，他一心扑在教学和研究上，每天都去庆春街那幢深绿色的号称阳明馆的楼房讲课，或带领学生做实验。他常对学生们说，没有实验研究，中国的物理学就很难达到国际水平，更难获得物理学的领先成果。他自己首先一头扎进图书馆。浙大的图书馆藏书较丰富，世界各国的物理学家的著作或理论期刊比较齐备，国内堪称一流。他埋头阅读德文、英文的各类物理期刊，摘录其中有关章节整理成卡片，以备教学研究之需。在经费紧张、条件欠佳的情况下，他带领学生做实验仪器。搞一个云雾室，没有橡皮膜，就找一具破球胆代替；没有空气压缩机，就用手工打气筒，逐步搞出了一套颇具规模的实验设备。他一心要想做的是建立一个云雾室，以便开展研究工作。为此他多次向校方提出建议，企望得到支持。

然而他也不是那种只知终日埋首书斋和实验室的呆子。毕竟年轻，满腔热血，对于国家兴亡，民族的命运时刻记挂在心。最忘不了那个历史性的一天。那是1936年抗日声浪高涨的一年，以张学良为首的东北军和以杨虎城为首的第十七路军在抗战关键时刻，发动了著名的"西安事变"，扣留了到西安部署"剿共"的蒋介石，宣布取消"西北剿共总部"，并提出一系列的抗日救国主张。一时间风云色变，引起全国人民的高度关注。王淦昌一向关心国家安危，对此事格外留心。忽然有一天听说蒋介石被放出来了，他想到实验室听广播，匆忙中忘带钥匙，便急中生智，从气窗翻进去，打开收音机，收听"西安事变"的新闻。那轻捷灵敏的翻窗动作使观者无不叹服，于是众人便赠他"燕子王三"的绰号。这亲昵的称呼包含了师生对他的喜爱。

在尼尔斯·玻尔来访的两天中

此前的1937年5月，世界物理巨人、欧洲三大科学中心之一的哥本哈根大学的领袖尼尔斯·玻尔来华讲学，不久，来访浙江大学。他的到来，宛如穿透乌云的阳光，给这座西子湖畔的大学带来极大的喜悦。

众所周知，尼尔斯·玻尔创立的氢原子理论，出现在量子力学诞生的前夜，被认为是量子力学发展的里程碑。物理学界都说，他是一位最能唤醒人们沉睡着的最大才能的导师，但他的最伟大之处，是创立了科学界同行之间相互尊重平等和谐的自由讨论的学风，世称"玻尔学风"。一位科学史家说："玻尔是个帮助观念诞生的产婆。"他像苏格拉底一样，深信通过自由讨论发现真理的方法是最理想的。

玻尔热情而随和，他身上没有一般科学学府首脑所固有的两个特点——既是教育家，又是暴君。无论谁对他的思想进行批评，他都微笑着听，甚至对粗暴的批评者也总是微笑以待。1930年，学生们根据他的性格特点，编出讽刺剧《浮士德》上演，剧中的神显然是玻尔本人，而恶魔梅菲斯托就是他的学生鲍利，鲍利经常无情地批评他。

玻尔最突出的缺点是口才不好。往往在讲到最重要的问题时他就压低嗓门儿，把德语、英语、法语混合在一起，使人弄不明白他是故意迫使你费力去听呢，还是他在语言上的糊涂，但效果却是异乎寻常地好。玻尔的疏忽与健忘更为显著，在美国，他曾使一再叮嘱他千万别暴露原名的情报局保镖难堪，当他遇见一位熟人时，居然纠正那人对他的称呼，说："我现在不叫尼尔斯·玻尔，我被可敬的先生们更名改姓了。"他的这些缺点常常引起同行们友好的微笑。然而，他对真正重要事情的专注精神更为突出，因此能在科学上做出卓越的贡献。1932年，丹麦政府为了感谢这位丹麦最有学问的人，把卡里斯堡城堡交给他使用。

这位卡里斯堡城堡的主人，在希特勒驱赶犹太学者的黑暗岁月中，把他的领地作为受难者的安全岛，使许多著名教授团结在他周围，组成一个和睦的国际大家庭。甚至德国外交家的儿子卡尔·弗里德亚希、冯·魏茨塞克和被驱逐而离开德国的爱德华·泰勒等不同阵营的学者也能友好相处。这都有赖于尼尔斯·玻尔的成就和他的为人。他，既能团结上帝也能感化魔鬼。5月20日，尼尔斯·玻尔一家应邀到上海讲学。浙大文理学院院长胡刚复教授前往迎接，23日陪同他来到杭州。

这一天，对于浙大是个极为重要的日子。王淦昌在德国留学时未能去北欧的哥本哈根，现在终于能如愿会见玻尔，而且还见到玻尔的一家，心里有说不出的喜悦。

玻尔虽健忘，却是记得他看过王淦昌与迈特内发表的那篇论文。据说，王淦昌的那篇博士论文对反应堆之父费米教授某一课题研究曾有所启发。琐事糊涂的老玻尔，对重要的科学课题却是从不忽略的。他在与丽丝·迈特内的交谈中，自然得知王淦昌的来历，尤其是那个令这对师生遗憾的事件。

"我知道你在达列姆小镇留下一个遗憾。当然，迈特内的叹息声也久久萦绕在威廉皇帝的围墙里呢。"尼尔斯·玻尔一见面就与王淦昌热情握手，开玩笑道，"不过，您爱运动，到底翻过了皇帝的围墙——迈特内说，您是科学界优秀的猎手，不管是谁，不管你猎运如何只要能钻进去，准能发现科学前沿的径迹，而且能想出妙法，玩捉迷藏一样，会很巧妙地捕捉粒子世界里的猫。"

王淦昌抱愧地笑道："可是，我在达列姆没逮到猫，只抓到耗子。"

尼尔斯·玻尔天真地笑："发现鼠洞的人，何愁抓不到猫呢，我敢肯定，你将捕捉到老虎。"

24日上午，他陪同玻尔一家去游西湖，玻尔参观了三潭印月、虎跑泉、花港观鱼、苏堤、雷峰塔等景点，赞叹不绝。在听他的儿子汉斯·玻尔说，西湖是个迷人的美女后，他笑着问王淦昌，汉斯的比喻可否有诗意。

王淦昌吟诵宋代苏东坡的诗给他听：

> 水光潋滟晴方好，
> 山色空蒙雨亦奇；
> 欲把西湖比西子，
> 淡妆浓抹总相宜。

中国古典诗歌的精巧秀美，无论怎样翻译，也难使这位欧洲学者理解，但他凭直觉已领略到享有"人间天堂"美誉的西湖的秀丽了。

王淦昌呢，却一直在探询物理美，他不失时机地向老玻尔请教。玻尔则一边游览，一边向王淦昌介绍关于原子核的复合核和液滴模型的思想。

玻尔谈话时爱抽烟，但烟斗里的烟灭了，他却不知道，依然吸。他的夫人见他干吸，便温婉地笑着划火柴把烟点燃。

下午，玻尔在浙大新教学楼阳明馆三楼大教室讲演《原子核》。演讲会主持人是文理学院胡刚复院长。胡教授热情且健谈，往常，他一打开话匣便口若悬河，滔滔不绝，总难打住。

这次，按拟定的程序，先由他讲几句开场白，即请玻尔演讲。不料，胡教授一开口，就忘了时间，讲了15分钟，兴犹未了时，尽管随和的老玻尔笑微微地不介意，玻尔夫人温雅而娴静地坐着，准备为父亲放幻灯片的小玻尔颇有耐心地坐在放映机旁，一家人都显现出高度的涵养，王淦昌他们却都急出汗来。人们悄声议论，再不提醒胡先生，这个讲台就没有玻尔的份儿了。于是，王淦昌给胡先生递了个条子，请他把时间留给玻尔。他看一眼条子，即说："对不起，对不起，请玻尔教授讲。"玻尔笑，台下的听众也笑，全场的人都笑得很开心。

玻尔的讲演，由浙江电台同期向全省广播，不仅使浙大师生受益，全省学界也受益匪浅。

玻尔在一片热烈的掌声中演讲。他用英语讲《原子核》，王淦昌做概要翻译。他介绍了原子的内部结构，原子核的组成部分，以及卢瑟福的原子结构模型；又讲了放射现象，原子蜕变理论。为了帮助理解，玻尔的儿子还放映幻灯图像，让人们看到核衰变的迹象和宇宙线产生的簇射。

会后，王淦昌就这些学术问题与玻尔热烈讨论。25日，他在与束星北教授送玻尔一家到离杭州40公里的长安车站途中，继续与玻尔探讨了宇宙线中的联级簇射，这是他当时想研究，至今仍很关注的一个研究课题。束星北教授则询问玻尔他本人与爱因斯坦发生歧见的根本原因。

玻尔也回答其他问题，略略描述欧洲科学家的处境。他问王淦昌今后的打算。

王淦昌说，努力去探索一些新问题。

一声凄厉的车笛划破长天，车到站了。离别的时刻也到了。尼尔斯·玻尔送他下车，在站台握手良久，末了说："无论多么艰难，路总是伸向未来的，猎手是不会在森林里迷失目标的，我深信……"

此后，王淦昌难有机会见到玻尔，但这一次，却是他终生难忘的会面。1985年，在玻尔逝世20年之际，他为玻尔诞辰100周年写了一篇题为《深厚的友谊，难忘的会见》的纪念文章，发表在联合国教科文组织出版的《科学对社会的影响》纪念玻尔专辑上。

就在玻尔走后两个月，也就是1937年7月7日夜，日本侵略者的铁蹄踏进我华北大地。中共中央向全国人民发出呼吁，团结起来，抵抗日本侵略者。从此，拉开中国人民伟大的抗日民族解放战争的历史画卷。"八一三"事变的爆发，标志日本侵华战争已从华北扩大到江南地区。

王淦昌和所有爱国知识分子一样，难以安坐家中，他和物理系实验室管理员任忠英一道，走上街头宣传抗日，鼓励大家捐钱捐物。一些人便捐出家中值钱的东西，甚至有些过路的陌生人，也乐意掏一掏腰包。

动员了别人，他自己能捐多少呢？他心中没底。谁知深明大义的吴月琴，把事先准备好的一包银圆端出来，说是自己从娘家带来的，足有十斤重呢。同时，还撸下自己的金手镯，摘下金耳环，一并放在那堆银圆上。

王淦昌深受感动道:"这是侬(你)结婚时戴的,怎舍得呀?"

吴月琴叹口气道:"眼看国家都快保不住了,还有啥舍不得呀?只要侬(你)活着,儿女都活着,有国有家,比啥都珍贵啊!"

第四章

流亡的岁月

云雾包藏不住山的宁静

仿佛从上海飘来的烟云，把侵略者的魔影投向杭州，一日数次的空袭警报，不仅使浙大的师生失去宝贵的课时，也使王淦昌等一大批中国当代科学的开拓者陷入困境，他们不得不开始流亡生活。

这是一个令人咬牙切齿的岁月。

刀茅巷小院里，王淦昌的亲邻朱福炘教授先率物理系一年级学生西迁，向他辞别，去天目山借用禅源寺的余屋上课。

王淦昌与好友握别，望着寥落的星星道："放心去吧，天目山也许安静些。"刚说上半句，顿觉鼻尖发酸，要说的话，鲠喉了。

树影下，有个学生操着吴侬语，轻声问他："王先生，您不去吗？"

这位学生矮小精瘦，国字脸。他叫程开甲，出生时，临终的祖父闻讯，又醒转来，为他起了名才咽气。他不负其名，果然以第一名考上浙大物理系。他读书极贪，入学时，已自习大学二年级课程。本想旁听王淦昌教授的课，岂料入学不到两周就被迫流亡。因此，钻出队列，来问王淦昌去不去天目山。逃难时还想学问，其头脑，弥足珍贵。

王淦昌笑着看他，说要去的，教师离不开学生呵。

这一部分师生如此离城：个个扛枪，挑着书箱和铺盖卷流亡而去。

他们既感到恐怖，又得准备做殊死搏斗。那时的国土，兵荒马乱。这群还稚嫩的流亡学生，一方面要摆脱那条妄图吞象的日本毒蛇，另一方面要对付杀出丛林的劫匪，谁都难预卜生死存亡。

多亏竺可桢校长有远见，要来一批枪支弹药，教学之余，每天进行军训，请兵士来教学生如何装弹，怎样瞄准和击发。嘱师生们一定要学会开枪，意欲生存，必会自卫；唯有抗争，才能抵御死亡。个中道理，面临亡国危险的师生，是不言而喻的。因此，他们都乐意遵照校训，以枪挑行李出走。

其时，学校也在准备逃难，图书资料、教学设备，一应家什，皆已在胡刚复教授周密安排下，造册装箱，以备随时启运。

王淦昌一向热衷于公益事业，见人家忙，他就不得闲。送走了朱福炘和一年级学生，他便与束星北等教授，协助张绍忠主任料理本系的搬迁准备工作。他于百忙中，不忘那1克镭。尽管那点东西已装在密封的小铅筒里，而小铅筒又已锁在一铅匣中，他仍担心其因体积小，不显眼，容易在忙乱的途中遗失，便设法用白铁皮做标签，涂上红漆，写上白漆字，将铁丝绞在铅匣上。束星北看了，仍不放心，建议安上几个小铜铃，开玩笑道："闻铃声便知，上帝与吾等同在耶。"

足见教授们极看重这1克镭。

王淦昌当然也牵挂物理系一年级师生。吃饭时，他常举筷遥念他们，忘了夹他爱吃的炒鲜笋，清蒸鱼。天目山，山高林密，陡崖泻白瀑，幽谷藏古庵。时常有三三两两香客沿着石径登山求佛庇护。那山门的庆来楼，取庆安康而来之意名之，悬匾额于楼眉上，黑底，镏金草书，真如佛光四射，瑞气呈祥。其配套的亭阁楼舍，点缀于山间的松林竹园中，有通幽的曲径，有朱桥、联阙，但闻读书声与鸟语和鸣，却不见人迹鸟影，十分静谧。这个日寇铁蹄还未践踏之处，倒是个教学的好地方。物理系一年级师生就是在这儿安下课堂的。程开甲一到，先开书箱，拿出课本来就坐在溪岸读。朱福炘见状，喟然慨叹，如今，全国难得这样好的读书环境了。

然而，他们在庆来楼一带安上课桌才两个月，日本鬼子突然在杭州湾的金山卫登陆，杭州告急。浙江大学被迫改变计划。在迁向西南的建德校部通知未到时，老天似已先知先觉，山间风起雾涌，山顶黑云密布，霎时间，闪电怒甩炸雷，轰得山摇地颤，暴雨冲出急瀑，撞得峡谷发出巨响。天目山愤怒了。

尽管行程艰险，谁都不肯丢掉书箱，即便失去铺卷，也要负笈行进。

他们是奉命去建德集中的，要走十多天路。沿途的村民，误以为他们是败逃的兵，都悲怜地望着这支疲惫的队伍。你莫怪老百姓无知，因为世界上未曾有扛枪挑行李流亡的大学。

苦难中，小船咿呀咿呀呻吟

浙大师生从1937年11月11日起，分三路乘船逆钱塘江流亡。

一艘邮船，载着王淦昌、束星北、张绍忠和朱福炘四家人。船傍岸行驶，船工有拉纤的、撑篙的、摇橹的，船走得吃力，摇橹声咿呀咿呀地，似在苦难中呻吟。

十一月天，本来多雨云，天阴沉沉的，岸上的乌桕树，像泼了墨一样，树影越发黑，人心就更黯淡了。

也有走陆路的，岸上的人影儿，拉开曲曲弯弯的长线，穿过雨烟，行在泥泞路上。如此这般，历四天航程，到建德即开启图书仪器箱，17日开始上课。

建德位于富春江西岸，一座小县城。1000多师生分散租住民宅。多数学生共宿于当地中心小学校舍。教室分别设于林场、天主堂、孔庙等处。全校师生上下课来往于市街，使得小城变得拥挤而热闹了。

恰在动荡时刻，王淦昌的二儿子出世了。

教授的前三个儿女出生时，他都在外求学，这回，他守在妻子身旁，眼看着她分娩时汗可漂床的情景，才知道，人生出世，原来如此艰难惨烈！唯其如此，坠地才哭叫，为其饱经痛苦的生母而哭。

分娩之后的吴月琴，疲弱至极，软软地，瘫在床上，面色发黄，像被战火煎黄的月亮。束星北、朱福料等教授，喜闻王家又得贵子，都来道贺。平时寡语的何增禄，喜不自禁问王淦昌："叫什么名字呀？"

"王德基！"王淦昌笑着回答。

束星北抚掌笑，"哦，建德的德，好！"

1997年5月31日全家人祝贺王淦昌90寿辰

但这小子的生地，也不安宁。他才出生四周，日本鬼子侵占杭州，频频的空袭警报，紧催浙大搬迁，去金华。

金华建在丘陵地带，傍大山，山中的冰壶洞和双龙洞，与金华火腿一样名闻四海，是为浙江汀沪铁路线上一大重镇。

又一次搬迁开始了。

教授们拖儿带女流亡，多有不便，又担心敌机追踪轰炸，造成伤亡，个个焦虑万分。王淦昌一家又因添了个未满月的幼婴，他愁，妻子更愁。不过，吴月琴生性内秀，甚是贤淑，即便心有千思万虑，也不给丈夫添半点愁苦。如此，更使王淦昌难过。正当他一筹莫展之际，最爱助人为乐的束星北主动向他提出，暂将两家孩子带到湘乡其夫人姐姐家避难，这是唯一的选择。王淦昌极信赖这位理论物理学家，决定托他带走二女儿韫明、大儿子懋基。吴月琴虽舍不得骨肉分离，还是含泪将爱女和爱子送走。王淦昌送走了他们，便怀着离愁别恨，与何增禄、朱福炓和系主任张绍忠等四家人，租用那艘邮船上路，经兰溪，驶向金华。

小邮船上的四家人中，因张绍忠主任忙于其他公务，不能随行，王淦昌可算为最强壮的劳力，一应麻烦事务，他皆承揽，既操劳，又操心。为便于疏散人员和躲避日机轰炸扫射，他常提醒船工尽可能贴岸行驶。

但日机像魔影紧追着他们，浙大师生不得不改由他途去常山。

由于那艘小邮船还得前往金华完成邮差，不能掉头载这四家人，王淦昌只好和两位教授四处奔波，四处寻求，终于租到另一艘小船。

沉重的苦难，从那艘船搬到这一艘，同样沉重。船工吃力地划桨摇橹，和着桨声橹声，嗨嗨地吼着，像怒号，也像叹息，像气喘，小船鱼儿似的，穿波越浪，行驶于这条苦难之河。

老天似乎有意掩护逃难的人们，布满乌云，垂下层层云幛，这样的天候，敌机是不敢低空来侵扰了，但惊恐仍悬着人们的心，就连未涉世事的孩子们，也知道日本鬼子的飞机比要人命的鬼还恶，不时问，啥时候到兰溪？王淦昌的小儿子，似乎也感觉到危险，常常啼号，给这艘小船平添几许焦愁。

这小子哭黑了天，船才到凄凉的兰溪，孩子们都叫饿，大人们也已饥肠辘辘。

战乱年间，兵匪出没无常。兰溪镇关门闭户一片萧条景象。五位教授上街四处搜寻食物，仅留张绍忠夫人及孩子看守船舱。一盏昏暗的油纸灯吊在头顶，悠悠忽忽如闪动的鬼火。谁料风吹船摇，在不停地颠簸摇荡之中油灯引燃船篷着起火来。张夫人迅即扯下油灯扑打火焰，火焰迅速蔓延，情况十分危急。恰巧王淦昌购食归来，立即跳进舱内奋力掀去席棚，扑灭余火，才免除一场火灾。舱内财物未受损失，张夫人的双手却遭烧伤。王淦昌又送她去医院包扎。当上岸的人们陆续归来并得知这惊险一幕后，无不为王淦昌危难之时的镇定、勇敢而赞叹，几位同事的感激之情也溢于言表。

食物买不到，又被江风灯火造出一场惊慌，人们更恨日本鬼子。

翌日，船刚傍岸，"油挑子"又来轰炸，饥肠辘辘的四家人忙钻防空洞。这时想骂日本鬼子也没力气骂了，只能咬牙切齿。

空袭过后，王淦昌劝大家先回船歇息，他独自上街寻购食品。不久，他果然购得一桶香糯粽，乐呵呵肩扛上船。已经饿了一天多的孩子们高兴得欢叫蹦跳，顾不得洗手，就抓来剥开叶子，狼吞虎咽地吃起来。

历史倒是牢记这饱餐一顿的乐趣，却不知是何滋味儿。那已经吃饱的船工，没了饥饿感，偷得居安片刻，无思危，暂不臭骂鬼子他娘。

有人报，衢州站被赶急逃亡的火车狠心落下，站台上人山人海，走不了，学校在那儿贴告示，要求师生们去江山设法上火车。去？怎么去法？这苦难的四家人，有刚过而立之年者，也有出世才个把月的，苦赶陆路，负累多，麻烦事也多，假如在黑路上遇到劫匪，怕都在劫难逃，还是请小船续航，等到常山上岸，再换乘汽车去江山。

这时船工已上岸，他们在一个小酒馆里喝酒。常走水路的人，最需要借酒火祛除风湿，所以，小船每当泊岸抛锚，船工们便先上岸沽酒喝个酩酊大醉。

动员船工续航的事，自然由年轻体健的王淦昌去做。他便去邮政所附近寻找他们，果然，他们正在那条小街的酒店里喝酒，且已喝到半醉，见王淦昌匆匆到来求助，便都推盘弃盏，忙去打老板娘的房门，急唤船老大。

船工虽然不甚识字，却也受过传统文化熏陶，知道同生死共患难的要义，说得出"同舟共济"这句成语，那是祖祖辈辈传下来的教义，用作桨，化作橹，便也构成生命的行舟。他们只不知，这小船载着一个民族的天才。

船桨又像鸟翅，击浪飞舟，逃离苦难去。

一线银水贯串的珍珠

物理系张绍忠、束星北、王淦昌、朱福烊教授四家老小合乘的船，费尽周折，才从兰溪到衢州，经常山到江山，直至年底才到达江西吉安。

吉安，其实难安。

短暂的寒假匆匆过去，到了2月中旬，吉安乡村师范和吉安中学都要陆续开学，浙大不得不搬迁。

在吉安期间，王淦昌每早每晚都要去白鹭洲散步。只有历史知道，吉安城为白鹭洲操心多少个世纪，也知道，白鹭洲给吉安城增添多少光彩。王淦昌总觉得白鹭洲上的风月楼、"古吉台"碑、《正气歌》碑，以及白鹭洲书院遗址的断壁残垣，有一种古色古香的文气吸引着他，他每回来此浏览，都流连忘返。

现在要离开吉安了，他再次上白鹭洲浏览，不期遇见束星北，两位好友就聊起来。束星北打趣道："老兄感慨良多，是否想写一篇白鹭洲赋呀？"

"遗憾，我不是当代的欧阳修呀！"王淦昌叹道："我只是舍不得这个地方。"

　　苦难岁月中，什么事情都来得紧迫。时间也流失得快，他到底要随学校搬迁，逆赣江南行，到20公里开外的泰和去。还是那四家人同船，船又载着教授们忧国忧民的情思逆浪行驶。走多了水路，最爱谈爱因斯坦"相对论"的束星北，又在船上与王淦昌相对而论水路上的种种见闻。王淦昌爱做笔记，走一路记一路，但记的，并非险遇，而是科学思维中的"火花"，束星北见他又掏出本子，劝道，"何不如记点流亡生活的见闻呢，也好让历史告诉后代呀"。

　　王淦昌认为，若是由欧阳修来写这一苦难历程，无疑会写出感人肺腑的文学作品，但若由他或束星北来写，充其量是些枯燥无味的"流水作业"，没一点文学巧思。

　　他俩相对而坐谈论着，船傍岸了。先期到泰和号房子的胡刚复院长，接过他们抛去的缆绳时，浙江大学便系在泰和的锚桩上。

　　泰和位于江西中部，赣江穿城而过。浙大校址设在城西附近的上田村。这一带村庄，有千秋书院、华阳书院，还有趣园以及可饱览图书和江景的藏书楼——遐观楼。这般雅致的人文景观，深使王淦昌联想到常熟老家类似的铁琴铜剑阁。他多次向当地文人请教，才知，这两座书院，在古时，也是四方学子负笈求学的名楼，难怪上田村至今仍盛行文风。老百姓对远道而来的浙大师生，更是极尽地主之谊。

　　全校师生一到泰和，即开学，科研与实验也同时进行。为了弥补逃难途中流失的时光，老师们都加大授课量，实验课也相应增加，师生无一不自动延长教学课时。

王淦昌虽然每天忙到深夜，仍习惯早起。人说，他起得比朝阳还早，他是最先闪现于山冈上的晨曦。其实，学生们都不敢贪睡，也都早起，三五成群地在山间小道、田埂朗诵或默读。这番景况，使他高兴，一位颇有点文气的老农对他说，农夫晨耕，学子晨读，都这样勤奋，中华振兴，指日可待。

在泰和期间，浙大师生得到当地人民群众无微不至的关怀爱护。群众送木炭盆给他们取暖，自己夜间宁愿全家摸黑，也将灯盏移到学生房间供他们读书……而浙大师生也为当地人做了不少好事。其中被誉为无字丰碑的便是"浙大防洪堤"。

泰和的上田村位于赣江边，每到夏季洪水泛滥，淹没良田房屋无数。浙大师生便由土木工程系出面，与当地民工一道测量、挖土、筑堤7.5公里长。从此上田村再未遭受过水患，人们感激地称之为"浙大防洪堤"。

还有一个由土木工程系工读生勘定、测绘，农学院筹划，和江西省府合办的沙村示范垦殖场，垦荒600余亩，安置了从战区来的140名难民，既使难民有个生存基地，又能推动当地的农垦事业。

再一件好事便是创设澄江学校，由浙大学生兼课，教学质量为当地各中学之冠。王淦昌的大女儿王慧明曾在该校读书。

浙大防洪堤、示范垦殖场、澄江学校……在王淦昌脑海里，莫不如一条银线贯穿的明珠。记忆中的苦难险历，也是珍品，是心灵宝库里另一种色彩的奇珍，美景悦目，苦难铭心，都是人生的精神财富。这些事，正应泰戈尔的诗句："暴风摧残真理的果树时，不意帮助真理播撒了种子。"

浙大在流亡逃难途中，不忘传播科学文化，此举对新中国诞生后的学子，无疑是神圣的启示。

泪雨浇湿了8月3日

这些事给王淦昌一种特别的感觉。女儿慧明去上澄江学校后，这种感觉更浓烈了。在苦难中跋涉过来的人，再仔细看那雾中的山野和山野上的云雾，他便要像云像雾那样贴近山野，贴近花草树木，贴近鸟儿和一切生命。因为那云那雾也是大地所生，每一个人都要像云雾一样还给大地以温润与亲情，并且为着母亲大地不再被强暴蹂躏而奋起反抗一切罪恶的劫难。所以，当他从报上看到日寇又侵占哪座城市哪个地区，心儿便像被刀剔去一瓣似的，他痛得抽搐，感觉大地痛苦得震颤。

这样，他鼓励学生用课余时间去展开抗日活动，鼓励他们去演讲，去演宣传抗日的话剧。他希望这样的宣传能燃起熊熊怒火，像烧死蝗群一样，将日寇统统都烧死在火海中。

那怒火，就是被侵略者引爆的全民族的仇恨。因此，他不仅赞赏学生的抗日募捐活动。他和束星北教授也倾其囊中所有捐献给抗日将士。他俩同时在教授中发动募捐，而且组织了一个前线慰劳队。此前，他在沙溪小学、浦东中学、清华大学、及至留学回国任教的山东大学，都参加过抗日救国活动，但那时他仅是参与者，而这回，他和束星北则是这支慰劳队的领队教授，大有铁肩担重任的感觉。

在宣传劳军活动中，他想起清华园的学友陶葆楷教他如何做笔记如何写稿子如何讲演的情景。当年的所学，如今成为所用。他知道该怎样打动人心。但在侵略者的魔影下历经四次迁移之苦的浙大师生，积恨已多，无须他多话，也会把爱国之情化作灭敌之火。

竺校长极为关注前线慰劳队，邀他和束星北教授共进特别午餐，商讨劳军事宜。席间，校长问他如何动员得这么好。

他回答："只要划一根火柴。"

"是的，是的。"校长昂奋道，"浙大师生，都是灭敌的火药桶呵！"

竺校长与他俩商定，先去武汉和陈诚商量劳军问题，并在武汉购买前线所需药品，而后去慰劳在为保卫武汉而奋战的将士。

由于国民党军队放弃江西东线，日寇占领了江西的彭泽、湖口等地，必将威胁到吉安、泰和一带。竺校长便去找教育部长陈立夫，表明浙大西迁去贵州的设想。陈立夫不同意，校长不退步，问题僵持在武汉的大热天里。

竺校长每次大汗淋漓回到驻地，大家都为他捏一把汗，唯独束星北坐一旁摇着葵扇笑，说：

"放心，最后的胜利还是属于竺校长！"

经他这么一说，王淦昌和同事们便都忆起竺可桢就任浙大校长前，向陈布雷提出的几个条件，其中一条：国民党党部和政府，不得干预浙大事务。否则，他不上任。蒋介石听了陈布雷汇报，虽然怒气冲天，但奈何不得他，只好让步，答应了。

他问王淦昌信不信他这个"假说"。

王淦昌说物理，要讲理，人也一样，有理气就硬，无理嘴必短。我们等结果吧。

结果是，竺校长再次与陈立夫交涉后，笑着凯旋。

武汉的夏季，天热得很。一天，竺校长望望天，笑着对王淦昌说，你现在划一根火柴，这天准会爆出一声响来。

王淦昌不吸烟，兜里没烟也没火柴。夜晚天阴沉沉的，气闷得很，他与束星北沿江岸散步时提起竺校长的话，束星北恰好划火柴点烟抽。巧了，那根火柴好像划出一道闪电，远天即爆出一串炸雷，吓得他俩僵了老半天，才哈哈大笑，说，竺校长那句话，非同凡俗，他是仙，既预报了战争气象，也预报了自然气象。

两周后，慰劳队回到泰和，竺校长和胡刚复院长则经长沙去广西寻找迁校地点。

浙大自上一年11月搬迁以来，校长总是忙得自顾不暇。记得在玉山停留的十多天中，竺校长天天为寻找车皮而四处奔波，人跑瘦了，才得到车皮。于是，将全校师生员工和图书仪器等运往江西的梅树镇，然后上船，溯赣江到吉安。那一路，从陆路转水路，登车上船繁重的事务几乎把他压垮。而今，他又从前线去广西寻找搬迁校址，这股压不垮拖不倒的生命活力，许是出于伟大的爱心吧。

为着校务奔波的竺可桢校长，万没想到他那14岁的小儿子竺衡已染上疾病，夫人张侠魂也因同样的病卧床难起。校长闻讯从广西赶回泰和时，竺衡已被病魔夺去了生命。失子之痛楚，猛然击倒疲惫至极的校长，更是加重了奄奄一息的夫人的病情。当时医疗条件极差，缺医少药，任凭多方挽救，也不能抗拒病魔对校长一家的劫难，夫人于8月3日不幸逝世。敬爱的校长在半月之内丧妻失子，大家无不为之悲恸。下葬那天，天洒蒙蒙泪雨，送葬的浙大职工，个个泪流满面，全场呜咽一片。

雨，淋湿了这一天，也淋湿了竺可桢校长和全校师生员工。王淦昌湿淋淋地与大家站在坟前，觉得爱国的师生们宛若云雾中的山林，也像紧贴山林的云雾。

竺校长受到如此巨大的创痛，心上如被陨石砸了一个深坑，但他还是强忍悲伤，带领全校做长途迁徙的准备。

茅草盖起的大学

1938年8月，鬼子进占安徽的大官湖、宿松一带。鬼影爬进江西中部了，浙大的课桌，难在泰和安稳了，中旬，浙大开始迁往广西的宜山。

又是竺校长、胡刚复、苏步青等校、院领导安排有条不紊的第五次大搬迁。

　　流亡，更不忘抗日宣传。部分学生组织"呐喊"步行团，从泰和枪挑行李起步，沿途呐喊到衡阳去，从那儿乘火车入桂。

　　胡刚复留美8年，获哈佛研究院博士学位。这位深受美国教育影响的中国青年，却矢志不渝地爱着自己的祖国。他说他是"要准备面临与命运作艰苦的搏斗，来为祖国培养大批有作为的年轻人才"的。他曾历任南京大学、东南大学物理教授，并亲自筹建厦门大学和中央大学理学院并任院长。在抗日战争的激战关头，他应竺可桢之邀，受命于国家危难之际，毅然出任浙大文理学院院长。而在整个迁校过程中，他负责先遣和后勤工作的筹划领导工作。当战火已经临近，枪声似乎隐隐可闻时，为了保存这所国立大学，为了众多师生员工的安危，而不得不搬迁。迁向何处？如何组织运输？宜走哪条路线？这都需要提前进行周密的调查研究。他以一个科学家脚踏实地的严谨作风，每次在有关搬迁的校务会议上，都能以自己充分的理由，详细、具体的实况介绍来平息大家的纷争，而集中于他的意志之下，听从他的指挥。在那样兵荒马乱的岁月，交通运输极不正常。在欲渡河无船，欲赶路少车的情况下，校图书馆的图书，理科各系的书刊资料，实验仪器设备，都能顺利地运抵目的地，且无一丢失。物理系甚至连一捆草稿纸都未丢失，师生们都惊叹这是"人间奇迹"。

　　这一路，由于竺可桢丧妻失子，心上还压着沉重的悲哀，瘦弱多了，胡刚复便多做些工作，减轻校长的负担，找车求人的麻烦事，也包揽了。校务他管，院务他也关照，每次装车卸货，他都细细查询每一箱仪器，尤其不忘那个密封1克镭铅筒的铅匣，直到件数不缺，点数到了铅匣，才放心。因累，到茶陵时，他连端小碗吃饭手都颤抖。

王淦昌感佩胡院长的才能，对他关心集体爱护他人的精神，更为崇敬。在危难中，人最需互爱共济的精神，由于大家都效仿校、院领导互助互爱，浙大才能穿过难关，跨越险境，流而不亡。所以，王淦昌和束星北只能感激胡院长的关怀，不忍心再给他添麻烦。他们自己想办法换乘其他车辆，总算到了那个还算幽静的湘乡。也只有个把多月，又于10月辗转去宜山。

广西的宜山，是座山城，也是一座文化古城，传说在赛歌场被刘三姐斗输的土司莫老爷的官衙就在城里。莫家有一女，与其父不一般见识，认为"有财无才财如草，有武无文武似猫，壮家要像虎添翼，德才展翅赛神鸟"。劝父改邪归正，"建造书院筑歌台，敬请三姐传歌来"。从此，引来天下名士，文人墨客。柳宗元来过，范成大来过，抗战期间的文化名人郭沫若、田汉、欧阳予倩也来过，他们都在宜山留下墨迹。太平天国的名将石达开，也在宜山的白龙洞题过诗。只因刘三姐从教时的书院，后来被一个蠢官霸占，还在门上悬鞋，自诩比天高，来人必须从其鞋下过，才使天下贤士不再进去。

宜山也曾是座兵城。古时有个瑶族将领，从福建带兵来此安营扎寨，住在城东门外，守关制吏，官至统兵。

宜山的山，颇像列阵不整的单个兵勇，雄立于龙江两岸，守着小小的县城。每座山从山脚到山腰，都有大小不等的溶洞，最大的白龙洞，可容数千人。浙大有时为便于防空，在这洞里上大课。进口处的岩壁上，刻有多首古诗。最显眼的一首，便是太平天国名将石达开于1860年（咸丰十年）跟几位大员来此观赏时题写的：

> 挺身登峻岭，举目照遥空；
>
> 毁佛崇天帝，移民复古风。
>
> 临军称将勇，玩洞羡诗雄；
>
> 剑气冲星斗，文光射日虹。

师生每到此洞避难，多有吟哦此诗者，借石达开诗中的神勇气概，磨砺意志，于危难中发愤从学，以图报国。

王淦昌教授甚为欣赏这首诗，他头一次看罢，即对一位学生说，民族危难之际，武要将勇，文要诗雄，没有这股勇气豪情，我们是难得图生存求发展的，以此勉励那位学生为国奋发图强。

他的话，也是对浙大整体的称颂。这第五次搬迁，比起前四次来，路途山险不打紧，偏多一灾害紧咬着众多学生不放。已在泰和传染上的痢疾未断根，一路折磨着疲于奔命的师生，他们好不容易熬到宜山，以为这儿山水风景好，无冬季，离战区又远，是个能休养又能安心读书的好地方。殊不知，天暖也有一弊，就是蚊蝇多，亚热带的传染病也多。你怨不得宜山，只能叹此地宜山宜水不宜人。学生们由于部分行李未到，不能挂帐就寝，通宵被蚊叮虫咬，许多人染上疟疾，打着摆子，仍咬着牙，坚持上课。

所谓的课堂，皆是空空洞洞的大茅草房，无桌子，没板凳，教授站着讲课，学生站着听课，个个身前斜挂一小块顶腹的小木薄板做记录。人说，流亡中的浙大学生，是身挂课桌读书的，殊不知，那站立的求学者中，有不少打摆子的学生。当时教与学的艰难困苦，远不是当今学子想象得到的。

原来偏僻冷清的宜山，突然变成各方难民的避难所，热闹起来，却又因此药品匮乏，物价飞涨。浙大师生的生活就更为艰苦。病倒的学生渐多，住满了小小的宜山医院，以致只能送进重病号。不久，连重病号也只能在医院临时搭起的露天竹寮就医。

浙大的教授，都爱学生如亲生子女，常常是一下课就去医院探视病号。有时，刚从医院回到住地，正要与家人吃饭，听闻又有重病的学生被抬去医院，即撂下碗筷，急匆匆赶去，都不忍让死神夺走他们的爱徒。

王淦昌出身于中医家门，父兄的医德更是激发他一生的德行，每当此时跑去，速度超人。束星北说他，比跑警报还快。

一天，王淦昌到宜山医院看病，听说化学系的一位学生患面部丹毒，病情危急怕难以治愈。待他去打听时，听说学生已住进了太平间。王淦昌忧心如焚，虽说与该生不熟悉，但凭着教师的职责，回到学校后，他立即找校医商量，设法购进一些好药，挽救该生的生命。尽管战时经济困难，校医周医生仍然通过特殊渠道从香港购进一种磺胺新药百浪多息针剂，注射数次后即已痊愈。这位学生便是化学系的钱人元。

得知王先生如此关心他，钱人元十分感激，出院后多次去他家里拜望。病后气虚体弱需要补充营养，王淦昌让夫人做一点可口的饭菜请他吃。饭桌上，亲切地和他拉家常。得知他在三年级时，选读过张绍忠老师的电磁学，对物理有浓厚的兴趣，很想听王教授的课。言谈之中了解到他经济拮据便慷慨解囊相助，使这位从垂危中复苏的年轻人从体质到心灵上都获得第二次生命。

除了疾病的威胁外，吃、穿、住都很困难。费巩教授致竺校长信中写道："膳食简单、粗劣，数月不知肉味，宿舍阴暗潮湿，每逢下雨，床帐皆湿。"但师生们以苦为乐，互相关心，互相爱护，团结奋进的精神随处可见。冬天将临时，学生行李未运到，教师们尽可能地帮助学生渡过难关。王淦昌也将他的老师叶企孙送他出国留学时穿的呢子大衣送给学生御寒。

没有人想用眼泪洗刷苦难，悲泪也难清除国恨家仇，活着就要奋斗。在奋发中活着，是人生之大快乐。浙大是以笑声送走疲惫的1938年而迎来1939年的，迎新同乐晚会上，一位主持节目的教授说："各位，这个节日，我没有什么礼物送给大家，只有几顶大草帽送给你们。"他指指茅草屋顶时，全场捧腹大笑。

岂料，没过几天，这十多间茅屋也被侵略者的飞机炸毁了！

宜山记住，那118枚炸弹……

毁灭者就是日本侵略者！

浙大从杭州搬迁以来，一直被日机追踪轰炸，他们似乎要灭绝这所大学。师生们到宜山不几天，鬼子的侦察机就在龙江上空盘旋，老百姓说，鬼魂出现，是凶兆，要死人的。

大人的话，孩子们传，使得一些孩子害怕上学。王淦昌的孩子，像其他教师的孩子一样，几经日机轰炸、扫射，胆子大了，对那些孩子说："不怕，鬼子的炸弹我见过，落下那么多，没一颗敢碰我。"王淦昌听闻，笑出眼泪，吴月琴却甚担心，再三嘱儿女，记住，见有警报，要快钻防空洞。

所谓的防空洞，多是山洞。

王淦昌说，宜山，山洞多。莫怨怪宜山只宜山宜水不宜人，那些个山洞能保护人嘛，紧急时，人一钻进洞，日机奈何得谁！所以，宜山还是宜人的。

他这么说，既是给儿女们壮胆，也是在提醒他们：别大意，谨防日机空袭，记得钻山洞。

日机先是掠空而过，似乎佯动着去炸贵阳，待宜山麻痹了，即进行闪电式轰炸。宜山早有准备，在各个山头设警报站，发现日机时，山顶便升起红灯笼，人们立即疏散。或钻进岩洞，或躲到龙江岩岸下去。

全家摄于贵州湄潭县

空袭警报仍频，浙大师生只好分散进大洞小洞去上课。若上大课，那可容纳上千人的白龙洞便是最安全也最宽敞的大课堂。宜山的溶洞石窟，是人们天然的避难所。

1939年2月5日，日机突临上空，对浙大实施狂轰滥炸。当时，许多师生正在白龙洞课间休息，望见18架日机对标营一带投掷炸弹和燃烧弹，他们眼看学校驻地的茅屋宿舍、礼堂、教室、厨房、办公室等一一中弹起火，耳听着那一阵阵震耳欲聋的爆炸声，一边数，数到118枚时，标营一带已丧于火海，硝烟弥漫龙江两岸，连青峰翠岭都被沉重的灾难鲠喉，只发出低沉的轰鸣。

所幸的是，浙大师生无一伤亡，但100多名学生除了身上的穿戴，全部用品皆与标营毁于火海之中。教授们又一次展开募捐活动，献出财物，捐助他们的学生。学生之间的互爱互助，无不深含同窗之谊手足之情。

王淦昌一家连夫人的结婚戒指都捐献给抗日将士了。多次捐献，教授们家里已所剩无几。有个学生尚无盖被，王淦昌便把家里正在用的一床新被抱去供那位学生用。

日本自师从唐文化至今，却是同文不同种，且生出残害其先师之国和亚洲诸国的一群法西斯孽障来，足见其远未领略到中华文化的真谛。侵略者以武力推行所谓的"东亚共荣圈"，并非共荣，而是妄想独霸。世人当永远警惕这条欲吞大象的小毒蛇。

翌日，鬼子电台庆贺空袭胜利。他们宣称炸死中国两个团时，浙大师生已着手重建教室和宿舍。宜山为浙大献出毛竹稻草、茅草和竹编棚席，难民们也热情援建。第三天，重新上课。

不久，鬼子的侦察机发现标营盖起房子，便又来轰炸。敌人频繁的空袭，并不能摧毁浙大师生的教学计划。警报一响，师生们跑到洞里，即继续上课。无课上时，就看书。一天，王淦昌和十几个学生躲到山脚下的一个岩洞，站在洞前，见一个学生在翻阅物理通俗课本，问那个学生在看什么书，听回答后，即作讲解，讲核物理的妙处，活生生的形象，比如粒子运动的状况，勉励大家学好物理，将来报效祖国。学生们听得入迷，都挤出山洞口，听他讲解。前述那位外号叫"波克（Book）"

的二年级学生程开甲，当时在洞的深处，正坐在讲授原子核物理女助教身旁，听到王淦昌教授讲课，不知自己是怎样挤出来的，也没听见附近的炸弹声，而只听到王淦昌教授的声音。几十年后，已是中科院院士的理论物理学家程开甲教授忆及此事，说，"如果讲脱离穴居是人类文明的一大进步，我那次被王先生引出洞口，便是我学习物理关键性的转折。"他到古稀之年，仍很敬重王教授。

王淦昌教近代物理。当时，选修这门课的仅有两名学生，一名是化学系的钱人元，另一名是从上海来浙大借读的。其余听课的均是助教。他并未因学生人少而有丝毫松懈，仍然精心细致地备课，所讲内容均为国际物理发展史上的新鲜事。

1938年8月，德国科学家哈恩和斯特拉斯曼用中子轰击铀元素，发现铀核在中子的轰击下一分为二，发生了裂变。这一发现意味着一个新时代的到来，即原子分裂的世纪即将开始。哈恩将自己的惊人发现首先告诉了与他合作多年的迈特内女士。这位研究原子物理的专家激动不已，她和与她一道度假的侄儿弗利士一起讨论研究，并提出一种理论：当铀核分裂时，一定会放出巨大的核能，应该是两亿电子伏特左右。他们立即着手试验，测定一个铀原子核裂变时释放的能量，成功地得到了和他们的理论相符合的结果。与此同时，苏联、美国、意大利、英国、法国的物理学家几乎同时找到这项研究的突破点。1939年1月，因为妻子是犹太人而逃亡美国的意大利科学家费米，在哥伦比亚大学的实验室里成功地分裂了铀核。他迅速地计算，结果得出和迈特内女士一样的结论。就这样，奥托·哈恩和迈特内共同发现的铀核裂变的材料，在1939年2月美国的《物理评论》和英国的《自然》杂志上发表了。消息使全世界物理学界感到兴奋和震惊。但是这一重大的科学信息，晚一年才传到战火硝烟下的中国。

在广西宜山的龙江河畔，王淦昌获得了这个材料，他立即在物理系的"物理讨论"课上做了介绍。这一科学发现，既是人类生活上的一道曙光，又预示着某种战争的不祥，因为裂变所释放的能量，能被利用去制造杀伤力很强的武器，其前景也是可怕的。中国的抗日战争如火如荼，国际上第二次世界大战的阴云密密地笼罩在欧洲上空。处于这种严峻的环境威逼下，王淦昌以冷峻的目光透视未来岁月，考虑到国家实际需要，特意开了一门"军用物理"课。他利用从德国带回的一本介绍枪、炮、飞机的书自编教材，向学生分析介绍枪炮设计的原理以及弹体飞行的动力学原理和飞机飞行中的空气动力学。学生们听后大有收益。

在王淦昌的创造性构想带动下，钱人元积极性很高。他不顾设备简陋，条件艰苦，仍想法合成了少许的镭酸镉，但质量是否好，必须进行试验。

敌机几乎三天两头来空袭，交通阻断，物资奇缺，生活十分困苦。教授们的工资很难维持一家人的生活，更谈不上营养了。王淦昌抱着病弱的身体还一心搞实验。

一次，空袭警报还未解除，他便要和钱人元一道去龙江对岸存放食品的木棉村里开箱做实验。当即有人反对说："连饭都没有吃的，还做什么实验啰！"王淦昌斩钉截铁地说："没有饭吃也要做实验！"这掷地有声的语言，无异于引爆了一颗精神原子弹，给助教钱人元以终生难忘的印象，也预示着他日后必定成为在国际上有影响的核物理学家。

第五章

追寻"物理美人"的芳踪

遵义城的灯光

欧美科技的飞速发展紧逼王淦昌，王淦昌更是因"物理美人"诱引加快了求知的步伐。他常领助教钱人元冒着挨炸的危险去木棉村，打开仪器箱，做核分裂实验。但是，警报不断，山头接连升起报警的红灯笼。他急得在山脚团团转，搓手自问，也许住进白龙洞好些？

好友束星北惊问："怎么，想穴居呀？"

但人毕竟是现代人，现代意识即便蛰伏于巢穴里，也会燃起当代科学的明火。何况，查德威克发现的中子，是原子分裂的钥匙，也是触燃核火的火柴头呢。

几年前他拜访英国卡文迪许的国王卢瑟福时，就已怀疑那位粒子王国的至尊预言：上帝的密码锁能永远锁住物质内核巨大的能量。他不信！他的外国导师迈特内，以及导师的同事哈恩也不信，而且，在凯撒·威廉皇帝的围墙里，掌控了打开核能宝库的方法——链式反应。伟大的卢瑟福，在1937年7月15日他终生末日的余晖下，没有修正他的预言，他万没想到，在上帝收回其生命余晖之后，仅过了一年，哈恩天才的发现，穿透了他密布的浓云。这个划时代的事件，使王淦昌如此昂奋，真恨不能立即破开核能的硬壳，好观察链式反应壮美的现象。

"所有的秘密都很奥妙。"他鼓励助手钱人元说，"世上所有的奥妙都最有美的魅力，但愿我们能在喀斯特溶洞里观察到核能神奇的现象。"

但是，日本鬼子爬上了北部湾的陆岸，我坚守昆仑关的将士杀得他们尸横遍野，也难以阻挡群魔的黑影。1939年11月，鬼子攻陷南宁，离宜山只是咫尺之遥。在其魔爪即将伸向宜山喀斯特溶洞之际，浙大被迫再次搬迁！

搬迁！搬迁！刚开启的仪器箱，又得关上；刚闪现的希望，又被乌云淹没。探索先进科技课题的希望，一次又一次地被侵略者的铁蹄踏破！

万般无奈，王淦昌忍痛装箱启运，将他的愤怒留在溶洞里，留在宜山陡峭的崖壁上，留给咆哮的龙江。他在阴冷的日子里离去，钻进云贵高原的崇山峻岭，去到遵义城。

遵义位于贵州北部，地处由贵阳到重庆的交通要道，为黔北重镇。它又是贵州的文化区，唐代以来各州、县都设有书号，明清以来更是人才辈出。贵州向来有"天无三日晴，地无三里平，人无三分银"的说法。在这样一个贫穷落后的省份里，遵义相对来说条件算好的。因此，浙大将理、农两院和师范学院的数学、理化两系迁往湄潭，文、工两院和师院的文史部分留在遵义，而在湄潭永兴设一年级分部。

遵义的每座山头、每条清溪倒是记得另外一件事。那就是1935年1月，中国工农红军曾到达过这里，召开了著名的"遵义会议"，开展轰轰烈烈的群众运动，播下红色的革命种子，留下一支游击队和一些中共党员做地下工作。于是，那红军长征播下的红色革命种子旁边，浙大的"文军长征"又播下了文化科学的种子。

物理系的图书馆、实验室都设在小龙山上，山头一座几近坍塌的破庙，便是师生们的休息地。虽说这里和杭州浙大的校址条件无法相比，但毕竟算是有了一块较为安定的"绿洲"，可供师生们做学问了。实验室的设备极其简陋，但仪器都放置得井井有条。一如靠汽车发动机带动的小发电机是唯一的电源，无钱也无处购买新的放射源，仅仅有1克镭。没有什么探测器，只有一台自制的小云雾室，这便是王淦昌及他的学生们的整个世界了。

王淦昌在清华大学读四年级时已发现有肺结核病，德国留学四年，病也未痊愈。到浙大的初期病情曾稳定过一段时期，接着因连续的迁徙，奔波劳累，生活困苦，营养不良，而教学任务繁重，到遵义后病情加重。在那样恶劣的环境下，药品奇缺，只能用点鱼肝油来增强抗病能力。但在遵义鱼肝油不仅价贵，也难买到。为了照顾他养病，物理系决定只让他开一门物理课，以利于专心静养。但他不习惯静养。他利用授课任务较轻的机会，读了大量的书刊。他的病床枕边就放着《物理学评论》。除读书外，他较系统地考虑了有关核物理方面的问题，尤其是关于中微子的来龙去脉，以及今后的发展方向等等，他也自感在各方面更成熟了。

当时的教学倾向是重工轻理，学生们毕业后的出路成问题，工科学生出来后找工作很容易，而理科学生则较困难。因此浙大1939年入学的物理系学生有十几人，到二年级时（1940年）只剩下五人；理化系1938年入学的有十余人，1939年减到三人，大部分学生或转院，或退学走了。然而就在这黄叶凋零、万花纷谢之时，却有少数几个舍工就理的，如机械系的邹国兴、电机系的金德椿和周志成，这三人都是在1940年那个秋天转到物理系的。尤其是邹国兴，全校知名的品学兼优的好学生，竟然自愿降到二年级，全物理系老师都为此感到骄傲。

王淦昌讲近代物理课。他从发现 X 射线和电子开始，讲到发现放射性和α、β、γ射线，讲到玻尔模型和原子结构，中子和正电子的发现以及核力和原子核裂变现象。他在讲解这些科学上的重大发现时，总是情不自禁地流露出天真的、真诚的喜悦之情，不住地说："嗳，有趣极了！"讲到海森堡的交换核力时，他把它比作龙吐珠；讲到密执根测量光电效应，为了清洁钠表面，在真空管内装入一个刮金属钠表面的旋转刀，说这是真空管内的加工车间……他的这些带有丰富想象力的、生动的讲课，把学生们引入到20世纪物理学的奇幻世界里，给学生们留下深刻的印象，一辈子都不会忘记。

他还带领学生做验电器和象限静电计的测试，用α粒子闪烁计数测半衰期，以及光电管、镭源、威尔逊云雾室的实验和使用等等。贵州气候潮湿，他为了给学生做静电演示，每到晴朗天气，就把仪器搬到室外晾晒，使其保持干燥，然后带领学生做演示。

遵义的物质匮乏莫过于缺少照明，实验用的电源，来自汽车发动带动的发动机，师生们上自习课则是汽灯、油灯照明。贵州虽然盛产桐油，但在战时油价也很贵，学生们看书时，灯盏里往往只放一根灯芯，久而久之，视力大受损害。

一位衣兜里不愁钱的同学听到程开甲如此渴求日照，便开个玩笑，要他背圆周率，快速背半小时，如果无一差错，包他每夜点三根灯芯的油钱，直到用上电灯之日。

"当真？"程开甲可是做什么事都较真的学者。

那位同学偏是个能下赌注的角色，在众目睽睽之下，拍胸脯道，君子无戏言。

这种游戏式的打赌，程开甲上中学时就玩过，何况他是过目不忘的才子呢？目前，有个可供他灯油钱的人来下赌注，正是他所期待的，何乐而不为？他当下就背，口若悬河，只背到一刻钟，那位同学便连声道"佩服佩服，算鄙人支助学友绵薄之力吧"，即在大家的掌声中，去提油壶来，亲手将程开甲的桐油灯盏注满，放上三根灯草。此后，每天给程开甲买一壶油，供他通宵达旦读书。人说，程开甲的才智，因能多用两根灯草，更显得聪明了。

此事，也被教政治学的费巩教授知道了，他深为焦虑。这位曾留学于英国牛津大学的教授从爱护学生出发，自制一盏灯，用铁香烟盒，在下端凿许多小孔，上端装上灯罩，由于空气对流通畅，氧气足，灯光很亮。费巩教授做了许多这样的灯盏送给用功的学生，学生称之为"费巩灯"。可惜，送光明者自己未能亲身迎来新中国的曙光，在最黑暗之时，他死于国民党的枪弹之下。

那是一个寒冷的冬夜。在遵义老城小学的一间教室里，王淦昌作原子核物理的学术报告，听课的人除了物理系的师生外，还有许多别的系科的学生，将一间小小的教室挤得满满的。黑板上两盏煤油灯发出微弱的光线，人们透过昏暗的光线看到黑板上的字迹也是模模糊糊的。王淦昌从卢瑟福的α粒子散射，讲到人工核反应、现代炼金术，他说人工核反应是可以由人控制的，但当时主要靠α粒子轰击核，两者都带正电荷，互相排斥，击中的可能性极少，能量得不偿失；然后又讲到中子的发现，中子和核有引力而无斥力，因此击中的可能性大为增加，但击中一个就少一个，仍不能长期维持下去，必须要找到使中子增加的核反应。最后讲到核裂变，他说裂变时一个中子可以打出两三个中子，中子数增加了，留下的问题是使核裂变能连续地进行下去，即要建立链式反应。他说："如果可控的核裂变链式反应能够建立，人类将进入一个新的核能时代。"虽然教室里又冷又暗，但每个人都为他那激动人心的报告所鼓舞，忘了夜的黑暗与寒冷，透过那昏暗的灯光和模糊不清的数字，人们似乎看到了物理的未来和人类的未来是多么的光辉灿烂。

中华天才的星群闪耀时

1941年秋，遵湄公路开通，湄潭的校舍也已相继竣工，校领导决定将文理学院、师范学院、农学院迁入湄潭。

湄潭是个小山城，小城没有煤，倒是有条湄江，自东北向西流去，绕城而过。许因官府衙门里的主儿，陶醉于烟枪烟灯，没想到用水力发电，湄潭的阴雨天，自然成为失去太阳的黑夜。而读书人都离不开灯，无灯照着做学问，学问家怎能倍加聪明？王淦昌也许常见打手电走夜路的师生，如同点点流萤闪烁于山间小道，不胜感慨：那小虫，自身发光，莫不如天上的行星，也亮，是不必像常人在暗夜里羡慕太阳和月亮的。人也该如此，自燃了，也便是个发光的生命体。他于是想，如果能找到一种办法，将白天的阳光储存下来，让它晚上也发光，不是很好吗？于是他查阅资料，从一部外国学术著作中找到有关荧光与磷光的制作技术。经过反反复复多次实验，终于制成了磷光硫化锌。

这是国内第一例。

在20世纪40年代，中国人还没有谁制成过磷光硫化锌，因此他是首创，为国家填补了一项空白。但是，尽管他费了不少心机，研究的目的并未达到。磷光硫化锌经过阳光照射后，闪闪发光，倒是非常美，但亮度不够，而且慢慢衰减，然后消失，发光的持续时间太短。为此，王淦昌请教了化学系教授王深仁，他建议用有机化学方法试一试，并帮助王淦昌在图书馆里找到一本《荧光体与磷光体》，还送给他一种液体。这种液体在光线照射下能够发荧光（后来知道那是一种荧光素，能发荧光的染料），但光的照射停止，荧光随即消失。王淦昌将液体稀释后，加入石膏搅拌烘干，变成固体，将这些固体装在试管里，经阳光照射后就能发出磷光，这就是他曾经让学生窥看的在西装衣襟里面的发光体。

人能发现光明，是最大的乐事。做出光来了，他便想让孩子们分享快乐，也想让他们在快乐中体会人生崇高的志趣。恰是夏天，那小遵明热得不时啼号，谁都难劝住她的哭声，王淦昌便叫睡在阁楼上的孩子们下来玩一玩。孩子们出世至今，难得与父亲玩几次。他们问他玩什么游戏呢，他笑眯眯地，吹黑了灯，即亮出手中的磷光体，孩子们顿时乐了，都拍手欢笑，那小的破涕为笑了，奶声奶气地叫她的母亲，"姆妈，来看呀，爸爸逮到了亮虫虫。"

从1945到1946年间，王淦昌指导忻贤杰进行了磷光体机械效应的研究。没有激励光源，就用太阳光作激励源，他们冒着烈日，在棉被掩捂下进行实验，并于1947年联名发表了《用机械方法产生磷光》的论文。但是，这些磷光持续的时间都不长，也不能作照明用。在当时的物质条件下，不可能继续研究下去。以后他想过，如果用固体物理中的办法也许能够解决，但王淦昌一直从事原子核物理研究，没有时间和精力再去涉猎固体物理。直到后来，他以耄耋之年还在惦念这件事，希望能继续从事这项研究，有关人类福祉的事业，应由几代人坚持研究下去。他当然不忘为人类输送光明的美意，一直致力于核能的和平利用。几十年后我国建成的两座核电站，也有他一份心血。他为祖国点燃的核火，不也是他现时想制造的长明灯么？

湄潭虽小，风景却很秀丽。那条东南走向的500米长街，窄是窄了点，也无高过两层的砖瓦楼，但它是依山建造的，既望得见从西城外面绕过的湄江，又望得见南门有两座哼哈二将似的小山做屏障。它颇像大家闺秀豪宅。理科部和农学院搬来后，湄潭就更秀美了。

文理学院在湄潭的驻地是双修寺，师范学院理科驻地是玉皇阁，农学院驻地是贺家祠堂，浙大附中则位于县城中心（由湄潭中学改建）。浙大湄潭分校办公室、总务处、教导处、图书馆、阅览室均设在湄潭城中心文庙内。文庙前高大的红墙上镌刻着"国立浙江大学"六个醒目的大字，墙壁左右两侧书写着"顶天立地，继往开来"。附中在文庙左侧，中间由"求是路"

隔开，附中校门上悬着："国立浙江大学附属中学"十个苍劲有力的大字。

老校长竺可桢曾亲临湄潭附中做过一次演讲。他做演讲的那天，恰是墟日，四乡八寨的老百姓听说有个大学校长来讲演，都说，小学校长见过，中学校长也见过，那两长，已是至高至尊了，只还不知大学校长啥子模样，听说，他连蒋委员长都敢顶，莫非他是最大的天尊？

这方老百姓和乡绅，一向崇文尚学，他们听说浙大师生要搬来，预先让出上述寺庙楼堂馆所，还划出200亩地做农学院实验场。因此，老百姓听说校长要来演讲，都要去一睹浙大竺可桢校长的风采。但他们都只能在人群外围踮脚翘首望着台上。只见身材不高，精神矍铄，戴副金丝眼镜的竺校长，斯斯文文地站着讲话。语调不高，语气也不硬，话却是可人的。他说湄潭风景真美，还说湄潭人更美，肯为教育事业做贡献。一些话引来哗哗的笑声和掌声。他末了说，湄潭也是个风水宝地，这儿将成为一个科学研究中心。湄潭要的就是这个科学中心！他们还要听，听听竺校长讲的科学中心，是啥子模样。

那模样，不是讲出来的，而是做出来的。两三年后，英国的科学史家李约瑟教授从重庆来湄潭访问浙大，见浙大在战乱中居然能大出人才，大出科研成果，深为慨叹，誉浙大为"东方剑桥"。

当时，王淦昌在南门外租一个店铺的两间门面房子住。一家7口，住得挤，儿女们怕影响父亲做教案和科研工作，大的都钻上阁楼小亭子间去住。楼后，紧贴青草坡，有乔木林和灌木丛，春来开花，一片芬馥；夏秋果熟，遍山甜香。在这里，得空，出门就能逛市街。这儿的市面，唯当上下课时热闹；上课时，湄潭便清静了。这是个典型的大学城！

王淦昌若偷得闲暇，不忘带儿女们去郊外转一转。但是，王淦昌最爱去而且必须去的地方，还是物理系驻地双修寺。双修寺在西山险峣之处，红墙碧瓦，古木参天。雾霭与浓荫遮蔽着物理系的宁静。那曾被鼠噬而露出泥胎的菩萨经过修饰后，仍盘腿合掌端坐聆听现代科学奥妙的理论。深谙相对论的束星北教授常与学生坐在寺前崖石上相对而论，也常与王淦

1944年10月英国著名学者李约瑟在贵州湄潭访问过程中在浙江大学演讲时给听众照的照片。前排正面右起：贝时璋、王葆仁、王淦昌、丁绪宝

昌在寺堂举行物理讨论会，推动玻尔的自由学风，把学生的视野拓展到当代科技的前沿。半夜里，才各自打着火把或手电下山，流荧似的，寻夜路过桥，回城去，再燃亮家中的桐油灯。

王淦昌在系里是最年轻的教授之一，教课任务比较重。他为了巩固自己的理论物理基础，主动把全部基础课程教了一遍。他除了开热学和近代物理外，还为化学系三年级的学生开物理化学课。由于化工系和化学系分处遵义和湄潭两地，而负责讲授物理化学的老师却只有一位，留在遵义，迁到湄潭的化学系就没有讲授物理化学的老师了，而开学在即，谁能担此重任？情急之中，胡刚复院长自然想到了王淦昌，尽管他实在不忍心再加重他的负担，但万般无奈的情况下也只能如此了。谁知听胡院长一谈，王淦昌没有丝毫推托，当即表态："请院长放心，我能担任这门课。"胡院长十分感动，拍着他的肩膀说："谢谢你，帮我解决了一个大难题啊！"学生们听说由王老师开物理化学课都兴奋不已，彼此奔走相告。不仅三年级，甚至连二年级的学生也都挤进来听课，教室坐不下，就站在窗外听，后来担任华东化工学院院长的朱正华，当年几乎就是站在窗外听完了物理化学课的。在课堂上，王淦昌非常注意学生是否集中精神听课，经常插入提问或以讨论的形式来提高学生们的兴趣，同时也可以从提问中发现问题，纠正思路。他对学生的疑问，总是和颜悦色地回答。由于他态度和蔼，学生们便敢于提问、敢于回答，听起课来兴味十足，学习效果非常好。

　　一天，他讲授电子显微镜，听课的师生几乎坐满教室，末一排仅剩小半截条凳。开讲一刻钟后，闪进化学系学生蒋泰龙。他发现蒋泰龙占了那小半截条凳后心思还未收拢到教室里来，便提醒道，请各位注意听这个原理，接着讲下去。周志兴、许良英、朱正华等人都专心听课，不断记笔记，唯独蒋泰龙走神儿，蒋往常并非这样呀。他便想在适当时机将其分散的注意力收拢到电子显微镜中来。

　　原来，蒋泰龙上一节听了苏步青讲映射几何，觉得非常有趣，在赶往这边听课的路上，不断与数学系的郭本铁讨论，以致迟到，悄悄在末一排挤上瘦小个儿坐的条凳，但脑子里还想着映射几何问题。他正想得入迷呢，忽闻王淦昌点名叫他回答电子聚焦原理，他慌忙站起，不假思索地将光线的聚焦代替电子聚焦来回答，引起哄堂大笑，他仍愕愕然不知所以，惶惶不安。

　　王淦昌和蔼地笑着问他："你刚才听了映射几何吧？"他点点头，王淦昌笑道："映射几何很有意思，要学好。不过，现在你听的课，是电子显微镜，因此，你请先放下光线聚焦，把注意力集中到电子聚焦上来，好吗？"

　　蒋泰龙，岂敢摇头说不好！人家王教授将你救出窘境，你该专心听讲才对得起他。此后，蒋泰龙再不敢分散注意力。

　　不久，王淦昌接受化学系主任王葆仁教授委托，指导蒋泰龙的毕业论文实验，题目是"用化学药剂来显示高能射线的轨迹"。王淦昌教他选用灵敏度高的荧光素为试剂，在碱深液中用锌还原，至无色时，于无氧条件下过滤除锌，再移入无氧玻璃管中，然后将这种溶液曝于射线，置暗室中过夜。

蒋泰龙循着这位实验物理大师的思路，入迷地去探索高能射线的轨迹。夜里，美妙的迹象出现了，他发现溶液有复发荧光，那复发的光点真是美得诱惑人呵。为了弄清这一现象的奥妙，师生俩反复实验，深夜进实验室观察，发现玻璃被高能射线辐照，产生了强烈荧光。他终于弄清变色的原因，并写出《γ射线的若干化学效应》一文。

这位实验物理大师，常常通过实验带领学生打开窥视物理美的窗孔，教他们通过实验追寻粒子的芳踪，各自在微观世界中寻求通达真知的蹊径。

王淦昌的最大优势是将教学和科研相结合，理论与实践紧紧连在一起。他做了大量的"搭桥"工作。他归纳、分析和判断杂志上所发表的实验方法的数据和结论，给理论搭桥，推动实验工作前进。他经常阅读国内外各种物理期刊、文献资料，甚至对那些杂志上已发表过的实验报告的一些重要数据都记得非常清楚，特别善于通过数量级来判断一个新发表的实验结果是否可靠，一种新的实验设计是否高明。他常对学生说："物理学工作者对他所研究的课题和科目都应当熟练掌握一些重要数值和数量级，正如木工师傅应能熟练掌握木器家具和屋架的标准尺寸一样。"

凡经他指导过的学生，许多都取得优异成绩，或踏上更加高深科学研究的阶梯。

他指导1940届毕业生曹萱龄从核力与重力都是吸引力这一共性出发，探讨二者的关系，并写出《核力与重力的关系》论文。美国的《物理评论》和英国的《自然》杂志都先后刊登了这篇文章。

他还指导叶笃正完成研究论文《湄潭近地层大气电位的观测研究》。他认为要使大气电学在中国生根，首先要在中国开展观测，于是给叶笃正定了一个研究课题《湄潭近地层大气电位的观测研究》。王淦昌为他选择观测点，建立简易的工作场地，还在系里找了个损坏的电位计，指导他进行修复使用。要求他每天从清晨到上午10时左右观测湄潭1米高的大气电位变化，记录各种天气变化对它的影响。正如当年吴有训指导他观测清华园周围氦气的强度变化一样，他又以此法来指导自己的学生。后来成为中科院院士的叶笃正先生，一直不忘王淦昌老师的教诲。

日后成为教授或院士的学生们，在回忆他们在此期间接受的教育，无不感慨道：教授是文明的晨光，先知先觉的伟大向导。

王淦昌留学回国后，尽管历经千难万险，过着颠沛流离的流亡生活，但他的志趣，从未从欧洲的科学前沿后退一步。他像富有经验的猎手，捕捉科技新信息，拓展科教新路，不断引导学生活动在当代科技前沿。

他的教材是国际性的。

1942年秋，王淦昌为了培养核物理的研究力量，决定开《原子核物理》课。在大学开设核物理课在国内尚属首创。没有教材，他完全靠自己长期积累的资料整理编写，教材内容包括该学科正在研究中的问题，即30年代末、40年代初物理学界积极研究的问题，题材新颖，例如把魏茨泽克和贝特于1938年、1939年建立的解释恒星能源的碳氮循环也纳入教材中。后来发现1947年贝特著的《核物理理论基础》一书所涉及的内容，和王淦昌1942年自编教材的内容非常接近，王淦昌渊博的学识和教学能力可见一斑。出于中国野村僻壤的湄潭教材，并不比欧洲的《核物理理论基础》差。

可以说，王淦昌是站在国际水准的讲坛上授课的。他常激

1997年4月18日在香港做惯性约束核聚变演讲

发学生思考世界科技领域内尚未解决的问题，并且，鼓励学生多提问，大胆提问。例如，他讲原子核的结合能，说到核的敛集曲线时，许良英问："在敛集曲线顶上的那些原子核是不是也像α粒子那样，可以从较大的原子核中崩裂出来？"

"OK！"王淦昌又高兴又惊奇地大喊起来，"这是了不起的创见，如果早几年提出，重原子核裂变就该是你发现的了！"

科学的创见比发现新大陆伟大。

那么识辨科学人才的导师呢？

王淦昌正是在宜山那个喀斯特溶洞里发现许良英的。那时的许良英是刚入学的物理系一年级学生，只因许良英在敌机狂轰滥炸之际，还能专心抱着汤姆逊的通俗读物《原子》，王淦昌便很看重他，给他特别惠顾，随时都可去叩响他的房门。如今，这位从岩洞里逃难到湄潭来的学子，居然能提出意大利科学中心领袖费米和柏林大学物理巨人哈恩不久前提出的前沿问题。王淦昌几乎要为他的弟子欢呼起来。

过后，他约许良英谈话向许良英介绍《关于探测中微子的一个建议》，要许良英做题为《β衰变和中微子存在的问题》的毕业论文。他说："这是理论上和实验上都一直未解决的重大问题，我探索了多年，最近才想出这个办法，希望你长期与我合作，从事这项研究；如果解决了这个问题，有可能得诺贝尔奖……"待到许良英四年级临毕业之时，他又要求许良英毕业后留校当助教，做他的助手。他认为许良英有三个特点：一、诚实；二、理解力强；三、有创造才能。他想进一步扶植这个天才学子，将来为祖国摘取科技领先成果。但这个美好的希望，也仍然落空了。

迈特内曾因她的固执，在致使她和王淦昌与中子的发现失之交臂后扼腕痛惜道，"这是命运问题"。那么，俘获中微子的荣誉从王淦昌与他的高徒孙汉、许良英面前闪过后，我们中国人该有何感想呢？人该怎样发挥其独特的才能？人的才能应该在什么样的环境里得以光辉的展现呢？他本人一直热衷于寻找新粒子。但在困难环境里，他只能通过对宇宙线进行观测。他也曾想利用照相底片寻找宇宙线中粒子的径迹，但鉴于在宜山时的研究未成功，他就改走他途，想用化学作用来观察，并于1943年提出了《关于宇宙线粒子的一种新实验方法》，建议用一种胶质块，通过化学反应记录粒子径迹。他认为这种方法比照相底片好。好在这种胶质块是三维的，而不是二维的，而且它任何时候都是灵敏的，这点又比云雾室强得多。

王淦昌的这个建议，同英国物理学家鲍威尔的工作十分相似。鲍威尔因为发展了乳胶技术，并用此法发现了 π 介子，因而获得了1950年度的诺贝尔奖。

此事又一次引人感叹：这位须臾不离科技前沿的实验物理大师，就站在诺贝尔奖的果树下面，只要他有点破窗户纸的实验条件，那树上的圣果，伸手可摘。但他只能想，只能出点子，只能教他国学者用他的方法摘取领先成果。

他的挚友束星北教授，则很珍视他的点子，私下对自己的

美国洛斯阿拉莫斯国家实验室原所长阿格纽（Agnew）访华时合影
前排左起：杨福家、陈能宽、王淦昌、Agnew、程开甲、吕敏、陶祖聪

高徒程开甲说："王先生熟悉文献资料，他那里想法很多，可以从他那里得到启发，发现研究课题。"因此，程开甲常去旁听王教授的课，挤不进教室，就站在窗外听，遇到雨天，撑开雨伞。所以他能成为中科院院士。后来，程院士去英国爱丁堡大学师从马克斯·玻恩教授，当研究学者也牛得很，敢就一个前沿课题，与欧洲物理神童海森堡展开辩论，硬与那位诺贝尔奖获得者顶牛，从爱丁堡顶到苏黎世，使得爱管闲事的泡利，不得不横条板凳将他隔开，当起裁判来。泡利可不是白费蜡的角色，他从中得到点"小费"，一变，就变成一篇著名的论文。

话说回去，程开甲此一去，多拜得一位恩师。在王淦昌指导下，写出《基本粒子的五维场论和质子的质量》。程开甲的一个假定，和日后的弱电统一论证一样，预言了有很重的粒子传递弱相互作用。恰逢李约瑟来访，王淦昌写了一封信，附上文稿，托李约瑟捎给英国狄拉克教授。那时的狄拉克，是继卢瑟福之后的英国物理学支柱。不知何故，寡言而聪明的狄拉克，对那个预言置若罔闻，竟来信说"目前基本粒子已太多，不需要更多的新粒子，更不需要重介子"。王淦昌摇摇头笑，不是基本粒子太多了，而是狄拉克的脑袋变小了，索性提出用一个五维空间场来容纳无穷系列粒子的时空，以各种康普顿长度作为五维空间中的一个维来描述，并认真地与程开甲讨论每一个问题，鼓励程开甲大胆思考，不久，写出《五维场论》，发表在《物理学评论》上。

1992年5月31日在中国物理学家联谊会上，王淦昌与美籍著名物理学家朱经武（中）、中国科学院副院长王佛松（左）合影

　　王教授独立的见解，也许对程开甲产生了影响，他从来不把欧洲物理巨人当作不可逾越的高峰，相反，他的目光常常越过他们的肩峰，投向广宙，在古稀之年，仍坚持研究与海森堡争论的那个课题。他既不在狄拉克的门槛停步，也不在海森堡的肩膀上歇脚。

　　尽管人们将"多点子教授"的荣称冠以王淦昌，但王淦昌从不以为他知识的水库已泱泱而难再集纳春雨和溪流。比如，他为了掌握分析核谱的群论方法，还特意于暑期请束星北教授讲群论，自己则和学生并排坐着听课，做笔记，常常忘了摇扇子，比学生还更深切求知。

　　如果说，尼尔斯·玻尔是欧洲科学界新思维的助产婆，那么，在比西欧大的中国，在湄潭这所大学城，多点子教授王淦昌无疑是新思维的播火者。

　　在王淦昌和束星北等教授的启发和影响下，学生们感到每天都有新的体会，新奇的问题诱引着他们，使他们对于核物理世界的探索，对物理的浓兴越来越强烈。

　　王淦昌的"点子"——他的新思维新方法，影响着那个时代的青年学生，使物理系出了不少人才。有一年，国民党政府教育部在全国九大城市举行公费留学生公开考试，物理学科取六名，天文学科取两名，考试结果，浙大物理系的助教和应届毕业生取了三名！教学质量之高，与这位新思维的传播者不无关系。人说，王淦昌是最会"搭桥"的天才向导。

　　范岱年至今不忘淦昌师如何诱导他们走上物理学研究的彼

岸。他回忆自己1944年入学的情景时说："王先生从湄潭步行15公里路赶来永兴，与11位新生共坐在一间教室的几条破旧板凳上，与我们亲切地交谈。他对我们说，物理是一门很美的科学，大到宇宙，小到基本粒子，都是物理学研究的对象，寻求其中的规律，这是十分有趣味的事，你们选择了一个很好的专业。他这一番话，极大地鼓舞着我们献身于物理学的决心。"

那时，他已接受竺可桢校长和胡刚复院长的安排，接替体弱多病的何增禄教授担任物理系主任。作为系主任他既要坚持科研与科教工作，又要做行政工作。他虽然无行政工作本领，但却善于把一切事务都纳入培养人才爱护人才重用人才这个高教的基本点上。这是他夯铸的桥墩，也是他栽的树。学生们在他的培养和关照下，一茬一茬地走向成熟的路。

如前所述，他曾挽留孙沩、许良英做他的助手，希望他们与他一道研究那个关于中微子的前沿课题。假若他们沿着他指明的途径坚持研究下去，或许能在新中国提供的较为完备的实验条件下，摘取俘获中微子的诺贝尔奖。由于种种原因，这两位才子都相继离开他，却都走得不顺利。但是，王淦昌还是希望他们回到科研与科教的路上来，并且登报召唤他的爱徒。周志成和许良英回来任助教后，又因他俩所在的永兴场一年级分部不搞"反苏运动"，分部主任借机要求校方解聘他俩，王淦昌便以系主任职权，否决该分部主任的要求，使他俩能在浙大工作至全国解放。

在许良英应召回校后，王淦昌又为他和同时调来的卢鹤绂教授的工资、米贴从何时算起的问题，同去与主管总务的舒鸿教授论理。舒教授认为该从实行标准化之日算起，王淦昌认为该从受聘之日算起，话不投机，争吵起来，舒教授竟然动用拳头，造成对方伤害。王淦昌认为学生与同仁挨打，应在家养伤一周。竺校长闻讯，从遵义赶来湄潭慰问。

王淦昌育才爱才，不仅在学问上"搭桥"，也在品德上和其他方面"搭桥"，因此他的学生中有不少成为中科院院士，或在高等学府担任学术带头人。

他经常提到在浙大执教十多年，他极喜爱的出类拔萃的学生。其中的四个，凑巧在同一班听课，都姓李。这四李是：李政道、李天庆、李文铸、李寿楠。四李有个共同的特点：都不怕艰难，都聪明好学，都刻苦钻研，都有独到的创见。教授们深为赞叹。

李政道犹如奇峰峻拔挺秀。

"我给他一本书，上面有十道习题，我点出五道让他做，结果他十道全做了，令我吃惊。"王淦昌赞赏他的才华，更是称赞他的勤奋，忆起此事，仍笑得满面生辉。"哪一位做老师的都会喜欢这样的好学生。"

李政道在湄潭期间，也深受王淦昌的挚友束星北教授喜爱。

1943年，束星北教授每两周去永兴场分部物理系一年级做辅导一次，每次回来，总是很兴奋地告诉王淦昌：课上课下，李政道提的问题最多，也很有新意。每当他准确地计算出答案以后，还不满足，问道："我不清楚是由于什么样的物理机制才

1997年5月王淦昌（右三）与李政道（右二）、常书鸿（右四）在一起

产生出这个结果的？"

　　他这种打破砂锅问到底的精神深使两位教授高兴，王淦昌由此想到卢瑟福，想到卡比查给那位尊师起的绰号——鳄鱼。他对束星北说："他会像鳄鱼那样，勇往直前，大张其嘴吞噬一切的！他不会在艰险面前掉头转弯的！这是科学家的秉性呀。"

　　事实正如王淦昌所言。1944年暑假，李政道从永兴场到湄潭，常去双修寺实验室看期刊，束教授也常去，他俩经常谈论到深夜。过后，束星北说，李政道确实像鳄鱼，但他比鳄鱼会吃，且能品出特别的味道。

　　作为系主任，王淦昌听了，更是高兴。

此后，日军进占贵州独山，省政府下令紧急疏散，自贵阳经遵义北上逃难的人流，波动着浙大正常的教学秩序。竺校长临危不惧，向教育部申请拨他700支枪，要在遵义地区打游击。部分学生也和当地军械库进步人士联系，并到团溪和湄潭皮家寨察看地形地势，准备建立游击根据地。教育部则电令浙大与中央大学合并，学生一律参军……许是因此，束星北去重庆工作，李政道想参加青年军，不慎因车祸致使腿骨骨折。王淦昌甚为焦虑，赶忙请人救治。

李政道腿骨骨折，断了他从戎之念，使他永远留在学界，这似乎出于天意。好像老天不让他参加青年军，还叫王淦昌、束星北看住他、照顾他，使他日后与杨振宁同获诺贝尔奖，为

1992年5月31日出席海内外华裔物理学家联谊会时与党和国家领导人合影
前排左起：任之恭、杨振宁、赵忠尧、李鹏、周培源、江泽民、严济慈、杨尚昆、吴大猷、宋平、李政道、吴健雄
后排左起：温家宝、朱光亚、王淦昌、汪德昭、张劲夫、王兆国、王佛松

华人争得荣光。他曾对人说，如果没有这两位先生的照顾，留下残疾，就不可能有今天了。几十年后，他还对浙大教授江容说："我在国内时受到三个人的帮助最大，即吴大猷、束星北和王淦昌三位先生。"他在祝贺王淦昌80寿辰时写道："这种早期的接触给了我深刻的印象，直到现在我还能记得我们曾有过的讨论，以及他们使我激起对物理的热情，王淦昌与束星北两位教授还特别慷慨地给予我关心与指导。"

也是在同一篇文章里，李政道说，淦昌师影响了好几代人。

天才之星是从导师广阔的视野中升起的。

湄潭的叹息

然而，这位物理大师的家却是清贫的。一家七口，靠他微薄的月薪度日，入不敷出，往往捉襟见肘，一旦上街，总掩不住囊中的羞涩。好在，夫人吴月琴善理家务，还会开荒种菜，喂鸡养鸭，时常能在鸭棚鸡棚里，掏出一分收获一分惊喜，那还温热的蛋，也给她的家平添几许乐趣。

家里最有趣的事，是牧羊。先是儿女们在屋后的山上轮流养，养出乐趣来了，便教做父亲的也体验体验"上帝与羊同在"的快乐与自由。

因此，湄潭街上，常有一位穿戴寻常的先生，牵着一只山羊，悠哉游哉走过一片片惊目的铺面，折向西街，过小桥，上双修寺去。

　　街上的人，多数不认识这位先生，当街的屠户，甚至不把他当作教书先生看，以为他是落难至湄潭来谋生的穷秀才，与乞丐相差无几，私下鄙薄他道，这人的穿戴，没白山羊那张毛皮值钱。几度想买下羊来宰，赚把钱。

　　人们不知，那牧羊者，非寻常之辈，他正是能给湄潭留下美好回忆的实验物理学家王淦昌教授。多年以后，当湄潭人得知，多少个中科院院士、哪位大学校长、哪个诺贝尔奖获得者曾就学于湄潭，曾在离湄潭仅15公里路的永兴场第一次叩响物理学圣殿的宫门，他们也许想不到，为那些天才学者"搭桥"的导师，原来是这个牧羊人。

　　羊吃了嫩草，产出白花花的、银泉似的奶水；他看了报刊做了实验，能做出大学问。从1942年起到1945年，在湄潭召开的一年一度的中国物理年会上，他作了《原子核力场》《用化学方法研究宇宙线及原子物理之展望》《关于介子的人工产生》《寻求β射线发射的半衰期与原子序数的关系的尝试》，以及《中子的放射性》《关于初级宇宙线的本能》《一种新的有机活化磷光体》《基本粒子的五维理论和质子的质量》（与程开甲合作）等数篇学术报告，还在报刊上发表多篇学术文章。王淦昌和浙大师生们高水平的学术活动，深受英国科学史学家李约瑟教授的称赞，有报道称："李约瑟氏返英述职，颇称道浙大学术研究之励进，谓可以媲美牛津、剑桥而无愧。"

　　李约瑟只不知，当时的浙大，科研环境远不如剑桥。实验条件和教学设备较之更差。他们在陋室中、在破庙里没有电灯照明，没有电炉加温，只能用"皮老虎"鼓风，用废旧汽车引擎发电，用酒精或木炭代替汽油，甚至要在烈日下借用日光做实验。

羊却是常常跟随它的主人，踩着泥地，登上滑溜的石径，去到主人从事学术活动的地方。在那儿，羊寻嫩草啃，无暇顾及它的主人及其同仁怎样在简陋的礼堂或教室，坐在木条长凳上，依在庙墙旁，提出惊人的见解和天才的预见。

有一次，夕阳衔山，黄昏到了静寂的林边，归鸦也已落巢，炊烟都爬出农户瓦顶了，羊仍不见主人走出双修寺来，它想，再等一等吧。等到晚风钻入山林深处，雾霭从湄江浮起，夜影凉飕飕地打山顶流下，狼的鼻息隐约可闻，还不见主人露面。羊打个寒战，只好独自下山过桥，回南门外的家去。

吴月琴见羊独自回来，却不见夫君到家，不知先生是忘了辰光呢，还是因肺痨咯血半道上走不动呢，甚为焦虑，便派大女儿和大儿子找上双修寺去。

原来，今天图书室来了几大摞国外期刊。"二战"中的邮路常因战祸梗阻，外国期刊到了我国，还得七躲八躲鬼子的膏药旗，走了年把才到得湄潭，真是难得一见。王淦昌一见这些东西就难舍难分，他不顾管理人员登记造册，已翻开来看了。他要看看外国同行这些年来，是否还在寻觅"中微子"那个物理美人的芳踪，他想知道外国科学家们，有哪个幸运者俘获到"中微子"这个冷艳的、孤芳自赏而又能自由飞越任何时空的天仙。那天才有何俘获她的妙法？他一栽进文献资料就难得拔出来。

儿女找到他时，他正捂嘴轻咳，在办理借读手续。双修寺里已点上桐油灯了。

吴月琴见他到家，嗔道："羊都知道回家了，侬啥搞的嘛？"

他好像做错了事，只能报以夫人一阵笑。

王淦昌已回书房去翻阅借来的期刊。那盏桐油灯又添一根灯草，傍窗照着他夜读，他急切地想了解国外科技的发展趋势。但他还是最关注谁能俘获中微子，他自己，更是想破除这一个令科学界困惑的疑团。

这间书房其实是被布幔隔出来的，妻带小女遵明睡里间。小女遵明啼哭，他心不安，他因肺病咳嗽，妻难安寝。他怕影响全家和四邻睡眠，肺里痒得难挨时，便捂口轻咳，目光却还在字里行间爬上爬下，往往读到天亮。往往是天亮时妻端碗羊奶来，劝他喝，说常喝牛奶羊奶，肺里的病灶会慢慢钙化，钙化了，就没痨病了。

妻是为了营养他，才买三只小羊来放牧的。原先都圈在屋后的草坡上养，三只羊一天下的奶，够七口人早餐喝个半饱。阖家欢喜着呢。谁知事隔不久，三只羊被后山的狼相继叼走两只，仅存一只。儿女们甚为愤怒，都想杀进狼窝去，灭绝那群孽障。两只山羊接连被狼叼走，厄运的刀，在吴月琴脸上刻下忧愁，她只好叮嘱儿女们"好生看护小白山羊，现在只能靠这只羊，保你们父亲的命了"。

苦难使人早熟，儿女们尽管都吃不饱，都馋，但每每见煮熟了的羊奶，大的让小的，小的让老的，第一碗，总是先端到书房里来。过后去看，满满一碗羊奶，凉了，面上结一层皮。

王淦昌不喝，而给小女，小女遵明病弱呵。遵明生于第六次搬迁途中，王淦昌为其取名遵明，许是纪念从苦难中抵达光明之城，希望之城吧。

他怪怜爱这生于逃难中的小女，每次听到她啼号，都掀布幔去逗她一番。他更爱怜女儿的妈，妻似乎未饱餐过一顿，乳泉大概已告罄，缺奶喂这幼小生命了。

然而，更使王淦昌感到欣慰的是，她的这位识字不多，却温顺贤良的爱妻，不仅以自己柔嫩的双肩挑起家庭生活的担子，在培育教育子女上，亦是认真严格的良师。她经常对孩子们说："小孩子从小要养成诚实守信的好品德。"要孩子们以父亲为榜样，有理想，有抱负。每天一放学，她就督促他们写作业，写完作业才能出去玩。二女儿韫明从小想当医生，考取贵阳医学院后，父母既喜亦忧，贵阳离湄潭山隔路远，交通不便，何况战争时期。吴月琴着实忧虑不安。去，令人不放心；不去，岂不耽误女儿的学业和前程？她和丈夫再三商量，将女儿转到浙大生物系就读，这才使心踏实了下来。

真是感天动地慈母心啊。

王淦昌依然醉心于期刊里迟到的信息，醉心于他的科教与科研，往往做到深更半夜，被人再三催促，才打手电下山。那光点，宛若寻夜路飞下的流荧。他并未多想生活的困苦。

为了渡过难关，教师中有人做起了小本生意。有人到附近中学兼课，有的当家庭教师，有的卖字画，甚至还有摆香烟摊的，无非是挣点外快补贴家用。一日，一位好心的同事得着一治肺病的偏方，前来送给他，恰巧遇见他一家人在吃饭，一眼瞥见桌上的素食淡饭，顿生感慨，走进他的卧室，却见墙角堆满《物理评论》等中外期刊，以及学生们的试卷本册。生活如此清苦淡泊，条件如此简陋，还要昼夜不停地钻研学问，禁不住唏嘘感叹一番，便向他建议道，我们合伙做点小本生意吧，此地中药材便宜，贩到内地加工成药，可从中获一点小利，多少能缓解一下经济拮据的燃眉之急。

王淦昌当即好言谢绝这位同事的建议。

他说："苦是苦，但苦日子总会有个尽头，我们能承受得了。实验条件差，也能千方百计寻找代用品，要是丢了事业，丢了教师的本分，今后怎么向后代交代呢？"

他没有时间去哀叹生活困苦，也没有时间去做生意，跑买卖，他更舍不得丢下他正苦心追求的基本粒子家族中最神奇的美神——中微子的研究，他正在寻求捕获她的新方案。这是他未完成的梦，七八年前，他将它失落在德国的柏林了，如今，他要寻找回来……

自从泡利在1930年提出中微子可能存在的假说和费米1934年提出划时代的β衰变理论以后，世界物理学界的巨星们，都被中微子这个基本粒子家族中最神奇的一员诱引得十分兴奋、活跃。他们同时也像不幸的求爱者，对她模糊的迹象苦苦猜想。然而，她却像美神那样在迷雾中自由欢翔，不肯向谁展露她的仙姿丽容。由于她不带爱的电荷，既可以避免与他物相撞，又能躲过追恋者的目光，就更显得神秘了。

物理学界为之迷惘。

天才的玻尔，竟为她产生能量失衡的梦魇！他的梦魇动摇了牛顿的三大定律之一。物理学界大为震惊。他们纷纷撒开猜想之网，寻找那个能使物质世界恢复守恒的美神。仿佛找不到她，物理就变成无理，人间的一切天才将因此陷入无知的窘境。这样，她又以更大的魅力，诱发科学家的才思。

聪明的泡利于是提出：原子核内部还存在一种自旋力为二分之一的电中性粒子。这个著名的猜想，稍稍能稳住牛顿的能量守恒定律。但泡利只像说出一个梦。他发现了美妙的猜想又想在纽约的中国餐馆对好友比拉藏匿他的天才假说。他说："我认为我比狄拉克聪明。我不认为我将发表它。"这样，泡利的预见，只是到了"β谱的上限"就犹豫不前了。

因此，能量守恒定律还是处于困惑之中。

困惑中的费米，终于依据泡利的假说和海森堡的结构模型，以及另一种理论，加以运算与测量，为中微子的存在提出划时代的理论，推翻了在β衰变过程中能量不守恒的观点，轻轻拉开压在玻尔胸脯上的梦魇之手。

于是，群雄纷起，都想通过实验，通过论文，证实泡利的假说和费米的理论；都要争先进入维护物质世界能量守恒定律的科学军团。

1932年1月，王淦昌用计数器精确地测定出RaE的β谱上限，有力支持了泡利的假说。1933年费米以中微子假说为基础，建立β衰变理论。他用光子类比电子和中微子，仿照狄拉克处理电磁场的量子电动力学，来解决β衰变问题。这个理论解释了β能谱的形式，β衰变的平均寿命以及其他一些特征，而且提示了自然界在引力和电（磁）力以外，存在着第三种力——弱相互作用。由此，它也为随后（1934年）出现的介子理论和强相互作用的发现起了启迪的作用。可是，费米把这项有历史价值的工作写成论文于1933年12月寄给英国《自然》周刊，却被退回，理由是"它具有太多的空想，远离了读者所感知的实在"。于是他只好转寄德国刊物。它一发表，就引起广泛注意。

尽管众多科学家都支持中微子存在的假说，却未能确凿证实中微子的存在。这样，从1930年到1941年间，科学家们的心境颇像迷失方向的朝圣者，因为找不到神庙而焦愁。由于找不到关键，他们的论文不过像一团团瑞云在那座飘游不定的中微子神宫四周浮动，无一能指明找到她的途径。

王淦昌或许是这众多的朝圣者中最痴情入迷者了。他崇拜泡利和费米，故选中泡利的假说和费米的理论。但王淦昌有自己的物理信念，他认为："泡利之假说与费米之理论，固属甚佳，然无实验证明中微子之存在，则两氏之作，好似空中楼阁，毫无价值，而β的放射之困难仍未解决。"如能证实中微子的存在，将是实验物理学的一大成就。

然而这种粒子是很难检测到的。这一点，连泡利都不否认。

王淦昌是带着某种遗憾离开德国的。他常常因自己未能对中微子的探测"继续努力一把"而失去发现的机会自责。在连年的战乱，颠沛流离的教学生涯中，他始终未能忘怀萦绕在心头的那个梦，常常以浓厚的兴趣和敏锐的目光，注视着这方面的研究动向。

同属于创造性思维的科学，物理学与文学艺术有着某种惊人的相似之处，即需要灵感，也就是常说的"顿悟"。灵感的到来绝非等待可以得到，而是靠高度的专注与长久的思索。那骤然绽放的智慧之花，全靠心血浇灌培育，离了辛勤劳作别无他途。人所共知的古代科学家阿基米德发现"浮力"的秘密后，竟然赤身裸体跑到大街上，此种境界非一般人所能达到。

地处偏僻的湄潭山镇的浙江大学，虽没有欧洲哥廷根那般优雅恬静的校园，却是汇集了除王淦昌外，包括束星北、陈建功、苏步青等一大批中年英才，学术空气异常深厚。在繁忙的教学活动之余，他最大的乐趣就是读书。在连年的迁徙流浪之中，屡遭兵燹之害，学校的图书却能保存完好，国外的物理杂志往往因战争而邮路受阻，常常拖迟数月甚至一两年才到达，即使这样，王淦昌亦能捧着一本过期的刊物从头翻到尾，从每一页的字里行间，捕捉新信息和新的题目，使自己的思维紧跟世界物理学界研究发展的动向。

这一天，他授课归来颇感疲劳，阵阵咳嗽还伴有微微的虚汗。他卧床之后随手翻阅一本新到的美国《物理评论》，读到哈尔彭有关探测中微子实验的文章后，心有所动，禁不住喊道："不，不应是这样！"灵感如振翼的小天使向他飞来，那冰冷的美神绝逃不过爱的神矢！此后，他连续阅读了尽可能搜集到的有关这一类问题的文章，经过反复思索，终于写出一篇辉煌的短文。

文章明确指出：

众所周知，不能用中微子自身的电离效应来探测它的存在。看来，测量放射性原子的反冲能量或动量是获得中微子存在的证据的唯一希望。克兰和哈尔彭已通过用一个云雾室测量发射出的β射线和反冲原子的动量和能量，得到了倾向于中微子存在的证据。可是，由于反冲原子的电离效应很小，似乎有必要考虑另一种不同的测控方法。

当一个β^+类放射性原子不是放射一个正电子而是俘获一个K层电子时，反应后的原子的反冲能量和动量仅仅取决于所放射的中微子，原子核外的电子效应可以忽略不计了。于是，要想求得放射的中微子的质量和能量就比较简单，只要测量反应后原子的反冲能量和动量就行了。而且，既然没有连续的β射线放射出来，这种反应对于所有的原子就都是相同的。

落笔之后，他搓一搓手，起身眺望窗外，秋天的夜空深邃而高渺。他在寻觅，寻觅那颗星，那颗属于他的希望之星。宇宙是多么广阔啊。

王淦昌这篇论文的关键之点，就在于把普通衰变末态的三体变为K俘获中的二体。这就使中微子的探测有了实际的可能。对于中微子，王淦昌抓住两条，其一是对放射源的选择，其二是K俘获过程的深刻印象和灵活运用。王淦昌建议用Be_7，因它没有任何连续辐射发生，而所有Be_7的原子反冲都有相同的动作。在此之前，虽然美国物理学家罗伯特在研究锂元素的过程中曾提到了Be_7的这一特性，但只有王淦昌才真正理解到Be_7对反冲实验的意义。

Be_7的选用其意义显然不是仅仅技术上和细节上的更动，它把前期核反冲实验推进到"反冲动量存在"的肯定性结论，这使当时的物理学界为之受到鼓舞。

王淦昌的《关于探测中微子的建议》一文于1941年10月13日寄往美国的《物理评论》杂志，1942年1月即刊出。几个月后，美国物理学家阿伦于1942年6月在《物理学评论》上发表了《一个中微子存在实验证据》的实验报告。在报告的引言中说是按照王淦昌的建议做这一实验的。阿伦实验所用的Be_7样品较厚，再加上观测设备的孔径效应，未能观测到单能反冲，实验结果与理论预测有一定出入，但这一实验还是引起了国际物理学界的注意。1943年10月，卡诺平斯基在美国《现代物理学评论》上发表一篇《β衰变》的长达36页的论文，引言中说，阿伦根据王淦昌的建议所做的实验，"似乎是最接近决定性的……遗憾的是这个方法在定量方面要做相当大的修正。因此，中微子的现况可概括如下：也许还没有一个完全确定性的方法检测单个中微子，但中微子是能够将众多已知事实关联起来的唯一假说。通过费米理论也许完全充分地证明了这一点。"然后以主要篇幅介绍费米理论的成功及其局限。在该文作者看来，王淦昌—阿伦实验结果已为中微子假说和费米理论奠定了实验基础。

1943年后，王淦昌不满足阿伦的实验结果，仍锲而不舍地思考探测中微子的问题，以后，又在《物理学评论》上发表了《建议探测中微子的几种方法》，并一直在寻找新的实验途径。

《关于探测中微子的建议》一文，曾有过一段饶有趣味的插曲。它先是被寄给国内的《中国物理学报》，但却未被刊用退了回来。后来此事被继任《中国物理学报》主编的钱临照先生知道了，他颇为遗憾地感叹道："这对《中国物理学报》是一个损失，真是失之交臂啊。"由于王淦昌这篇文章对物理学的贡献，1943年，美国《物理评论》无可争议地将其评选为该年的最佳论文之一。

《关于探测中微子的建议》一文，吸引了全世界的物理学家，他们将目光投向了中国，注意到了这个昔日被称作"东亚病夫"的中国，这个被侵略者的炮火震荡得日夜不宁的"东方剑桥"，有像王淦昌这样优秀的科学家，他们在饥饿与战乱的袭扰下，仍能孜孜以求地钻研科学，并为之作出卓越的贡献。仅

1943到1947年间，他就在国内外学术刊物上发表了10篇论文，其中实验方面的有8篇，几乎都与核物理有关。

偏僻的湄潭山镇经常是云遮雾绕，阴雨绵绵，难得见几个爽朗的晴天，颇像是愁眉苦脸的老妇人，因拿不出更丰盛的食物养育这些中华民族最优秀的儿女们，而感到揪心难过。有件事，甚使湄潭慨叹不已：湄潭人居然不识与他们同生死共患难的天才学者！

一天，天也阴，也很闷热，云幛都快垂到地面了，湄江水都翻起了浊浪。面容憔悴的王淦昌匆匆上街，想给病中的小女儿买半斤猪肝煲粥喝。那屠户顶瞧不起他，把眼一翻，"你女儿病了关我啥事？"他气得无语答对时，屠户便很可怜他似的，乜斜着眼说，"卖你那只白山羊给我吧，我割一块羊肝送你"，王淦昌一路无话，回家去，照常临窗写论文。羊正好在屋后的岩石上，口衔青草望着他，像要安慰他说："吃了草，会多流奶的，别愁呀。"

天却是愁的，那愁思一闪，远山便响雷，湄潭回鸣着，发出沉重的叹息。

中微子，像科学家们永远的恋人，20世纪的大科学家们都曾先后追恋她。查德威克、迈特内、尼尔斯·玻尔、泡利、爱因斯坦、卢瑟福、特罗克斯、王淦昌、莫特、埃利斯等等，有的为她短跑，有的因她而长跑，在他们追求物理美人的生命苦旅上，留下多少令人嗟叹遗憾的故事，也曾闪现小有收获的瞬间喜悦。

《关于探测中微子的建议》一文，并非因为荣登了美国的

《物理学评论》才带给他欣喜,他在写这篇短文时已因感受到她芬芳的体息而快慰自怡了。对于粒子世界来说,每个天才的追恋者,都享有博得其美目青睐的机运。当王淦昌发表他的范旭东先生纪念奖金论文《微中子问题的现阶段》时,那物理美人中微子显然报以他回眸一笑的柔光。因为他谈到利用核反应堆验证中微子的那段文字,触动了中微子的芳心,使她感觉到这位东方文明古国的天才,离她最近。倘若他能以完备而优越的实验条件去叩开她的闺房,她将赠予他的珍品必定是一个诺贝尔物理奖。

在《探测中微子的建议》发表45年之后,王淦昌第二度访美,不期交上一个同胞好友。原来,美国学界在这位东方物理大师莅临美国陆岸之前,马里兰大学组织了一个欢迎小组。正在该大学做访问学者的我国科学家贺贤士教授,恰是欢迎小组成员之一,他为自己的导师写了一篇王淦昌传略,载于《华侨

1987年访问美国马里兰大学向校长托德(Todd)教授赠送礼品

日报》上。马里兰大学教授、粒子物理学家张仲云看了该报，喜出望外地欢叫起来，“呵呀，我多年要找的K. C. wang，原来就是G. C. wang，真是踏破铁鞋无觅处，不觉大师将莅临呵。”原来，张仲云的博士论文曾引用过K. C. wang 1942年发表于美国《物理学评论》的《关于探测中微子的建议》一文。为此，他多年来一直关注K. C. wang的科学活动情况，但总难接收到有关信息，如今才知道，K. C. wang与G. C. wang原来是一个人。此次会见后，张仲云写信给王淦昌，表示要利用台湾大核电站的中微子源做二次中微子实验，盼能得到王淦昌指导。

遗憾，张仲云的这封来信晚了40多年，而40多年前，新中国还不可能为王淦昌提供这么好的实验设备。王淦昌的探测中微子的建议和俘获中微子的调查设想，被拥有加州萨凡纳河畔的强大反应堆的美国学者莱因斯和考恩得以实现。

1956年，他们取得初步结果时，费米已去世，唯一得到他们报喜的泡利，哀叹一声，当晚回电说：“得电深感，知道如何等待的人会等到每一事物。”但等了近40年后才因此获得诺贝尔物理学奖的一半，这朵蔷薇也开得太晚了。

其实，王淦昌在发表了《关于探测中微子的建议》一文之后的1942年，就已对他的高徒许良英预言，此项研究必得诺贝尔奖。他在此前后，也曾对孙沩讲过。尽管他是个“知道如何等待”的人，而且为这朵迟开大半个世纪的蔷薇花费了不少心血，并做了极为关键的催花工作，却因实验环境和实验设备等等因素，未能如愿。

不过，他的导师吴有训先生，鉴于那篇"建议"的深远意义，为他申得范旭东奖金。他是获得该奖金的第二个人，因为该奖项解放后不设，他便也是继侯德榜之后，获得该奖的最后一人。他将获得的1000美元，分送给生活困难、曾给过他帮助的师生。

仅此，他也是感到万分荣幸的，毕竟，这是国人之奖，民族之奖呵。

在贵州的最后一堂课

湄潭阴晴无常，雨云聚散不定，但那在晨钟暮鼓中从湄江爬上岸来的雾絮，却常常引发人的忧思。

王淦昌登报召回许良英和周志成后，常嘱他俩，要专注于探索粒子的研究工作，别再让宝贵时间流逝。因为，从外国期刊提供的科技信息看，我国被甩得太远了。他恳求他的天才学子，一道去叩开粒子世界的神秘之门。

1941年7月12日，英、苏两国首先签订联合作战协定，同年，美、苏两国首脑签署了《大西洋宪章》，阐明了反法西斯同盟的基本原则，待到1942年年初，便有26个赞同大西洋宪章的反法西斯国家在华盛顿签署了著名的《联合国家宣言》，至此，国际反法西斯同盟正式成立，它为彻底消灭法西斯，早日结束第二次世界大战作出了贡献。在广袤的中国战场上，抗日战争取得一个又一个的胜利，师生们常常交换各自得来的令人振奋的好消息。仿佛是一个个好消息带来了好运，湄潭小镇晴朗的日子也多起来，歌声和笑声在清晨和黄昏时分，伴随小镇上的缕缕炊烟轻轻飘荡，人人心里都揣着一个希望，就像每天一起床，就能望见红日从黎明的雾海上浮起来一样，盼望战争取得胜利。

王淦昌虽然常年沉湎于物理的教学与科研中，但对抗战形势以及国际时局还是很关心的。他经常将听到和看到的有关消息告诉自己周围的人。一天，他路过几个年轻助教的办公室，想找许良英谈谈关于一年级物理教学进度问题。见到许良英，王淦昌说："我上次给你的两本《物理评论》你看了没有？抽空到我家去好好讨论讨论。"说罢，便在他的桌前坐下了。许良英忙敷衍道："文章我读过了，我正想就几个问题找你探讨呢。"话未说完，只见王淦昌回过头来盯着他看，半晌才说："原来你在研究哲学！"

许良英面带赧颜，望着桌上的几本康德和黑格尔的著作，难为情地说："偶尔翻翻而已。"

其实，连这几本哲学著作也是装样子的。

王淦昌哪里知道，这位他曾经抱有很大希望的学生，再次辜负了他的希望。他除了每周四节讲授普通物理课以外，其余的全部精力都投入了地下党的秘密活动。

心照不宣的王淦昌并无责备之意。只是颇为惋惜地叹了口气离开了。

渐渐地，岁月的脚步加快了。

那是1945年7月的一天早上。王淦昌起床后如往常一样打开收音机，听到了关于《波茨坦公告》的内容，心头为之一振。因为在此之前，也就是5月8日，法西斯德国彻底失败投降。英、美、苏几国首脑便在德国柏林西南波茨坦附近的一个地方再次举行会晤，讨论战败后的德国的经济、政治、赔款等一系列问题，这便是波茨坦会议。会议的第二项内容，即是如何结束对日作战问题。因苏联当时尚未对日宣战，决议遂以中、美、英三国共同宣言的形式公之于众，此即《波茨坦公告》。

几乎在同一个时辰，浙大的许多教师和学生都收听到了这条新闻，都为此感到兴奋。在宿舍，在饭厅，在办公室，人们都在议论着，"日本鬼子就要寿终正寝啦，中国人的苦日子就要熬出头啦……"王淦昌上午授完课回家吃午饭，在饭桌上向家人讲起这条消息，年长的孩子立即能理解，战争就要结束了，我们很快就可以返回杭州了，一种欢愉的气氛，充溢着整个家庭。依旧是简衣陋食，依旧是艰苦的环境，人们却有一种从未有过的松心与快慰。

几天之后，消息传出日本拒绝接受《波茨坦公告》，阴云又遮住了湄潭山镇，人们心情又沉重起来。忽然间，如闪电撕裂云空，一条惊人的消息使湄潭山镇沸腾了。美国人连续在8月6日和8月9日上午向日本的广岛和长崎投掷了两枚原子弹。遭此毁灭性打击的日本政府，不得不在8月14日照会美、英、苏、中四国政府，宣布完全接受《波茨坦公告》而无条件投降。

自从哈恩和迈特内发现了铀核裂变后，物理学家们便预感到某种可怕的前景，美国人终于抢在德国人之前造山原子弹并使用了它。

大学生们包括一部分青年教师，都以惊异的目光相互探询，原子弹是什么？它为啥有这样大的威力？仿佛是个骇人的梦，又是个难解的谜，挂在许多求知欲甚强的年轻人的心头。

以日本人投降为契机，浙大举行了一系列活动，借以对全体师生进行爱国主义教育。

文学院以"庆祝抗日战争胜利"为题，举行大型征文活动，众多师生以自己的切身感受，抒发抗战八年的所见所闻和爱国情怀。

歌咏团和演剧社则举办大型文艺演出。"唱凯旋之曲，抒民族之声"的巨大横幅挂在会堂，有的赞颂抗敌勇士的伟绩，有的缅怀抗日英烈的亡魂，有的则高歌祖国河山光复的豪情，场面甚是激动人心。

物理系的活动更是别开生面而富有实际意义。

王淦昌应邀作关于原子弹原理的知识报告，来听课者除物理系师生外，旁听者不计其数。

王淦昌的报告分五个部分：

一、什么是原子能；二、什么是链式反应；三、世界上第一座原子反应堆；四、原子弹的简单构造原理；五、科学家对原子战争应有的态度。

在座无虚席的大礼堂内，王淦昌作了两个半天的报告，他从容不迫，侃侃而谈，知识的溪流汩汩地流进听者的心田。

"……人们不禁要问，怎样才能把原子核里所蕴藏的巨大能量开发出来呢？也就是说，怎样使原子核里的中子和质子的数目发生变化呢？简单地说，有两条途径：第一条就是要使原子核发生'裂变'，就要使较重的原子核分裂成较轻的原子核；第二条就是使原子核发生'聚变'，就要使较轻的原子核合并成较重的原子核……"

他轻轻呷了口茶水，又继续讲解：

"原子的蜕变，是原子核的自发裂变；由于是自发的，所以很难用人为的方法来加速它的蜕变过程，也就很难有效地利用它放出来的能量。能否人为地使原子核发生裂变呢？……"

他列举了卢瑟福的研究。

1919年，卢瑟福实现了第一个人工裂变，他用速度达2万公里／秒的炮弹——α粒子轰击氮原子，成功地把氮分裂成氧和氢。

虽然实现了核的人工裂变，但这样的核反应还没有使原子能具有应用的可能性。

自从1932年，英国人查德威克发现了中子，人们就改用中子做轰击原子核的子弹。中子这种子弹比α粒子犀利得多，因为中子不带电，所以它不会像α粒子一样受到原子核的电性斥力而降低命中率。

1939年间，约里奥在研究原子能时，发现用中子轰击铀原子后，原子核分裂成大小比较接近的两半，同时放出1到3个新中子，这些新中子当然又能使别的铀核发生同样的分裂，这样就可以实现一个"链锁反应"。有如雪崩一样：一粒沙子降落，就会搅动一些雪花，这些雪花搅动的时候，又带动更多的雪花一同降落；这样从一粒沙子开始，引起一个大雪崩。同样，一个中子在适当条件下可以引起一个链锁反应，使数不尽的千千万万个铀核分裂，这样就可能在极短的时间里把大量能量释放出来。

接着，他又谈到原子弹和氢弹的简单原理，即要从纯粹的铀235或239中提炼，使它达到一定体积，即临界体积时，遇上中子的轰击，就能够产生链锁反应，因而产生强烈的爆炸。

王淦昌在结束自己的报告时，激动地说道："前天的新闻广播称，广岛在原子弹爆炸后，爆心附近所有的房屋瞬间着火，并即刻被冲击波摧垮荡平，全市大多数建筑相继倒塌倾圮。成千上万的人在炽烈的光闪中灰飞烟灭，近20万人在几分钟内死亡。美国的一个上校说，为了少死几个美国小伙子，炸死他几十万个日本鬼子，值得……"

他的讲话立即被欢叫声淹没，老百姓们高声道，"这样的弹，多扔几枚呀，炸掉日本那个贼窝，杀绝日本鬼子，世界才得安宁呵，炸呵，再炸呵！"人声汇成怒潮，愤怒的声浪撞响了湄潭的山山岭岭。

那天恰是圩日，赶集的老百姓又特别多，偏僻山乡的人最爱看热闹，不约而同来听会，听到世间有能杀死那么多鬼子的炸弹，想多解恨多解气，怒吼起来，声浪一阵比一阵高涨。

台上，王淦昌好不容易等到声浪平息，继续说："我们为美国科学家首先研制出原子弹，为反法西斯战争作出贡献而感到高兴。但作为一个中国人，一个核物理学家，我愿借此机会讲一讲原子能的和平利用，讲核能开发的前景，人类毕竟需要耕种与收获，而不是毁灭。"

浙大，真的要搬迁回杭州了。

1988年7月王淦昌参加在意大利召开的世界战争与和平国际会议

东归后，再度负笈远洋

抗战胜利的喜悦如浪潮席卷湄潭山镇足足有半个多月。

八年离乱，浙大六次西迁，搬家是搬出经验来了。这或许是最后一次大举搬迁，时间定在1946年的5月7日，正式回杭，分期分批，水、陆交通各行其道。学校里的图书期刊、实验仪器都已装箱捆扎完毕，只等启程运走。到了6月份，天气渐渐转热，各系师生已陆陆续续返杭，尚有少部分年轻教师未离去，他们在空空荡荡的楼内晃来晃去。王淦昌见了，甚为时间的荒废而惋惜。他是个爱惜时间如生命的人。于是他决定利用这个把月的时间，给青年助教讲电动力学理论课，使年轻人不仅学到了有用的知识，更领会了作为一名教师应有的责任感。

浙大年轻的教授王淦昌此时已届不惑之年。自从西迁以来，尤其是遵、湄时期，他带病坚持教学、科研，硕果累累，深受学生们的敬爱。有的学生大学毕业即将走入社会，想起恩师多年教诲，不免依依难舍。他们便自发组织了一个祝寿会，庆祝淦昌师40寿诞。没有生日蛋糕，就用清茶点心代替，场地不够就借用邻居丁绪宝老师的家，还有人拟就一副寿联，书写好贴

1997年4月2日王淦昌回到浙江大学作报告，受到物理系师生的欢迎

在正中墙上。上联：呕心沥血十数载桃李芬芳；下联：饮水思源念恩师功德无量；横批：松鹤延年。

师生们聚在一起，唱歌朗诵诗，有几位同学是参加过战地服务团的，编演过一些反映军民团结，互助互爱的小剧目，表演起来得心应手，优美动人。祝寿会的高潮是讲师杨有樊的一曲二胡独奏《光明行》，乐声激昂，预示着王淦昌教授一家及物理系所有师生，胜利返杭，踏上光明坦途。

八年的流浪生活终于结束了。

杭州城脱去了战袍，换上旧时的衣衫。

浙大校园内，昔日的教学楼、科学实验楼、图书馆多处倾圮，并留有战火硝烟的痕迹。屋檐下的蜘蛛仍在网中做着美梦，齐腰高的牛蒡草埋没了园上小径，唯有荷塘中支支红、白花朵，从污泥中伸出婀娜腰肢，显得格外艳丽动人。经过一个多星期的修葺、清扫、重建，学校才逐渐恢复了原貌。

为了重建浙大，学校召开了动员大会。竺可桢校长发表了热情洋溢的讲话，高度赞誉浙大师生八年来的团结、坚韧、吃苦、耐劳精神，并号召大家发扬传统，继续为把浙大办成一个培养优秀人才的一流大学而奋斗。

一阵秋雨一重寒，转眼又是重阳节了。

这一天，王淦昌分外高兴。他已获悉，全国将选派12名教授和研究员赴美从事科学研究，经费来自美国联合对华资助的研究补助金。浙江大学仅两个名额，一名是数学家陈建功，另一名就是他了。西方认为：人生四十始。

1951年中年时代的王淦昌

中国传统谓之：四十不惑。

王淦昌正当这样的年龄，再度扬帆出海。

虽然他的《关于探测中微子的建议》一文曾经成为世界物理学界轰动的事件，可他并未因此踌躇满志，就此不前。此番重新出洋考察研究，正是他梦寐以求的，他将在物理学的前沿领域就许多问题和美国同行展开共同研究。

临行前，他有几项工作要交代。有几位教师需要生活补助，申请已久，尚未发放，需敦促；许良英、周志成因参与爱国学生民主运动，校方曾下令解聘，是王淦昌千方百计保护下来继续留校执教，不知此事是否又有新变化。他去到系办公室，却不见许良英等人的踪影，王淦昌已猜中他们在从事自己热衷的"革命"活动，也不便明讲，只暗中保护而已。

竺校长设便宴为王淦昌、陈建功赴美饯行，并有几位老教授作陪。

殷红的葡萄酒在杯中轻轻晃动，那是竺校长的手在颤抖。王淦昌不禁双眼潮润了。家有家长，国有国君，浙江大学有竺可桢这样优秀的校长，实乃幸事。他忍着丧妻失子的悲痛，带领大家坚持到抗战胜利，使全校师生员工安全返回杭州，实在不易。眼前这番景象，使他联想起刚从山东大学调到浙大时，竺校长也摆酒设宴为他接风，几多期望，几多重托。战火硝烟，颠沛流离，严峻的考验已经过去了，浙大不仅没有垮，反而培养出一批优秀人才。

竺可桢动情地说："这第一杯酒应为庆功酒。二位教授为浙大的教学真是披肝沥胆，建树不小，我这位不才的校长对你们帮助太少，实感惭愧。"王淦昌、陈建功忙起立回敬校长："竺校长的扶持和栽培，我们终生难忘。"

"这第二杯才是饯行酒。"竺可桢继续说，"此番赴美研究重任在肩，我们大家莫不翘首相望。美国科研居世界领先地位，世界各国英才荟萃，二位跻身其间，一定得弄出点名堂来，不负国人之期望……"

伯克利，一双黑眼睛注视着

王淦昌是从战争硝烟里活过来的。

他从祖国的废墟上走向美国。海风大概还未吹散他身上的硝烟气味儿，太平洋雨水尚未洗净战争留在身上的痕迹。

在世界物理学界，没有哪个群体有像王淦昌这样的中国科学家们与其祖国同受侵略战争长久磨难的。

在抗日战争中，流亡数千里，长期过着流亡生活的浙江大学的师生，将会一代接一代地把苦难的记忆和民族仇恨，传递下去。对于他们，爬满花蔓的和平篱墙，远不如带刺的玫瑰花墙可靠。

王淦昌的心境，如同他的千疮百孔的祖国大地一样，满布侵略者留下的创伤。

他是这样来到美国的。

曾与中国并肩抗击日本侵略者的史迪威的美国、罗斯福的美国，以及聚集着大半个世界著名科学家的康普顿、鲍林的美国，在上帝仁爱的光辉下，迎接这位中国的骄子。这位提供俘获中微子方法，而使科学界恢复心理平衡的中国物理学家，也以他天才的光辉投射到美国的口岸。

比起王淦昌废墟遍地的祖国，美国是最幸运的国度，两次世界大战的战场，都远离美国大陆。

和平之神不断地在这片沃土上播种花籽与谷种。美国在两次大战中将杀人武器高价卖给战魔的时候，上帝工匠们忙着为他们锻铸犁耙和镰刀。

也许谈起美国强富的历史，坦率的美国人会忆起不光彩的篇章，比如欧美大陆肆意贩运非洲黑奴的活动中，他们祖先扮演的角色，并不次于令人切齿的希特勒、墨索里尼和东条英机，而美国在其资本积累初级阶段对土著印第安人的杀伐，更是在自由女神高贵尊严的法典里，给人权那一章蒙上尘封的羞耻。

王淦昌不是来研究美国发家史，也不是来美国观光，而是应美国同行之邀，来美国做课题研究工作的。他要抓住良机，打开美国的科学宝库，识辨前沿课题的径迹。他要利用第一流的实验设备，做一些在国内无条件做的课题研究。

王淦昌所做的论文题目是"海平面上的介子衰变"。关于宇宙线中介子衰变的研究，王淦昌在国内就做了尝试。U介子蜕变为电子与中微子的情形引起他极大的关注。赴美前，王淦昌慎重考察分析了自己这一时期的想法和工作，重新确定了研究介子衰变的方案。在美国工作只有一年的费用，王淦昌接受了布罗德的意见，搞多极云雾室，并采用高压气体的吸收方法，不到一年时间，得到了初步成果。王淦昌和琼斯合作的论文《关于介子的衰变》，文中指出："显然我们的结果不能支持负介子补加速衰变的假说，而是更有利于某些负介子可能被铝核俘获的假说。因为20个介子停止在铝片内，我们已观测到8个未给出衰变电子。"王淦昌对这个实验并不十分满意，因当时没有用磁场使他吃了很大的亏，当他在回国前带了自己拍的U子衰变的照片去见费米教授时，费米却颇为赞赏。

至此，他有点儿空可以拜访欧美的同行了。从他们介绍的境况看，美国确实为全世界科学家提供了较为安定的科研大环境。美国几百所大学的研究所，更是为科学家提供了最精密最先进的实验设备。而且，美国财团较之欧洲国家企业界，更愿为科学研究项目慷慨解囊。何况，美国科学界的豪富学者对他们的国外同行，一向热情对待，并且，尽一切可能为他们安排较为舒适的环境，争取较高的待遇。以致许多欧洲同行逃出欧洲战场来到纽约口岸时，老远望着港外屹立在小岛上的自由女神塑像，都情不自禁地欢呼：我们终于到达仙境了。

老玻尔就曾产生奇妙的幻想——美国同行不忘笑谑那位比上帝纯洁而神圣的丹麦圣人——他的方舟临近自由女神视野时，真想变成白鸽，在女神桂冠上筑个永固不朽的窝。

但是，也有例外，并非所有的外国同行都自愿聚焦到爱因斯坦在美国建造的科学教廷。德国个性极强的同行，是被阿尔索斯组织抓来的，他们至今仍然想抹掉俘虏的羞耻。美国同行笑着讲起一件事。阿尔索斯搜捕德国人才是不择手段的，他们在慌乱的布瑞曼抓到一名"原子科学家"，经过三番五次审问和试验，发现这个人不会侍弄烧杯和试管，但要他缝制衬衫和袜子时，却表现出高超的缝纫技巧。原来是由于他的名字叫海因里奇·约旦，以致使阿尔索斯人员误以为他是马克斯·玻恩的学生、著名物理学家帕斯库尔·约旦了。

"这样也好啊。"王淦昌笑着对他的外国同行说，"贵国留下那个高级裁缝为美国缝制裤子吗？"

那位同行不无惋惜地摇摇头："宪兵把他送走了。"

王淦昌欣赏美国搜罗和聚集世界各国科技人才的明智举措，他为美国感到遗憾的是，大概只有放走海因里奇·约旦这一件事。

许多年之后，当同行们提起美国放走那个高级裁缝师海因里奇·约旦一事时，他不无幽默地摇头叹道："唉，美国当局太不顾羞耻了。"

王淦昌在国外的成就传到国内，使关心他的人们感到兴奋。在他将要踏上故土的一个多月前，竺可桢校长与王淦昌的启蒙老师恰巧会面，二人兴奋地谈起了王淦昌。竺可桢在当天的日记中写道："据正之（吴有训的号）云，美国科学促进协会近百年来科学大事记，中国人能名列其内者只彭桓武与王淦昌二人而已。"

第六章

新中国的曙光

五月的黎明，沉思着

再见，康普顿的美国！

爱因斯坦、费米，聚集于美国的人类天才们，再见。

尽管美国政府支持蒋介石打内战。但科学无国界，无国界的科学天地，最能容纳人才。所以，他在1949年元月回国之际，再向美国投去一瞥，心儿便飞离这一国度，回国了。

王淦昌一回到杭州，浙大师生就举行欢迎大会，聆听他报告大洋彼岸研究原子能的状况。

浙大竖起了耳朵。

杭州竖起了耳朵。

西子湖也凝眸聆听。

三潭印月现出嫦娥会意的微笑。

报告人，也为其报告所激励，王淦昌在会后即着手安装他从美国带回的云雾室和电子元器件，潜心探究核物理的奥秘。

时间，继续做报告后的报告：当这位核物理大师在实验室寻觅新奇粒子时，解放战争的烟火，也在耕垦暗夜中的国土。那轰击旧社会黑色城垒的炮火，如一簇簇爆开的红花，以其炽烈的光闪和其炫目的美焰，展示人民解放事业必胜的前景。中国历史的黎明，是从残垣断壁中走来的。

5月2日夜晚，他在实验室工作通宵达旦，忽然想到需要一个助手来帮忙处理一个问题，忙呼叫助教，无人应答，便叫研究生，也无回声，推门望，天已大亮。雨后初晴，彩虹横空，鸟群在蓝天下欢翔。一碧如洗的园林，见不到踱步沉思的学者，唯有恋蝶双飞。人都到哪儿去啦？他摇摇头，叹一声气，还是关窗闭户，继续实验。

他不知，昨天细雨潜入夜，更不觉，晨光扫地进城来，待到有人来叩门报喜，才知解放军进城了，杭州解放了！他还浑然惊问："真的？"

是真的！我们都上街迎接解放军啦。

他才仿佛听到锣鼓声、鞭炮声、欢呼声，舒心地笑了："好极了！太好了！多好哇！"

好！中国共产党如此重视科学，1949年元月，北平还在解放军的重围中，清华园里有个教师骑自行车去西山求见叶剑英，转达师生们的请求：为了清华园师生的安宁和教学设备不受国民党散兵游勇的干扰、破坏，请派解放军进驻该大学。叶剑英十分高兴，请他共进午餐，席间仔细询问，清华园有哪些著名教授、科学家需要重点保护；哪个教学区的实验设备必须重兵把守，清华园地下党的活动情况如何。当叶剑英得知，发现"三分裂四分裂"的钱三强、何泽慧夫妇就在清华园里，高兴地举杯道："今后，新中国的科技军团，将是我中华民族的主力部队呵！"

那个教师就是后来担任核基地的副参谋长、物理学家董寿莘教授，正是他做了那件"违纪"的事，给叶剑英同志提供了联络渠道。元月31日，北平刚获解放几天，作为军管会主任的叶剑英，很快找到核物理学家、北平研究院原子研究所所长、清华大学教授钱三强同志，与他讨论组建科学队伍问题，并仔细询问他，党该怎样为科研服务。由于钱三强较早地跨入革命行列，他后来成为新中国原子核科学事业的领导人和奠基者。

好极啦！成立新中国的大会还未开呢，中国共产党却先于1949年7月在北平召开全国自然科学工作者大会筹备会。足见，党对科学寄予极大的希望。科学振兴大中华的曙光已照临我古老国土，王淦昌作为与会者，万分激动，见谁都握手，都说，"好！"拓展科技事业，太好啦！

就在新中国宣告成立后仅七天，1949年10月8日，全国物理学会第17届年会杭州区分会在浙江大学举行，会上宣布成立中国物理学会杭州分会。大会请王淦昌先作分会筹备过程的报告。

他登上讲台，以满腔激情，说出了知识分子对共产党的拥护和热爱，并表达出自己愿为之艰苦奋斗，贡献力量的决心。说罢，他开始做云雾室演示，接着宣读论文《关于介子研究》。这是他献给新中国第一个科研成果。

好，他说，从此可以醉心于科研了。

这天，他从实验室来到办公室，见到钱三强寄来的信：

淦昌学长台览：

值此新中国第一个和平的春天来临之际，我身居北国，翘首南望，遥寄祝福。

中国科学院已于1949年11月1日正式宣告成立的消息，想兄已尽知。为了广聚英才，共图发展，近代物理研究所诚邀您北上专职从事核物理研究。

淦昌兄多年来在核物理前沿方面的科学研究成果颇丰，不仅为弟仰慕亦为世界同仁所熟知。此次北上，在我们共同的大师吴有训先生的带领下，团结合作，共创佳绩。

想必毛泽东主席的预言，中华民族"将以一个具有高度文化的民族出现于世界"的实现，不会久矣。

能否如约赴京，盼速告。

此致

敬礼！

钱三强

1949年冬

王淦昌捧读信札，感到分量不轻。

钱三强及夫人何泽慧的名字，王淦昌是知道的，但始终未能有机会谋面。直至去年在京开全国自然科学工作者筹备会时，才第一次见到他，亦知彼此应以师兄弟相称。王淦昌的广博知识、深刻见解，很受钱三强赞誉。而王淦昌也知道钱氏夫妇是留学法国、在居里实验室工作过的深受党信任的知识分子。尤其是在中国历史上最值得自豪的10月1日这一天，他曾和中央领导同志一道登上天安门城楼参加开国大典。这是科学工作者的骄傲。但接到这样郑重其事的邀请信还是头一回，他便写信询问竺可桢副院长，得到的答复是极肯定的。此时的王淦昌反而显得成熟冷静起来，因为他对自己今后的科研生涯如何进行，心里也没底，便决定独自一人前往北京看一看。

12月末，他带上简便行李登车北去。一路上，他坐硬席，吃干粮，喝白开水，用他的话说，那时，一因囊中羞涩，二因私事北访。其实，依他资深教授的名分，而且曾任浙大物理系主任几年，此行确实是为调动工作的问题赴京的，可当公差论，而他却视为私事，坚持自费上京。

列车载着天才的晨辉奔向京城。

王淦昌与钱三强相见时，朝霞满天。

两度会见，两位大科学家已心灵相通。他主动向钱三强介绍了自己在国外的工作经历和在浙江大学的情况，也知道了钱三强从法国回国后到北平工作的经过，增进了相互间的了解。钱三强虚怀若谷，坦诚以待，主动征求他对今后关于核物理研究工作的意见和想法，尤其是宇宙线方面的。他看到眼前这位已享有盛誉的科学家热情、健谈，思路开阔，非常高兴。钱三强还给王淦昌看他在法国居里实验室搞科研的照片，何泽慧也拿出她在德国海德堡皇家学院（今马普学院）拍的云雾室照片。一致的意见是，利用云雾室开展宇宙线的研究，是当时最为可行的实验核物理工作。王淦昌为有这样志同道合者而欢欣鼓舞，一边与钱三强聊着，一边笑道，"好，太好了！"

正是莺语呢喃，燕翅剪雨时，中国科学院正式以郭沫若院长的名义，邀请王淦昌到科学院工作。这时，他的心情才像竺校长那样，依依恋情，千思万缕，都缠上浙大流亡的岁月，缠上这里的一草一木一楼一舍，缠上每一个师生。

他要走了，这回真的要走了，为了实现"科学报国"的宏愿，他是一定要走的。2月9日，他告别爱妻吻别儿女，向朱福炘教授等亲朋好友辞行后，乘车到上海，由于买不到车票，在苏州河畔小住几天。2月15日乘火车于16日到达北京。

当时，中国科学院还没有集体宿舍，竺副院长腾出家里一小间居室让他先住下。老校长担心他一时难适应北京气候，嘱家人提个小煤炉去暖他的居室，并在他入睡前挪到室外。这一切使他感到，北京的春天，暖在梦里。

5月，中国科学院近代物理研究所成立，吴有训任所长，钱三强任副所长。王淦昌与赵忠尧（仍在美国）、彭桓武、何泽慧、李寿楠、程兆坚等，为该所的第一批研究员。

事先，他考虑到开展科研工作的需要，顺便调来浙大的两位科研人员忻贤杰和胡文琦，把他从美国带回国的云雾室也带进京了。一切工作准备就绪，直等正式进入核科学研究工作了。

人生多么美好！现任北京应用物理与计算数学研究所所长的贺贤士教授回忆道："我是1957年进浙大读书，老师们在讲课时常常提到王老师。来到实验室，老师们也介绍哪些实验设备是王老师留下的。总之，王淦昌的名字在我进校时就印到我的脑子里了。直到1962年我调到北京和王老师在一个单位工作，我才第一次见到他。"

这位中国科学院院士深情的回忆，好像描出一颗行星光辉的轨迹——贺贤士说，淦昌师也永远忘不了浙江大学，忘不了在生活最困难时期和浙大师生切磋学术的经历。浙大师生总是感到，他仍像晨光夕辉那样，每天都关照这座校园。

1991年浙江大学举行隆重仪式，授予王淦昌名誉教授。大门口挂上纪念横幅，校园内彩旗招展，洋溢着节日气氛。浙江电视台来做现场实况演播。会上，王淦昌作了有关惯性约束聚变的讲演。

会后，他在校园散步，仍像杭州迎来解放的年月，寻思着……

东皇城根的回忆

五月的北京天亮得格外早。

地处东皇城根的一座普通的大院，门咿呀一声打开了。这座大院的门关闭了一年多，门上没有牌子，乍来北京的外地游客压根儿不知它是个什么去处。即使是久居京都的人也会因时间的推移而将它遗忘。

但是，东皇城根是有记忆的。

它记得八国联军揪住清王朝的长辫子，它记得日本鬼子由汉奸带路去抓爱国志士，它记得美军在光天化日之下强奸中国女生。它记得人性自由市场上靠卖春维生的妓女的愁容与媚笑，以及把人格卖给剥削者的狗腿子的奉承与献媚。它的记忆里已装满旧社会的罪恶与平民百姓的困厄。

困厄中，几位北平研究院科学家，也把人生的种种不幸留在东皇城根的记忆里，把彷徨留在那儿。

现在，他们所在的东皇城根42号小院，已成为新中国近代物理研究所的驻地。

1950年5月，当那两扇大门重新打开时，小院的历史便踏进新起的一行。

这一行是从改造实验设备，自己动手制造实验仪器开始的。

自此，东皇城根这所小院热闹起来。

每日里车辆进进出出，钢铁的撞击声叮叮当当不绝于耳。经过细心挑拣，那些废旧的实验器材凡能修理的都留下修理继续使用，实在残破不堪的就先拉去"库存"。难怪王淦昌说，寻找困难是一大乐事。

有件在近代物理所广为流传的趣事。

彭桓武教授为了寻觅旧的元器件，曾独自一人到天桥逛街，那时，他还未婚，生活起居，服饰外貌都不讲究。况且时值三年自然灾害，物资奇缺物价又高，他毕竟耐不住饥饿，买了几根高价油条，边吃边看，东瞅瞅、西望望，忽然肩头落下一只大手，随即听见一个低沉的声音："走，跟我走一趟。"原来是派出所的民警，怀疑他是小偷，尾随跟踪了大半天，他反复申辩也不行，只好当着民警的面打电话，近代物理所派人将他接回去，才算解除这一误会。

一天，王淦昌问他的得力助手忻贤杰，动手自建实验室有何感觉。那位天才青年说："像燕子衔泥筑巢，每天都有要飞的感觉。"

现在，他们无一不展开憧憬的翅膀。

"勤奋的人乐于进取，天才的人精于选取。"王淦昌说了"选材与取材，都得根据特殊需要抉择。缺什么，寻觅什么。可用的，即便最破旧，也比无用的宝贝大有价值。价值在于能用，且能用出新意来。"

因此，他们依然自己挑拣废旧物品。骑车上下班途中，凡见有价值的东西，或用以物换物的方式从顽童手中诱取，或自掏腰包从商店买进。偶尔得个意外，大家都乐，比上树掏得鸟蛋的孩童还要开心。

说到买，一个买仪器的故事，很让王淦昌感动。此前不久，钱三强为了便于研究工作，请求中央拨点经费，趁郭沫若院长去巴黎出席世界和平大会之机，请他的导师约里奥·居里夫妇帮助买一些重要实验设备。钱三强准备随同郭沫若赴巴黎，谁知法国政府不予签证，他只好转到第二个会场参加华沙会议。钱三强将一部分外汇委托来华沙开会的法国代表转交居里暂存，杨承宗和杨澄中分别从法国和英国归国时，就用此经费购买了器材和图书。正因如此，他更为钦佩钱三强，心想，这位清华校友不仅是优秀的科学家，更是优秀的共产党干部，党有如此重视科学事业的高知识水平的干部，新中国富强昌盛之日，并非像星点遥不可及。

这天，一个从美国回来的核物理博士，满脸童稚般地笑着出现在物理所实验室门口。那笑脸，也鲜红鲜红的。

当王淦昌得知邓稼先是刚从美国归国的博士生，才26岁时，喜上眉梢，激动地搓着双手说："欢迎，欢迎，你是我们最年轻的博士生，要做好挑重担的准备啊。"

"老师，我很荣幸在美国科学杂志上认识您。"高大魁梧的邓稼先深鞠一躬。

钱三强说，"王教授得柏林大学博士学位时27岁，比你现在大一岁。你比我们获得博士学位时的年龄都小，算是娃娃博士吧！"

"好呵，娃娃博士！"王淦昌一边热情地与邓稼先握手，一边问："听说，你们100多人乘威尔逊总统号回国，一路顺风吧？"

邓稼先说，不顺风。8月19日从洛杉矶起航前，美国移民局上威尔逊总统号搜查，提走钱学森教授800公斤图书资料、笔记本。后来船上广播说，他被软禁在那米特岛上，冯·卡门教授正和美国几十位著名科学家联名保释他。他们在筹集保释金。由于他是冯·卡门火箭研究室骨干研究员，喷气发动机组组长，他被捕的事，是美国传媒爆炒的新闻，不仅轰动了全美，也波及西欧。

美国政府比谁都懂科学家是有祖国的呀！美国政府的刁难怎能挡住那颗回归的心？王淦昌摇摇头叹道："那米特岛关得住人身，关不住人心。钱学森终归是要回国的。那么，后来呢？"

邓稼先说也不顺风，威尔逊总统号到日本横滨港时，美国当局唆使一伙人上船搜查赵忠尧24箱零部件，没发现箱里有什么原子弹秘密，但还是把他和两名教授带上岸去审讯了。

"赵忠尧已列为我们物理所的研究员呵。"钱三强急切地问，"他们没伤了他吧？"

邓稼先说，他们似乎还懂一点人类文明，只是，对他那24箱东西不恭，嘲笑他去美国捡破烂。

"破烂？"王淦昌瞥一眼堆放在墙角的废旧物，说，"稼先同志我们现在也捡破烂呵。"

邓稼先童稚般地回应，"老师们捡，我也捡。"

朝阳露出黑色云岫，从那崦嵫缺口射出金辉，东皇城根这座小院，半暗半明黄。

邻院的柿子树上，缀满硕果，圆圆的，半露成熟的橘红。

王淦昌望着那棵树，深思着。

日子既来得艰难，也来得耐人寻味。

这天是很有意思的：邓稼先发现了一块红瓷瓶碎片，极薄，对天看，看到窑工制艺图，问他，"王老师，我国古代发明，都由海上丝绸之路传到西方，他们为什么只认为我国是瓷器之乡，称我国为China呢？"

"也许……"钱三强不期然到来，笑着接过话茬。"也许我们的祖先仅只想到先进科技的和平利用，只想用火药制造爆竹和烟花，大家乐和乐和，只想用火药做'二踢脚'，在家门前玩儿玩儿，想得远一点儿的明代那个万户侯，制造47管热喷气火箭，要坐椅子上月球去会见嫦娥，和她成亲。"

邓稼先惊异地望着钱三强。他想不到这位师长日后成为中科院学部委员兼数理学部秘书，而他，紧随其后，任学部副秘书。

王淦昌则认为，钱三强这段话很有历史深意。他从邓稼先手中拿过那块红瓷瓶碎片，对天看了一会儿，叹道，"很美，但，最容易破碎呵！"

那天傍晚，王淦昌和钱三强因调试云雾室，走出实验室时，小院已浸在暮色中，唯见树梢还抹一点昏黄。他俩看见倒扣的竹筐上，放着那块瓷片，猜想邓稼先忘了带回家让其父考古。提到考古，钱三强想到20世纪发生在英国高层里的一件事。英国的大臣们为林则徐销毁鸦片烟事争论，要不要以坚船利炮对付中国清政府军，一大臣猛砸桌子主战，把中国造的精瓷花瓶震落，"咣当"一声，碎片满地。其主人痛呼古董碎裂，那个大臣却突然哈哈大笑，说，China像这桌上花瓶，不经打。

"腐败的清王朝果然不经打。有一次，派出1000清军去抵挡英军，途中，300名清兵烟瘾发作，不击自溃。"钱三强愤愤然道。

结局，王淦昌知道：我国版图和瓷片一样，被敲掉许多块，由秋海棠叶变成现如今的公鸡状。每次瞅视祖国版图，他都能感受到祖国边境线断裂的伤痛。

当詹姆斯·查德威克1932年2月发现中子时，中国东三省已被日本占领，划成了所谓的"满洲国"。

1938年12月，哈恩等西欧科学家发现划时代的"链式反应"时，中国几所著名大学却过着"流亡生活"。日本飞贼从杭州起飞，一直追踪流亡途中的浙江大学，一路轰炸到广西宜山，一次向该校所在地——标营投下118枚炸弹。那时，王淦昌还要冒着危险带领助教到龙江对岸的木棉村做原子分裂实验。

如果中国科学家当时不受侵略战争的影响，中国的高科技研究也许能与先进国家同步。

如果中国不受战乱的影响，科研环境好，那么，在法国居里实验室做出"三分裂四分裂"的钱三强、何泽慧夫妇，也许还会创造出令世人震惊的科学奇迹。而早年对安德森证实正电子存在有过帮助的赵忠尧，也不必像藏猎那样在美国东闪西躲地制作加速器零部件，天才的火箭专家、美国航天事业奠基者之一的钱学森教授的归国日程也不会那么漫长、艰险而曲折。

历史按照它的逻辑思考，如果中华民族的祖先在让西洋人认识瓷器和丝绸的同时，也让他们领略火药与火箭的威力；如果我们的祖先像后来侵略中国的西方海盗那样，老早用先进科技制造舰炮去捣毁那些贼窝，那么，东西方的文明史可能要倒置着写……

一块红瓷瓶碎片引起两位科学家感慨万端。他俩并不考证此片出于明代古窑还是清初窑场，倒是感叹中国瓷的精美其实并非罪过，罪过在于腐败的旧社会制度，旧中国比瓷器更容易被别人打碎。

钱三强拿起那块瓷片，映天看了看，说，既然人家叫惯China，那就随他们的便吧，但新中国再不是容易被人打碎的瓷器了。他们将会明白，妄图欺负中国的人，最怕中国"威胁"。

他这段话还真有三强，骨硬、志坚、气锐。骨子里，大概是要民强国强，科技高强。三强私下曾向领导进言，中国要研制核武器，他认为原子弹是20世纪高科技标志。1953年2月23日去访苏时，他想劝斯大林支持我国研究原子弹。不幸，斯大林突然中风，3月5日去世……此刻，钱三强心里无疑有那个硬东西在，词锋才如此坚锐。

王淦昌对瓷片从无贬意。瓷器虽然易碎，碎片却甚尖利，有些人家因此在院墙上栽满这尖碎片，使偷盗者望之畏却。

不过，他此刻想的还是实验室建设。他望着钱三强，微微笑道，"三强，外国强盗会想到我国国威的显示是从这些东西开始么？"钱三强顺着他指的那堆废旧物品望去，笑得满面生辉。

把宇宙放在心上

这一天，王淦昌又是在实验室里迎来早晨。他为了探索宇宙线，不时改进实验设备，往往因更换一个电子元件而通宵达旦的工作。宇宙线研究，也是他在我国开创的研究课题。他想探索新奇粒子——那些微观世界中的高能量。

钱三强与何泽慧一大早来到研究所，进门就向王淦昌报喜：赵先生回国了！

"太好了！"王淦昌闻讯大喜。

他高兴时都这样说，并现出童稚般的笑。何况，赵忠尧是摆脱羁绊归来呢。

赵忠尧带回几个有趣的故事。一个是他作为国民党政府观光团两名成员之一，去观看美国在比基尼岛核试验，之后在美国"藏猫"，暗中购买、加工高压静电加速器零部件。这件事，是萨本栋等教授委托他办的。他们为此将筹得的10万美元分别寄往美国，由他购置。由于他对安德森证实正电子存在有过帮助，美国学界都视他为名人好友，给他提供"藏猫"的活动条件，以致嗅觉灵敏的美国情报局很难找到他的行踪。当他们发现他时，他已取得合法居留权，且已将购置的零部件以及加工件分散装箱，逐件寄存到洛杉矶一海运仓库，也已办理托运手续，上了威尔逊总统号邮轮。美国当局非无能之辈，他们除了货，很是小看他托运的20余箱零件，让他带走。但到了日本横滨，他们才想起这个帮助过安德森的中国教授，绝不是为了捡废品才滞留美国的，于是再度上船开箱检查，检查人员里不乏懂科技的学者，许因是学者吧，更瞧不起那些零碎，讥笑情报人员道，先生，您难道见过垃圾箱生产原子弹的事例么？他们不得不放行那20余箱东西，却要扣留赵忠尧。由于无偷窃美国科技秘密的证据，又因中国政府的强烈抗议，以及国外进步人士的压力，加上赵忠尧矢志不移，坚持回祖国大陆，他们被迫放他回国。

王淦昌一访赵忠尧时，只听故事，只对那20余箱零部件怎样瞒天过海感兴趣。赵忠尧笑着告诉他和钱三强等人：关键在"散件"上。一组东西分散在24处，谁能认出那有什么用途呢。但在赵忠尧心里，一闭上眼，就能看到完整的实验设备，一台高压静电加速器，一个多板云雾室……他二访赵忠尧时，便只讲宇宙线研究课题，说来道去只一个意思，这个意思被赵忠尧感觉到了，他哈哈笑，"淦昌呵，你想搬走我们多板云雾室呀，不行！"一口回绝，要严严实实堵住王淦昌的嘴。

这时的王淦昌可不像在柏林大学的王淦昌博士，赵忠尧也不是矜持的迈特内。以前，他一受到导师婉拒，便不再提出要求，吃了大亏；现在，他要像卢瑟福张开鳄鱼大嘴，勇往直前吞进一切。赵忠尧经不住他软磨硬泡，只好答应借出多板云雾室，还教他如何拆卸，怎样搬运和组装，连搬迁日期都定好了。

王淦昌好不高兴，到时就要带领助手去拆卸。他的天才助手吕敏院士回忆道："那天，淦昌师像给谁办喜事，乐得笑不拢嘴，见谁都握手，都说赵先生慷慨支援宇宙线室。真是太好了！不想，我们临要动手拆卸时，赵先生传下话来，不同意。"

那天，宇宙线组的崔健、胡文琦、霍安祥、郑仁昕、吕敏等人，都因这件大喜事的突变犯起愁来。

"要想天开云散，还得吹吹风呵。"王淦昌很自信，笑着勉励大家，再度去访赵先生。

赵先生当时负责高压静电加速器的制造，暂时用不上多板云雾室，但他对这套设备深有感情，爱不释手。

王淦昌理解他的心情，说自己也像先生珍爱实验设备如同手足，谁肯割臂断足送给别人呢。

"你们不是别人。"赵忠尧笑着看他，"你更不是。"

王淦昌点点头笑，"是的，您在清华物理系当助教时，我是一年级学生，学生就是先生的手足呀。"

"喔，喔……"赵忠尧忍俊不禁，笑起来。

王淦昌又笑着说，"前些时，我们为了建设实验室，到处捡破烂。不过，我们再捡，也难从废品中捡到可建造多板云雾室的材料呵。再说，研制这套实验设备，非一年半载可完成。从这个意义上说，先生借给我们用，是借给我们最宝贵的时间呀。"

此后，王淦昌一连几次造访，每次都笑微微地问，"先生，肯借给我们时间吗？"

赵先生深知科研时间宝贵，到底被他说动了心。

大家终于望见日出，都说王先生办成喜事了，便都乐呵呵地去拆卸搬运。

王淦昌自然要请赵先生一旁指导，并亲自一一拆卸多板云雾室，还要逐一组装，边做边叫助手们牢记每一个环节，以便日后仿制或改造某些部件

赵先生闻讯大喜，称赞王淦昌"借凤求凰"。

王淦昌却甚赞赏吕敏的才华，收为研究生。

吕敏出身于浙江书香门第，父亲吕叔湘是我国鼎鼎有名的语言学家，对他影响深远。他做学问，专心、细心、才思敏捷、有创意。日后，对我国核测量作出了卓越的贡献，成为中科院院士。

王淦昌喜爱吕敏，但从未给吕敏上课，只让吕敏自己看书，上遥远的云南落雪山实验站做课题，研究宇宙线。他则经常打电话询问吕敏发现什么新的事例，教吕敏如何识辨新粒子径迹。之所以要在海拔3185米高的云南落雪山建造宇宙线观测站，乃是因为宇宙线在穿过大气层时，必将损失部分能量转变为能量小的粒子，为便于发现大能量的粒子，就必须提高观测站的海拔度。

这个宇宙线观测站位于一个山沟的东川铜矿附近，距铜矿职工驻地一两公里，其间，有座小桥横跨于一条湍急的溪流之上，两岸峭崖危峙，草木茂密。路陡，弯道也多，大雨天常因山石滑坡切断交通。建站时，东川矿务局出动众多职工搬运实验设备上山。萧建先生和李鹤年在建站阶段，与铜矿职工同甘共苦，贡献极大。

吕敏院士至今不忘当年艰苦的工作环境。那时，在落雪山工作也就是两三人。他们每天看着多板云雾室不断拍摄照片，一般情况下，每小时能拍到6张。他们对照片进行扫描观察后，选出有意义的事例送到北京，请王淦昌、萧建审定。由于实验站人少，青年只能参加铜矿的共青团活动，为了不影响工作，活动都安排在夜间进行。在回站的路上，有时还会遇见蹲在桥头的野狼。他说，在落雪山，工作中的欣喜与野外的心悸常常交织在一起。

我国宇宙线研究虽然起步晚于先进国家，但在王淦昌和萧健先生领导下，很快进入先进行列。从1955年起，王淦昌等人的研究成果陆续在《物理学报》和《科学记录》上发表。

1956年，由萧健主持研制的新云雾室在落雪山宇宙射线观测站安装后，研究的成果送出，获得700多个新奇粒子事例，还发现一些稀有事例。他们测出的两个结果，被后来的加速器实验所验证。

王淦昌对年轻学者的成绩十分满意。他每每与落雪山观测站进行电话联系，都仿佛看见他们把宇宙放在掌心上审视。宇宙对一般人说来，是天上，人是天下之人，但在科学家看来，宇宙是天下，人是天上之人，天在他们手上。他们手上的照片里，有那高能粒子贯穿簇射的径迹及其美妙的星芒。那在微观世界里瞬息飞行十万八千里的小行星，无一能飞出他们的掌心。

他本人就是捕捉新奇粒子的实验物理大师。他在清华大学上课讲到宇宙线实验时说，地面与高空宇宙线的强度并不一样。他问当时听课的学生何祚庥等人：是否可以用气球或探空火箭载探测器进行实验呢？

何祚庥院士难忘当初听课的情景，他深为感慨道："淦昌师不仅注重研究物理问题，而且还想到利用现代化手段进行科学研究的重要性。当时，我作为一名年轻的大学生，听了他的课后，觉得很新鲜，思想活跃了许多。"

20世纪50年代初期，有两位苏联科学院院士，在帕米尔高原宇宙线实验站工作，以他俩设计电子学系统（其中有三种计数器和磁铁）观测粒子进入时的电子学信号，很快宣称他们发现了十多个新粒子，并命名"变子"，他俩因此荣获斯大林奖，当上"社会主义劳动英雄"，淦昌师研究这一发现后，认为电信号的重复性不好确定，仅凭一个电子学信号就断言有什么新发现过于草率了。他们的发现靠不住。

他的话，甚使大家震惊。因为当时全国正掀起学习苏联的热潮，苏联一切皆好，凡持相反意见者，都被认为大逆不道。所以，大家都为他捏一把汗。

何祚庥当时正在中宣部工作，曾私下与一些年轻人谈论此事，都以为淦昌师是从旧社会过来的知识分子，去欧、美留过学，他一再讲苏联科学的发现"靠不住"，恐怕还是崇欧美轻苏联的思想反映。但后来经过一系列更精密的实验设备观测，各国科学家并未发现一个所谓的"变子"，这证明，淦昌师对他们的批评是正确的。

王淦昌领导的宇宙线研究，虽然起步晚，但经大家几年的努力，很快与国际水平相近，深受中科院领导赞赏，更加引起物理所全体同仁的关注。

常年戴着雪帽的落雪山，并没比王淦昌的学生吕敏等人的脚板高，宇宙在他们眼里并非都那样宽广无垠，它有时竟缩小在他们的掌心上，在他们手中的照片里，那新奇粒子的贯穿簇射径迹及其美妙的星芒，留在照片上，任由他们审视，他们审视了700多个新奇粒子——700多颗小行星。每一束星芒都像人民共和国科学事业的晨辉，带来新时代壮丽的黎明。

在中美大较量的战场上

1950年6月25日，朝鲜爆发全面内战。美国为了维护其在亚洲的霸权地位，推行侵略政策，立即出兵干涉。7月，美国地面部队进入朝鲜。联合国安理会通过决议，组成包括美国等16个国家在内的"联合国军"，由美陆军五星上将麦克阿瑟任总司令，朝鲜由内战从此转化为国际战争。

1952年4月的一天，中国科学院党组副书记丁瓒约见作为物理所副所长的王淦昌，对他说："据志愿军方面消息，美国帝国主义在朝鲜战场使用了一种炮弹，威力很大，他们怀疑是原子炮。上级命令中国科学院派人到朝鲜战场上实地考察，院里决定派你去，你有什么考虑吗？"

王淦昌毫不犹豫，"好，我去！"

因为在此前，他刚参加完一次暴风骤雨般的土地改革斗争。他作为严济慈介绍加入的"九三学社"新成员，受中科院委派，参加了重庆的土改工作，深刻了解了中国农民所遭受的残酷压迫和剥削，以及在共产党领导下，欲求翻身解放，挣脱枷锁，创造新生活迸发出来的高度热情。王淦昌加深了对阶级、阶级斗争的认识，更加深了对共产党的信任和热爱。如今战火烧向

1951年9月参加中央土改工作第一团川北队时留影。前排左起：王淦昌（二）、朱洪元（八），二排左起：严济慈（六）、胡愈之（九）、胡耀邦（十）

国门，岂有犹豫退缩之理？

　　去，不需要什么理由，保家卫国，人人有责；不去，才需要理由。

　　王淦昌领受任务后，即动手制作盖革计数管——探棒。他凭着经验在管子中充入氩气时，加上一点酒精蒸气，效果更好，灵敏度更高。但当时国内还不能生产电子管，他得到无线电器材商店去购买，或者到地摊上去找。闹不好，警惕性高的卖家，会怀疑他暗中制作特务通信仪器呢。偏偏，任务密级高，他要独自秘密制作，有困难，自己设法克服。他用黄铜打制成"探棒"外套，然后用白铁皮敲成便携式仪器的外壳。管里所需的钨丝，也须亲手拉制。"仪器"分上下两层，上层放电子管及其线路，下层放30节1.5伏的干电池。他制成几根"探棒"，几经检测，选出最好的管子，带去前线。

出发日期和路线也要保密，他只能对家人说，出趟差。夫人吴月琴又像先前那样要为他准备行装，叮嘱他勿太劳累，勿吃生冷东西，勿自个儿走夜路，感到累时就歇会儿。他像个乖孩子似的听着，然后孩子般地摸摸她的脸蛋笑，学着儿女们的口气说，记住啦，好妈妈你放心。

他走时，天已暖。北京的五月鲜花盛开，蔷薇缀满篱墙，在晨风中献出一片馥郁的芬芳，令人陶醉。首都的黎明，多么恬静，连草叶都会沉思。天安门显出伟大的静穆。

一同去的也要保密。他先和日坛医院的吴桓兴教授走，而后，所里的实习研究员林传骦和通讯兵部的小常同志同行。虽然同在一趟北去的列车上，却不知自己的旅伴是谁，到了指定地点一会面，都忍俊不禁，哈哈笑，你保密我保密，彼此彼此。

那是丹东车站，车站堆满军用物资，忙于装卸军品的军民，都带枪，附近的林园里蹲着高射炮，楼顶也架起高射机关枪。据说，丹东的少先队员也学会对空射击了。

王淦昌和吴桓兴下了车，就换上志愿军军装。他俩面对风纪镜一站，都笑了，仿佛回到十八九岁年纪。那青年时代的身影，就在镜里，也望他俩笑，渐渐地，笑波敛成一脸庄严，沉思着，军人是站在生命最前线的光荣斗士。

吴桓兴问，"照张相如何？"

"好！"王淦昌即摆好姿势。

于是，一个大科学家以军人的雄姿，永远地留影在祖国边镇的军营里。

日落后，列车载着他们夜行，过鸭绿江，到朝鲜民主主义人民共和国的新义州。一眼望去，偌大一座城内，只见断壁残垣，弹坑密密麻麻，却无一座完整的楼房平屋，人也少见。美机残酷轰炸的罪证，触目皆是。

再往前行，得换乘吉普车，不久，进入战区。公路上布满弹坑，吉普车在颠簸中不断绕弯儿行驶，车常跳，人便也常被弹起，头部不时撞上顶篷。王淦昌紧抱着探测仪器，无论自身被怎样磕磕碰碰，都不让怀中的"宝贝"受半点儿委屈。

司机忽然笑着喊："车子要跳舞了！"

行程虽然艰险，公路两侧却有好景观：无数辆被打翻的美军坦克、装甲兵车、大炮，横陈荒野，有的倾覆于路边排水沟，有的仰躺在稻田里，有的弯垂着炮管瘫在枯树旁，有的被烧得只剩下"SA"，美国的头（U）不见了。一面星条旗伏在炮车下，仿佛失去美国大半领土，只剩小半幅星条灵幡似地在凄风里招其亡子亡孙的鬼魂。

王淦昌头一次看到这般场景，大为感慨："志愿军能把美国军队打成这个样，真是厉害！真是了不起呀！"

"这就是美国！"吴桓兴指着破坦克笑。

刚刚从旧社会废墟上站起来的新中国，敢与世界第一强国进行一场大较量，而且把世界第一强大的美军揍成这个样子，历史该怎样写？哲学该如何想？

日后的纪实文学说，斯大林和毛泽东都曾接到金日成的信。但在这个世界上，却只有毛泽东敢对有核牙齿武装的美国虎棒喝：打！他一声打，便砸烂这一堆钢铁。

不过，世人已看到一手叉腰站在地球之巅的毛泽东，也看到东方古国崛起的瑞光。

此时，朝鲜战争已打了两年，侵朝美军遭到重创。骄狂的麦克阿瑟以为在第二次世界大战中创立过许多指挥艺术的杰作，如今坐镇东京，便能轻而易举占领全朝鲜，乃至亚洲，最后达到称霸全球的目的。他低估了新中国领导人的胆识和谋略，没料到中国人民志愿军如此快速进军朝鲜。连续五个大战役，美国招架不住了，便向我方发出了谈和的信息。但他们却一边打着谈和的幌子，一边不断增兵，向我方发动一次又一次的攻势。

夏季攻势被粉碎。

秋季攻势也被粉碎。

敌人转而又从美国调来一些"王牌飞行员"和"空中英雄"投入朝鲜战场，进行"空中封锁"。美军向朝鲜的土地上扔了成千上万吨的炸弹，招数用尽，便发出核威胁。

毛泽东不怕，说美军不认输，就再打一万年，他不信，美国原子弹能把地球炸碎。

然而，战争是残酷的。

王淦昌和吴桓兴走向战争了，临近战场了，进入危险地域了。还能完全掌握制空权的美军，不时出动飞机对志愿军车辆追踪轰炸、扫射。司机聪敏，听到嗡嗡声，即停车，美机见美式吉普停在其难兄难弟坦克旁，掠空而过，生怕炸伤了"自己人"。司机骗过敌机，即快速开进，隐入山影中。

　　他们首先到达的目的地是志愿军后勤部卫生部。在那里他与分别前去的林传骦、吴桓兴以及年轻的常同志会合。在异国相识，又为一个共同的特殊任务而集合在一起，自然格外兴奋。在后勤部休息几日后，又继续赶路，吉普车一路颠簸大都是夜间行驶，天黑，倒能看见美军坦克的白色图案，许是某军军徽？无论是什么，那越来越多的破烂，说明这一路战斗的惨烈程度，也可看出志愿军勇猛追歼穷寇的情景。吉普车经过100多公里的艰苦奔驰，终于到达了志愿军司令部。司令部设在一个很大的山洞里，洞内非常潮湿。代司令员、政委邓华和副政委、政治部主任甘泗淇将军亲切接见了他们。王淦昌等汇报了国内的准备工作以及此行的工作打算，首长们也介绍了前线的战况，以及勉励他们的话。

1952年夏王淦昌（右）
与吴恒兴在朝鲜

　　探测工作是艰苦而细致的。

　　为了获得准确的数据资料，王淦昌等人希望深入到炮火激战的最前沿去，司令部不批准，说那里随时都有生命危险，司令部要对他们的生命负完全责任。不得已，他们只好就地开展工作。当他打开仪器一测试，发现便携式盖革计数器不能工作，几乎完全失灵。他禁不住心脏怦怦直跳，心想这下可糟了，如果仪器失灵，岂不白来一趟？好在他有经验，经仔细检查，发现是洞中潮湿的缘故，便拿出去到太阳下晾晒，终于恢复了正常工作。王淦昌用盖革计数器对从前线带回的弹片进行反复测量，没有发现计数率有明显增加的现象，基本是处于当地本地水平。他判断这些弹片不会是原子弹的散裂物，由于原子弹爆炸时温度比太阳表面高，弹片瞬息气化，绝不可能留下碎片，看来，美军可能用了杀伤力很大的飞浪弹。他们据此向志愿军首长汇报了自己的分析结论之后，还向司令部的首长和基层部队指战员作了原子弹结构、爆炸原理及其效应的报告，并带着仪器当场演示。

　　在志愿军司令部逗留期间，他们天天吃的是鸡蛋黄瓜罐头，吃得实在腻了，甘泗淇将军的夫人李贞将军就给他们炒些新鲜的蔬菜，尽管极为稀少，但在那样艰苦的环境中，是十分珍贵的。

　　一次休战期间，前线一位首长请他们到他的战区参观，王淦昌看到瘫在那一战区的美军坦克更多，也被砸得更破更烂，甚为赞叹志愿军将士无比勇猛。他问一位正在就着凉开水吃炒面的四川籍战士，"小同志，你们是怎样打翻这些坦克的？"战士嘴里正嚼着炒面，赶忙吞下，一抹嘴，站起来行礼，"报告首长，我不晓得他龟儿子啥搞的，见到我们就吓趴了！"使得大家忍俊不禁笑得前仰后合，老半天喘不上气来。

王淦昌激动地看看小战士，又看一眼美军的破坦克，心里说，美国，你碰上中国人民的英雄儿女，撞破头了。

接着，志愿军司令部和后勤部安排他们参观战俘营。王淦昌看到战俘中有美国、土耳其等国的士兵。他们的饮食比志愿军官兵好，还玩得很愉快，有的打牌，有的进行篮球赛，有的在和我方管理人员扭秧歌，有的在学唱《康定情歌》，个个红光满面，笑容可掬。

王淦昌对他笑道："广交朋友，天下好走；到处树敌，寸步难移。"吴桓兴教授是毛里求斯归国华侨，英语非常流利，为人又热情可亲，他用英语和几位俘虏交谈。末了，指出美国军队侵略朝鲜是一大错误。

"我们选择情场。"一个美国兵赞同他的话。"杜鲁门总统错了，他选择战场，也选错了对手。谁与中国为敌，都将是惨败的结局。"

几个月后，王淦昌一行顺利回国。由于他完成任务出色，中国人民政治协商会议全国委员会授予他"抗美援朝纪念章"。

首都的金秋，天高气爽，每当晨光夕辉在树冠上点染明黄时，他都在伟大的静穆中沉思：未来的大较量，应当从实验室开始……

原子时代的脚步声

是的，新中国应该从绘图板和实验室向未来进军——王淦昌心里这么想着。向中科院党组副书记丁瓒同志汇报战地工作后，王淦昌即回物理所，继续他的工作。

钱三强所长的所外事务多了，除兼任中科院计划局副局长、协助竺可桢副院长工作外，还兼任数理学部学术秘书长，又常出席诸如世界保卫和平大会、反细菌战大会和国际会议，所务便都落到王淦昌、彭桓武两位副所长肩上。由王淦昌主管全所的日常事务，他的担子更重。

肩担重任，他想起川北翻身农民挑公粮上交乡人民政府的情景，那担子一闪一闪，似不觉重，倒像是展翅欲飞，人对美好生活的憧憬，是长翅膀了。

这一切，加深了他对共产党的热爱，也更加坚定了他"人民中国必将强富"的信念，在他心中激起奋飞的希望。

希望满怀，笑满面，他主持研究所第一个五年计划。

这个计划的核心，是以原子核物理研究为中心，为原子能应用准备条件。

标志20世纪高科技的第一枚原子弹在美国爆炸后，欧洲几个大国都想当盗火者普罗米修斯，他们的特工人员无不敢冒美国电刑的严惩，即使上绞刑架。原子弹在长崎、广岛炸死几十万日本人后，那几个大国，更是要想方设法去偷取研制原子弹的技术，即便那把保险柜的钥匙挂在老虎脖子上。二次世界大战后，比原子弹威力更为强大的氢弹研制技术，则是各国综合国力竞争的最高标志。谁享有这一技术，谁就能占有强国席位……

核物理学家王淦昌早已看到核能应用技术将能推动祖国科学技术以及现代化工农业和国防事业的全面发展，因此，他把原子能开发作为物理所五年计划的核心。

他领导全所做了总体设计，既要打好基础理论研究的基座，又要做出应用科技的架构，仿佛筑巢引凤，让那科学神鸟落窝下蛋，孵化出新中国高科技之鲲鹏。

几年后，一位领导看了坐落于房山的铀堆，说，我们有了母基地了，也有母鸡了，有窝又有鸡，不愁没有弹（蛋）。

《王淦昌传记》作者说：近代物理所第一个五年计划，在当时的具体条件下是一个大胆的构想，是全所科研人员集体智慧的结晶，其中，王淦昌发挥了重要作用。

他们称物理所为中国核物理的摇篮。

一位研究员说，那棵不老松就是王淦昌。

王淦昌不仅把握近代物理所研究方向，同时还重视国际学术交流活动。语言是沟通心灵的桥梁。在当时，我国科学家只能与苏联同行搭桥。计划制定后，他即组织全所科研人员参加为期一个月的俄文速成班学习，由邓稼先博士任教。

聪明而憨厚的核物理学家邓稼先，也善于外语学习。他小时候已能背诵英文版小说《大卫·柯波菲尔》，后来又学会德语、法语。1950年他从美国回国后，为便于查阅俄文科技资料，在热恋中拜女友，后来的妻子许鹿希为师，很快学会了俄语。

邓稼先俄文速成的诀窍，很快被青年学者掌握，但年纪稍大，过了不惑之年的王淦昌、彭桓武、朱洪元等教授，舌头就不那么灵便了。

上课时，王淦昌就端坐听讲，小学生似的，跟大家学习发音，还勇于会话，说错了，大家笑，他也觉得好笑。

他每早都先到东皇城根42号院，先独自在晨曦中背诵单词，复习语法，大家一到齐，就领队做广播体操。此后天天如此，通过集体锻炼，培养团结合作精神。

学俄语，无论科学家还是青年科技人员，都从字母学起，突击语法和积累词汇，教得得法，大家学得用心，气氛十分热烈。结业时，王淦昌、彭桓武、朱洪元都获得了全5分。

王淦昌十分高兴，见到谁都握手，都祝贺："太好了！"

他对邓稼先说："你把一座金桥架到莫斯科了！"

其实，总设计师正是他自己。

王淦昌向外国科学家介绍我国的核工业

按照五年计划培养人才的要求，近代物理所很重视培养分配来所的大学生，对1952年进所的吕敏、胡仁宇等10名学生加强培养。王淦昌除了安排为他们补开理论力学、统计力学、电动力学和量子学外，还安排一系列核物理和放射化学的基本实验。王淦昌极为重视"通过工作培养有集体主义精神和独立工作能力的科技干部"。他特别要求学生"掌握科学工作方法，对于本门科学有广泛而坚实的基础"。比如他收吕敏为研究生后，只给吕敏书，要他自己看，有问题来面谈，师生一同研讨；只给课题，由吕敏去做，且到远离北京数千里的云南落雪山宇宙线观测站做，通过电话联系，指导吕敏解决难题。吕敏走出险峻的落雪山时，已成为卓有成就的青年研究学者。

物理所走出一条独具特色的培养科技骨干的路子，从那条路走出来的青年人，大多数成为发展我国核科学事业的骨干力量，如吕敏、胡仁宇院士等。

梅镇岳先生于1948年获英国伯明翰大学博士学位，主要从事实验原子核物理研究，1953年回国。王淦昌得知，即请他来所从事β谱学的研究工作。在他和郑林先生指导下，1956年即建造一台单透镜β谱仪，后来又研制其他谱仪，带出一大批科研骨干。

1951年在美国斯坦福大学获得博士学位的谢家麟先生，是一位加速器物理学家，1955年回国。归程的狂涛恶浪还未在心里平息呢，王淦昌即请他来所主持一项电子直线加速器的研制工作。一天他到所办事处说，缺少制备器材磁控管和闸流管，

1990年11月王淦昌与胡仁宇（左一）、杜祥琬（右一）参加冲击波爆轰物理实验室评审后返京途中在成都机场合影

王淦昌立即托李寿楠去请求通信兵部技术负责人陆亘一（陆定一的胞弟）帮助提供。李寿楠跑了两次，都能满意而归。

放射化学专家萧伦先生1951年在美国伊里诺斯大学获得博士学位后，接着研究同位素五年，最后于1956年回国。黄子卿先生赶早去见他，想请他到北大化学系任教，但他想专事放射化学研究。王淦昌得知他的意向，立即到他暂寄宿的科学院西城区北魏胡同招待所，邀请他来所工作。萧伦先生深为感动，欣然前来，两年后，我国第一座实验性反应堆生产出33种放射性同位素……

也是在这一年，已被选聘为中国科学院数理化学部委员的王淦昌，陪同叶企孙、饶毓泰、周培源、王竹溪、余瑞璜、葛庭燧、周同庆、钱临照、黄昆等九位学部委员到物理所参观检查工作，他们看到物理所在短短几年内获得如此多的成就，无不赞叹。余瑞璜教授说：“参观后感到中国的实验物理今天才真正生根。”

周培源教授举目四望，仿佛一座园林，郁郁葱葱，芳芬四溢，笑呵呵道：“物理所能建成今天这样的基础是很好的。”

叶企孙教授笑微微地，频频点头，赞赏地听王淦昌汇报情况。

他当年在清华大学指导王淦昌做实验时，心里想，你将是天才的巨树。如今，王淦昌四周，是一座天才之林……

有森林，就有好气候，科学的春天多美好！

在1956年春天，周恩来总理作了《关于知识分子问题的报告》，强调发展原子能事业的重要意义。周总理说：“科学技术新发展中的最高峰是原子能的利用，原子能给人类提供了无比强大的新动力源泉，给科学的各个部门开辟了崭新的远大前途。”

王淦昌看到了周总理的报告，把这段话画上红杠杠，笑脸放光，见人就说，总理的报告真说到我们心坎上了。

在这个美好的春天里，周总理指示陈毅、李富春两位副总理，召集中央各部委、各有关院校和中科院的科技人员召开大会，讨论科学发展远景规划……

十二年科学发展远景规划，在春天里诞生。

1993年6月9日与周培源
院士（左）亲切交谈

"规划"根据国民经济建设和国家建设的需要，把原子能和平利用列为55项科学研究的重点任务之首。

物理所五年计划的研究重点恰恰是国家远景规划研究重点之首。

于是，物理所所务会议决定组成"和平利用原子能规划小组"。

组长：王淦昌。

副组长：李毅、杨澄中、郭挺章、萧健。王树芬为秘书。

规划组集思广益，制定出了规划初稿。然后，由王淦昌带去莫斯科，在钱三强主持下，由赵忠尧、王淦昌、彭桓武、何泽慧、杨承宗等共同修改定稿，描绘出我国核科学事业和核工业发展的宏伟蓝图。

莫斯科河静静地流，流出绚丽霞光。

克里姆林宫晨钟奏鸣动听的晨曲。

鸟群在钟鸣声中自由欢翔。

王淦昌眯着笑眼，望着一只在树梢上张翮举翅的小鸟，他的憧憬长起翅膀。

在祖国首都，周总理已敲响原子时代的晨钟，希望干部和群众以原子时代的眼光看世界，看新中国的前途。他嘱吴有训副院长组织科学家向干部群众作报告，普及原子能知识。

科学家们得知，普及原子能知识这一具有远大战略意义的任务，是周总理亲自布置的，无不报名参加。在京的著名物理学家、化学家都争先登上讲台。多年不执物理教鞭的文化部丁西林副部长，也在部内宣讲原子能的妙用。甚至在读的大学生，也上街串巷散发吴有训主编的生产资料科普小册子，宣讲原子能发展的前景。几百场讲演，很快在全国掀起盛况空前的原子能知识大普及运动。

科学大普及的热浪，阵阵拍响王淦昌的胸腔，他高兴得真想高飞。

其实，王淦昌已自觉奋斗在核科学前沿课题多年了。他主持物理所制定的五年计划，其核心，就是为和平利用原子能创造条件。何况，他还担任本所和平利用原子能规划组的组长呢。

这些天，他带着自制的加了低频放大器的便携式探测仪四处演讲，一边用当时的夜光手表做放射源向听众演示放射作用和距离的关系，一边讲解示踪效果。听众仿佛看到铀矿径迹，窥见了原子能秘宫，望到"雷推天磨的神力"，原来，中国古代神话里最了不起的神，就是常人看不见的原子能呵。科学的力量伟大，科学家非凡！

听众听了他的演讲，都很振奋，说，从探测器里听到了原子时代的声音。

第七章

辉煌的瞬间

杜布纳的瑞光

提起杜布纳，未去过苏联的人，也许只能凭想象到莫斯科近郊的杜布纳河畔或伏尔加河岸去寻找它。其实，它就在这两条河与一条姐妹河环抱的一片密林里。这个神秘的小镇是"二战"末期，由一支专门的建筑队伍来砍倒一片树林，悄悄建造的。从三条河中爬上密林的雾烟，仿佛宙斯施法掩盖他与伊娥幽会的地方，小镇就像美丽的伊娥在密林里半卧着，期待着什么。其间，确实有座圆形大厦。那一根根圆形巨柱，宛若无数支臂膀托起硕大的天棚。它在阳光下闪射金玉般的光彩。你尽可以把它视为科学王国的象征——杜布纳联合原子核研究所的圣殿。

然而，在此工作的社会主义国家的研究学者回忆杜布纳时，他们赞美的却不是这座中心建筑，而是一个对于他们说来比圣诞节更为令人欢欣鼓舞的日子。这个日子既不属于上帝也不属于撒旦，而是属于他们伟大的科学发现。他们发现了一颗"湮没星"，从而发现了一颗新奇粒子——反西格马负超子。

不错，1959年3月9日，真是个晴朗的日子，无论伏尔加河、黄河、长江，还是莱茵河、多瑙河、湄公河，都带着青春的神往，向海口倾注蓝色的或金黄色的激流，那因美好憧憬而欢翔的鸟群，向蓝天献出它们动听的赞歌。在这几条欧亚大陆动脉四周生活的十多个社会主义国家的人民，享受春阳的暖照和柔风的爱抚，寒冬的阴沉，在灼灼华光之下消散了，人们似春花般绽开的笑脸，感谢太阳的恩宠。

然而，杜布纳联合原子核研究所的科学家们，今天却像神见到仙一样，从几万张底片的粒子径迹中，扫描到一张反西格马负超子事例的图像照片。经过计算，正与预想的一致，而且是一个十分完整的反西格马负超子"产生"事例。这个事例，拨开了掩盖各种科学预言的迷雾，使那颗微观世界里的"湮没星"，极其辉煌地闪现在基本粒子实验工作者面前，这为那些正在与西方同行较劲儿的科学家们，带来领先成果的荣光。

他们的导师就是王淦昌教授。

1989年8月王淦昌与丁大钊（左二）访问俄罗斯高能物理研究所与洛戈霍布（Logohob）院士（左三）、西普卡布（Cypocab）博士（左一）合影

　　王淦昌教授是作为我国的代表，于1956年9月来莫斯科参加社会主义国家联合原子核研究所成立会议的。会后，他与胡宁留在该所驻地杜布纳当研究员。那时，他几乎走过半个世纪的生命行程。

　　既然人们都想实现狄拉克等人的预言，既然物理学界都要验证电荷对称性的普遍性，这位东方的天才物理学家当然要为解决自然科学的这一难题，进入微观世界去探索新奇粒子的径迹，比别人超前一步，从超粒子族里找到反粒子。

　　对于这一微观世界里的奥秘之求索，你尽可以这样理解，男人找到其配偶的女人，足可验证家庭对称性的普遍性。现代

20世纪50年代末王淦昌在苏联

人讲得更简单，有钱就能找到老婆。可是，新奇粒子却像神圣的美神，只有科学最敏锐的思想触角才能触摸到它闪现的美妙瞬间。如果它那么平庸，所谓的现代文明，早就和黄金一同诞生在矿床里了。

可见，要找到那颗超粒子族中的反超子，真比凡人寻求神仙难。难就难在你头脑里必须蕴蓄人类的科学知识，同时还具有对前沿科学课题极其敏锐的辨识能力，并能掌握科学的实验条件和方法。

中华民族有其天才的儿子，但却难为其天才之子提供施展才华的优越条件。王淦昌和他的天才助手们，只能向高山搜寻高能粒子的芳踪。这种自然界的粒子，只有在高气层上偶尔闪现其神秘的娇姿丽容，较为强烈地显示它的贯穿簇射和星芒，在胶片上留下它真实的美，即美的真实便是它。因此，王淦昌想到去云南落雪山建造宇宙线实验站，让他的学生吕敏在抵近雪线的实验站进行探测。他也曾想到利用探空火箭和探空气球去高空探测新奇粒子的秘密。

新中国还穷，他只能想到这种方法。

人称这是穷汉急于娶仙女做媳妇的梦想，想得美，却难做到。

尽管宇宙线内存在高能量新奇粒子，但它出现的机会极少，也难俘获到它。各国科学家再没耐心等待来自上苍的恩赐，竞相研制能够产生高能粒子的同步稳相加速器。发现此一妙法者，一是苏联科学院院士维克斯勒，一是美国科学家麦克米伦。利用这一加速器，实验者可以通过自行设计来优选地研究基本粒子的各种性质，寻找新奇粒子。

在我国，王淦昌最早开始宇宙线研究，也是热衷于探索新奇粒子的科学家。

因此，杜布纳之秋以它柔美的情怀迎接这位中国的核物理学家。联合所即将投入运行的质子同步稳相加速器，宛若趋向成熟而期待与"科学骄子"联姻的妙龄少女，希望在神圣的科学婚床上诞生出新奇粒子来。人类科学史早就证明，这种美妙的结合能孕育出最辉煌的文明。

与此同时，西方世界的欧洲原子核研究中心正在日内瓦建设他们的质子同步稳相加速器，这就形成了竞争的局面，那个科学产儿，那个天之骄子，究竟先于西方的日内瓦孕育，还是先诞生于东方的杜布纳？谁先荣获这一科学的领先成果？

这样的竞争是纯科学的，但是与政治、军事的目的相关，尤其是与原子武器关系密切的核物理实验研究，更是东西方抢占的一个制高点……

因此，王淦昌面对那座圆形大厦思考，从时间差看，联合所的加速器在能量上只可能占几年的优势。为了抓住这短暂的优势，他必须选择一批有可能突破的研究课题以及有利的技术路线，才能及时地做出符合该所加速器能量优势的成果。

两个世界之争的胜负，取决于双方科研领导人的选择正确与否。

选择，也是对天才的考验。

如果不缜密考虑目标、路线、方法、时间、效率诸多因素的利害关系，结果势必功亏一篑，造成终生的遗憾。

王淦昌教授在其科研生涯中，不乏精明的目标选择，但终因种种困难，使他几次与物理学的最高荣誉失之交臂。现在机会来了，他必须抓住杜布纳有利的实验条件，迫使历史偿还他和祖国早该得到的科学的荣誉席位。

为此，他们敏锐的科学判断力，根据当时面临的各种前沿课题，结合联合所高能加速器的特点，提出了两个研究方向——

寻找新奇粒子，包括各种超子的反粒子；

系统研究高能核作用下各种基本粒子产生的规律。

王淦昌教授无疑是运筹帷幄的天才的科学统帅。他不仅选择了目标和进击的道路，还亲自指挥由他和丁大钊、王祝翔等中国学者为主要骨干的三个方面军——新粒子研究、奇异粒子产生特性研究，π介子多重产生研究，三路并进去攻关夺隘。

秋天，向中国科学家们展示其五彩斑驳的美景。在杜布纳河和姐妹河岸上，墨绿的松林间夹杂满树金叶闪闪的银杏，栌树擎起红焰勃发的火把。

科学，既有美的诱引，必有美的发现和美的创造。一切神圣的美，都会把人引向崇高的目的。王淦昌教授正是为了研究小组能到达那个境界，经常教导年轻人不失时机地拓展新的科学领域。唐孝威院士在一篇回忆文章里写道：

> 我清楚地记得，刚到联合所时，王老为了帮助我熟悉工作，在宿舍里给我出了一道题目让我计算：当用一定能量的高能质子轰击靶核时，在质子中心的有效能量是多少？通过这道题目的计算，使我更熟悉了高能反应的洛仑兹变换。

他把时间视为培养人才的宝地，不肯浪费毫厘，一与王祝翔等学生见面，就讲气泡室原理，送给他俩一本刊有格拉泽发明气泡室文章的俄文中译文集。在请他俩到莫斯科市中心的"北京饭店"吃饭时，仍然讲气泡室原理，讲那篇文章的要点。末了，给他俩一笔钱，拿去买书看。时间，也是他用来培养人才的乐土。

王祝翔等人刚到杜布纳联合所报到的当天晚上，王淦昌教授也是一见面就谈科研课题，也是在宿舍里要他俩做一道核反应堆运动学的计算题，说，两天后交卷。这两天中有个星期日，他俩不敢休息。由于他们在国内上大学期间，适逢院系调整，二年级重复一年级课程，三、四年级的教学因而受到影响，该深入去学的东西尚未学到就毕业了，所以，在王淦昌教授交给计算题时，他们还不会做相对论运动学的计算，他们只好先找有关书籍阅读，寻懂解决问题的方法后才动手计算。王祝翔等人终于能在两天时间的沟垅里有所发现有所收获，按时交出令恩师欣喜的答卷。

不过，王祝翔等人毕竟年轻，又都活泼好动，刚到杜布纳，经不住新奇景观诱引，总想趁节假日徜徉于伏尔加河岸铺着细沙的小路，想到原始森林中去采拾蘑菇，或者一同畅游杜布纳河，去姐妹河泛舟击波。到了冬天，更想与苏联同志去滑雪，去溜冰，去打野兔，凿冰捕鱼，燃堆篝火，烤猎物吃，手拉手，环绕篝火跳友谊舞，尔后，一道合唱《莫斯科郊外的晚上》。年轻人喜爱在广阔的空间翔游，而王教授却要求他们利用有限的时间工作。1957年，世界青年联欢节在莫斯科举行，苏联同志"怂恿"王祝翔等人去看看热闹。索洛维也夫说："去吧，这是难得的机会。"他俩心想去看文艺节目，但怕王教授批评他们不抓紧时间做学问，不好意思开口。后来，因驻苏使馆同志的提议，教授才让他俩去莫斯科旅游两天。

王淦昌教授爱在爬满红叶藤蔓的围墙墙根小路或在林荫花径上踱步沉思。他沉思时，对一切视而不见。

维克斯勒院士摇摇头笑，问他，"路好走吧？"

他的回答甚使那位享有崇高威望的院士奇怪。他说，"好极了，多么清晰的径迹！"

这一多半的原因是他在进行实验思考，另一原因是他的俄语还未学好，他还只熟悉科技术语。

他如此爱惜时间，走在路上也舍不得放过一分一秒。人称他走的路为时间走廊。

在这条时间走廊上，王淦昌的科学思维从不受任何科技立论界定，他在1957年联合所高能实验室的一次学术报告会上，从物理概念上而不是哲学上启迪了基本粒子并不基本的新概念。另外，他能以超凡的洞察力，指出某一研究课题的前途。一天晚上，有个学生在路上向他报告一种关于"纵向极化"问题的工作进展时，他"嗯"一声，摇摇头道："我看这个问题做不出什么结果，不会很有趣味。你们应赶快做奇异粒子产生时的粒子关联研究，两种粒子一对对地分析，一定会有新东西！"两年后，美国同行通过实验，证明他这条思路何等正确！丁大钊甚为敬佩这位导师天才的预见。他能在"时间走廊"上看穿时间掩盖的未来。

王淦昌教授还习惯在他的"时间走廊"上识辨真伪。在他小组里工作的一些苏联同志在早出成果，快出成果的心理驱动下，强烈要求在国际高能物理会议上发表他们自命为"第一粒子"的科研成果。他认为这一事例虽然有可能是新粒子，但在未有充分证据之前，绝不能宣布为新的发现。由于苏方一再要求发表，他考虑到中苏友谊，便采取折中办法，由他作大会补充报告。要讲两种可能性，还表明，文章将不提交大会。按当时的惯例，凡是提交大会的突出的研究成果，由一个总报告人报告。那次的总报告人是一位美国科学家。这位科学家又是张文裕的校友，他作完报告，即听王淦昌作补充报告，听罢，他满脸涨红，对张文裕吼道："我要发疯了。你们这么重要的结果，为什么不交我来报告呢？！"王淦昌、张文裕反复向他说明这只是一种迹象，是否真正的新粒子还存在两种可能。其实，王淦昌虽然同意苏联同志作报告，但他放心不下，事前对照片仔细扫描几次，发现"第一粒子"旁边有几粒气泡，可能是云雾，也可能是重核反冲。他请中国学者对此现象进行内部讨论。周光召认为可能是K'电荷交换。国际会议召开时，他又请王祝翔在联合所对气泡数目进行了分析，并做了各种计算，最后确认苏联同志发现的事例并非什么新粒子，而正是周光召所言的K'电荷交换。王淦昌事后深为感慨道："如果当时我报告发现了'第一粒子'，那就会落下个撒谎、吹牛的名声。太可怕了！"他告诫本国青年学者，要有科学求实的精神，说："科学是硬碰硬的事情。"

　　杜布纳的秋天，风景迷人。莫斯科的艺术世界更有摄引人的魅力，仿佛人类文化艺术的美，都集中表现于莫斯科。久演不衰的芭蕾舞剧《天鹅湖》，也许因其富有生命音诗的美，才永葆其艺术美的青春。它那么强烈地吸引着中国青年学者的心，也使醉心于追求物理美的王淦昌离开他的"时间走廊"，走进莫斯科大剧院，迷醉了一会儿。看了一场戏，他很不安，好像走错了门，做错了什么事，对唐孝威说："我们要抓紧时间工作，再不能玩了。"

他只玩这么一次，而且，也只看一场戏！除此之外，谁都难回想起教授在杜布纳工作期间度过一个假日。

相反，他为了使中国学者能在杜布纳"硬碰硬"地做研究工作，还组织一个业余理论讨论班，借用当地的小学教室，在本国学者内部展开互教互学活动，每周请理论工作者向实验工作者论述当代迅速发展的高能物理。起初由胡宁、段一士进行基本粒子和广义相对论讲座。后来，理论物理的讲课几乎都由周光召承担。他从基本的S矩阵理论讲到了极化表达、高能核相互作用理论和多重介子产生的理论。在讲台上，他的天才得到充分展露。

20世纪50年代在苏联杜布纳联合原子核研究所。左起：赵忠尧（一），胡宁（三），周光召（四），王淦昌（五）

就是周末之夜，王淦昌依然沿着他的"时间走廊"去学校主持学术讨论会。有一次，秋雨蒙蒙，小路泥泞，大家以为他在患感冒，也许会在家疗养，不想，他已在教室里坐着看书，等候大家多时。他是主持人，每次必到，而且早到。讲授什么课题，讨论哪个问题，他都事先与有关学者拟定。比如请朱洪元先生讲基本粒子理论的研究方法，请何祚庥讲弱相互作用理论。他也请实验物理学家讲课，让唐孝威向大家介绍研制 π 介子探测器工作情况。小学里罩着雾，细雨悄无声息地下，他坐在课椅上，认真听课，做笔记，思考着，听不明白时，像小学生举手向主讲者请教。他认为，好的实验工作者，定要懂得理论。其实，他对理论物理也很精通。

1959年后，王世绩、王乃彦、徐鸿桂等到联合所工作，理论物理学家人数增加了，实验物理学家研究的范围更为广泛了，队伍构成趋向合理，素质得到提高，形成了我国发展高能物理学的一支小小的种子队伍。王淦昌决定研讨基本粒子物理学前沿课题和发展我国高能物理的道路，让天才的种子在时间的沟垅中萌发，长大成林。

在科学前沿的高地上，一些同志受到国内大跃进形势的激励，想研制高指标加速器。王淦昌审时度势，认为不必追随西欧之后尘去追赶那种没特点、起点也不高的东西。要搞，就必须独辟蹊径作质的飞跃。他的目光已越过先进国家的肩峰，投向他们面前的时代——他的超前意识触燃了本国学者的才思。于是，他和朱洪元主导大家研讨强流中能加速器——建设介子工厂。青年理论物理学家周光召、何祚庥在讨论中尤为活跃，大家围绕与介子工厂相关的物理问题展开辩论。一是 π 介子的衰变及相关的弱相互作用问题，一是关于用 π^+ 介子作为探针，开展 π 介子与质子作用的散射、共振等问题。周光召、何祚庥的才思宛若挥洒于阳光下的金豆，闪闪烁烁，与会学者的辩诘往往像阻遏溪流的礁石，使人的才华打了几个漩涡，找到了出路便又一泻千里，撞峡跳滩，形成壮观的瀑流，展现其天才的虹影。长辈与后辈的学术交流，在王淦昌的客厅里犹如火星遇到了清风，种子吸到了甘霖，使得寓所四周的秋林，显得五彩斑斓，更加迷人了。而他们建造介子工厂的设想，更是科技前沿上令人叹为观止的好景点。国内领导部门接受了他们的建议，并组织队伍着手建造。不幸，三年饥荒，使国家无余力投资。

早在他选择目标的同时，他就选择了这种便于制造、见效快的探测器研制方案；还选择了最佳的反应系统和实验方法来研究新奇粒子及其特征。而且，在大批实验资料积累之初，他已根据各种超子的特性，预先提出在扫描气泡室照片时选择"有意义"事例的标准。

他在"时间走廊"上沉思。

他把青年学者赶进时间的沟坝。

他教他们抓紧发展时机，勿放过发展机遇。

丁大钊、王祝翔等忙得难以收敛心的翅膀。他们像鸟儿一样，不落窝，往往在一个难点上盘旋。

导师，贵在指出科研航向。

他选择的研究方向正确、远大；他画出的进取途径，艰难、短促。

这就是天才的向导！

人们敬重天才，不仅仅因为他勤奋过人，不仅仅因为他识辨能力超凡，更是因为他天才的预见能揭示时间掩盖的秘密。

因此，维克斯勒院士在"时间走廊"上，向他脱帽致敬。

因此，这位院士经常提醒"小联合国"的科学家们："要听王淦昌的声音！"

他的声音是科学的晨钟，是知更鸟的鸣啭，是启明星的瑞光。

所以，维克斯勒院士一再强调："会议上一定要有中国的声音。"

中国的声音，发自王淦昌领导的中国高能物理种子队。

维克斯勒院士作为高能实验室主任，当代最大功能的加速器的设计、建造负责人，十分关心这台加速器能否得到领先成果的问题。他寄厚望于中国的天才。

一天，当王淦昌小组大量的数据亟待处理时，乌拉尔I计算机却发生故障，维克斯勒院士得知，忙对王淦昌说："放心，我去求援。"便亲自出马，利用他的声望与影响力，与苏联科学院下属的其他研究所联系，及时借到计算机。在那个秋季里，凡是王淦昌研究组之所需，维克斯勒院士一路开绿灯，"时间走廊"畅通无阻。

王淦昌研究组以飞快的时速，去撞击负超子神秘之门。

当然，在王淦昌教授爱国的心境上，也还有一片国际主义的园林。这片友爱之林能使各国学者的智慧在他的关照下，像百鸟那样欢翔。他曾以副所长身份支持一位苏联学者建造巨型丙烷气泡室的建议，在那位青年学者实施过程中又给予热情的指导。这一大型设备的建成，不仅帮助那位学者直接取得博士学位，也使这一设备成为联合所与苏联谢尔布霍布高能加速器中心科技合作的主要设备。这位博士在几十年后向人说起淦昌师时，深情地说："我的恩师。"

一位民主德国的大学生，也常受到王淦昌教授友爱的烛照。教授发现他在实习之初常常误记假象，就耐心教导他如何运用已知的物理知识辨识真相和假象。

有个波兰同志就是在王淦昌研究组实习期间得到同样的关照，才能根据教授规定的"有意义"事例的标准进行扫描，而首先在1959年3月9日，从4万张照片中发现第一张与反西格马负超子"图像"吻合的照片。

这一发现，使教授欣喜若狂。他立即领导全组反复扫描、测量、计算、分析研究，迭声道，"很好很好，太好了！"

5月的杜布纳已是百花馥郁、万木蓊郁的好时节，邓锡铭教授跟随中国科学院副院长吴有训教授去杜布纳参观，适逢王淦昌教授在向张闻天大使介绍情况，他回头对他们说："从气泡室拍下了一批基本粒子径迹照片，初步看来，可能有新东西。正在进行整理和分析。"

分析结果，还发现几个高能 π 介子产生反质子及低能反质子在气泡室内湮没的图像。丁大钊院士说：这是世界上第一次发现的反质子从"产生"到"死亡"的完整记录，而以前的发现似乎有些推断的成分。此外，还发现几例反超子事例，比美国的阿尔瓦雷茨的"发现"更具实际意义。因为，阿尔瓦雷茨小组的"发现"是依据推论，而王淦昌小组的发现是实况目睹。

王淦昌沿着他的"时间走廊"拾级而上，终于能在科学前沿高地上浏览一片高原风光。反西格马负超子的发现，丰富了人们对基本粒子族的认识，并为粒子—反粒子、物质—反物质这一普遍规律提供了新的论据。这不仅有物理学上的意义，也有唯物辩证法上的意义。

又是9月，这是王淦昌教授在苏联迎来的第三个秋天。1959年秋季的杜布纳，景色更加五彩斑斓。尽管中苏两党的关系已在这一年的夏天出现裂痕（苏共1959年6月20日致信中共中央称，不给中国原子弹研制技术），但自然美景一如爬墙的红叶藤遮盖着社会主义大家庭政治高墙上的裂纹。9月的朝晖，红地毯般地铺向基辅会议大厅，王淦昌走上神圣的讲坛。

他，在那个国际会议上宣布辉煌的科研成果。

尽管这一重大科学事件轰动当年的物理学界，但凡知其重大意义者寥若晨星。文学浪漫的触角，在以往都怕攀缘科学严谨的圣墙，作家们因此不甚了解科技攻关中也有进击腊子口、飞夺泸定桥那样惊心动魄的情节，不知在20世纪科技大较量中，也有滑铁卢战役或淮海战役。

那一天，应叫"反西格马负超子日"。因为，一个奇异粒子的发现，等于一个微观世界的诞生，其意义并不亚于天主的华诞。

作家总是很浪漫的。王淦昌教授及其合作者不会同意把那一天的光荣花环冠以某一个人。但他的每一个合作者心里都明白，此一科学成果与教授天才的主导作用，以及他的爱国主义和国际主义精神分不开。他领导两个科学的小联合国攻占了一个科学的制高点；他为中国高能物理学领域带出一支天才的种子队，那个种子队的青年学者周光召、何祚麻、唐孝威、吕敏、方守贤、丁大钊、冼鼎昌、王乃彦等，他们先后成为中国科学院院士。王淦昌在日后致二机部的汇报信中，详述他们在联合所的卓越贡献，还特别表扬周光召等同志。

这一成果无疑具有深远的意义。英国《自然》杂志于1960年春指出："实验上发现反西格马负超子是在微观世界的图像上消灭了一个空白点。"

两年以后的1962年3月，当时世界上最大加速器上发现了反西格马负超子。该中心领导人韦斯科夫说："这一发现证明欧洲的物理学家在这一领域内已经与美国、苏联并驾齐驱了。"韦斯科夫应当注明，他的话是对反质子和反西格马负超子的发现而言。显然，西方的这个产儿，晚生于那位东方秋姑娘。

不过，诺贝尔物理奖获得者杨振宁教授的讲话，要比韦斯科夫的评价全面、准确。杨教授1972年访华时对周恩来总理说，联合原子核所这台加速器上所做的唯一值得称道的工作，就是王淦昌先生及其小组对反西格马负超子的发现。

1997年在家中会见杨振宁教授

　　这年发现反西格马负超子的主要成员是：中国的王淦昌、丁大钊、王祝翔，苏联的索洛维也夫、克拉特尼茨卡娅、库兹涅佐夫、尼基丁、维克斯勒、维辽索夫，越南的阮丁饧，捷克斯洛伐克的乌兰拉，朝鲜的金辛仁，罗马尼亚的米胡等。

　　凡是和王淦昌教授在杜布纳共事的外国学者，都不会忘记那几年时光。20世纪70年代初，我国有些基本粒子物理学家去国外参加国际会议遇到联合所的苏联同志时，他们还殷切问候教授，并自我介绍是淦昌师的学生。1989年，王淦昌和他的一位学生应邀访问杜布纳联合所，年届70岁的索洛维也夫仍然称王淦昌为老师，说淦昌师是他学科学、进行科学研究的导师。恭请恩师坐上正厅首位，汇报说，当年那个组如今已发展为20

多个研究小组了，但始终坚持联合合作的科研传统。20多年来，组织培养了近80位副博士、17位博士（苏联博士学位要求比其他国家要高许多）。白发敬皓首，索洛维也夫的尊师之情，浓于春意，烈于秋色，无不溢于言表。

其他国家的学者，也不忘在杜布纳受到王教授的暖照，他们每年都适时寄来圣诞贺卡，以美好的祝贺词遥寄他们对恩师的感念与敬意，落款皆是：永远敬爱您的学生……

当年，派往杜布纳的外国工作人员都有期限，但联合所领导布洛欣采夫和维克斯勒都诚挚地希望王淦昌能长期留下。尽管王淦昌的夫人吴月琴早已来到杜布纳，为他营造生活的温馨，两位院士还是选派一位女画家为他画像，又安排一位家庭女老师帮助他提高俄语水平，深怀长期挽留他于杜布纳之意。

1989年王淦昌重返杜布纳原子核研究所，并在该所作学术报告

1957年王淦昌（左）与苏联杜布纳联合原子核研究所所长布洛欣采夫（右）、罗马尼亚科学院院长在一起

　　然而，人类的弱点都是坑，都是沟。而人类美好的愿望，往往是被风撕碎的云和雾。1959年6月，赫鲁晓夫集团将中苏两党意识形态上的分歧带到国家之间的关系上，背信弃义，单方面撕毁了两国业已达成的各项协定，1960年8月，又将在中国工作的各个领域的援华专家撤走。这股阴风如此尖利冷酷，撕碎了云雾般的画，吹散了画一样的云雾。

　　1960年9月，二机部请求周总理调王淦昌回国。祖国呼唤她天才的儿子。

　　这年年底，王淦昌载誉归国，投入一场旷日持久的科技大较量中……

罗布泊的震波

1964年10月16日，好一个秋日！

这一天，中国在20世纪喊出最响亮的一句话：看我中华！

这句话发自中国罗布泊地区。

罗布泊以其强大的震波，告诉全世界："中国成功爆炸了她的第一颗原子弹。"罗布泊震撼全世界。

全世界都在猜测中国人——

在火药的故乡，谁能造出上帝都怕触摸的核火？谁是创造当代中国这一伟大奇迹的科学群体的灵魂人物？

世界物理学界自然想到他。

他就是王淦昌教授！

他，影响着中国几代物理学家。

1959年9月王淦昌（中）、唐孝威（左一）、力一（右一）参加在日内瓦召开的国际高能加速器会议

而他，几乎经历了中国20世纪全部重大的历史事件，他与祖国走过历史崎岖险峻的道路。

他知道有过这样的事。俞大维把研制原子弹的梦告诉蒋介石，蒋介石梦想以2万美元，叫吴大猷拿去制造原子弹。吴大猷想，美国政府为造原子弹，拨20亿美元给格罗夫斯和奥本海默，你老蒋却只给2万美元，一毛怎比得九牛之毛！也罢，圣旨难违，先派个朱光亚助教和一个三年级学生李政道赴美探索。

他们去到美国，却难走到美国的橡树岭。

原先答应给中国学者提供一切便利的那个美军顾问，后来给俞大维讲了一个神话——

"神犬问主，能否让我摸摸神杖？"

"主说，NO！吾怕他人误认汝为吾主。"

俞大维当时以为顾问是开玩笑的。许多天之后才省悟，人家不是开玩笑，而是对中国人的轻侮。一天，他问历史学家："那个大鼻子为什么对我讲这么一个神话呢？"

历史学家说："原因十分简单，帝国列强只爱叫中国为China，他们决不愿看到好摔着玩的瓷器，变成火爆的Powder（火药）或者Rocket（火箭）！"

据说蒋介石在重庆时，又听到部属争论鸡蛋与鸭蛋相比，哪种蛋最能养生。他心烦起来，恼火道："娘希匹，争什么，蛋好吃就行。"

美国愿教蒋介石生蛋，却绝不许中国人学会制造原子弹、氢弹。

这就是历史。帝国列强欺侮中国的百年史。

新中国刚走到历史的黎明时，厄运的阴影仍咬住她的脚后跟。1960年年底，王淦昌离开杜布纳，从莫斯科乘车回国。当他还在列车上，在五天五夜旅途中，中国不仅仍被美帝国主义的第七舰队封锁，还遭受灾荒的威胁。赫鲁晓夫领导集团背信弃义撕毁合同，撤走专家，进而逼债。那是抗美援朝的军火债，不还不行。回国前的一天，他将节省下来的5万卢布（1卢布值3美元）交给刘晓大使说，母债子还。他愿为祖国还债。可新中国像走在荆棘丛生的路上。

外国人因此断言，中国离开别人的帮助，20年内造不出原子弹。也许，永远走不出核威胁的魔影。所有的咒语如同命运之神的锁链，紧锁着新中国的手脚。

对此，毛泽东主席作出严正回答："要下决心搞尖端技术。赫鲁晓夫不给我们尖端技术，很好！如果给了，这个账是很难还的。"

聂荣臻元帅指出，靠人靠不住，也靠不起，党只能把希望寄托在本国科学家身上。

因此，二机部领导想到王淦昌。

二机部领导写信给周恩来总理，要求调他回国参与并主持原子弹研制工作。

周总理极为珍视王淦昌的爱国赤诚，珍视他在核物理学上卓越的建树，指示我驻苏使馆，务必保证王淦昌的安全，让他乘车回国。

祖国需要他，他奉召回国了。

但他还不知道召他回国做什么事。

1961年3月，二机部副部长刘杰、钱三强来电话邀请他面谈一件急事。

他急急忙忙挤上公共汽车。

北京背着大气袋的公共汽车，也像患了饥荒岁月流行的浮肿病，行驶十分缓慢。

他和各种职业的市民挤在车上，一样的黄皮肤，一样的黑头发，背靠背，肩挨肩，同行于一条道上，绝无耀眼的蓝色文化令人感到怪异。因为都黄，便都金贵。

金贵的是，北京人虽然也饿，也浮肿，也听到彼此的饥肠肠鸣，但没有无耻之手伸进同胞兜里，也无人窃取菜场上落于摊前的萝卜。

街道，也像首都市民的心境一样纯净。

这就是他的祖国。

这就是堪称全国各族人民敬仰的首都风范。

他如约走向三里河那幢碧瓦灰墙的大楼。

刘杰和钱三强向他传达党中央的决定：请他到研制原子弹的核武器研究九所担任技术领导工作，并将在青海高原从事"两弹"攻关任务。

他慨然接受这个春天的嘱托。

他毫不犹豫放下正在研究的课题，说"我愿以身许国！"

刘杰和钱三强深为他这句话感动，满怀热切的希望问他：

"能在三天内到原子弹研究所报到吗？"

第二天，他即和一同领受任务的彭桓武、郭永怀两位教授去九所上班了。

王淦昌从此走进一个陌生的领域。因要保密，他改名王京。王京的名字不上报纸，只偶尔出现在标明"不可倒置"的仪器箱上。

1963年9月中国科学院院部领导和原子能研究所学术委员会参加会议人员合影
第一排左起：王淦昌　李　毅　张文裕　邓照明　钱三强　李四光　吴有训
　　　　　　叶企孙　饶毓泰　周培源　施汝为　赵忠尧
第二排左起：刘书林　戴传曾　朱培基　肖　健　忻贤杰　张家骅　吴姬廉
　　　　　　何泽慧　力　一　彭桓武　梅镇岳　汪家鼎　徐光宪　汪德熙
　　　　　　刘静宜　汪敏熙　彭士禄
第三排左起：宋少章　连培生　王承书　吴乾章　李德平　周光召　李　林
　　　　　　黄祖洽　杨承宗　丁　渝　关肇直　曹本熹　吴征铠　张沛霖
　　　　　　朱洪元
第四排左起：李寿楠　谢　曦　苏振芳　蒋本沂　朱光亚　陆祖荫　屈志潜
　　　　　　钱皋韵　郑林生　胡济民　陈国珍　于　敏　陈维敬　金星南
　　　　　　范玉庭

从此，我国一大批像他这样的世界著名科学家，好像突然消逝了，变成外界用任何探测仪都难找到其径迹的"湮没星"，似乎只有地震探测仪才能测到这个科学群体生命的波动。

第一次震波发自北京燕山的长城脚下。

那时，我国的第一个爆轰物理试验场设在这里，在明代两个皇帝被俘禁锢的土木堡近旁，离官厅水库不远。

试验场是个半沙漠地带，又是风口，有条宽阔的季节河河床。无风时，河床像巨蟒的僵尸，暴雨一来，洪波急如奔雷，惊涛裂岸。雨过河干，烈日暴晒的沙砾，可烫焦青蛙肚皮。一旦来暴风，飞沙走石能把卡车铁板上的护漆打花刷掉，并将他们的帐篷掀上半空。冬季到来时，风冻僵了，沙暴死了，爆轰物理学家却来了。

仿佛最辉煌的历史，都要从荒凉写起。

几幢干打垒平房，像写在半沙漠地带的几组负数，摆在荒滩上。王淦昌到此之前，金属物理学家陈能宽博士和张寿齐、陈常宜、刘长禄等工程师已来这儿安营扎寨了。

据说，此地是由核物理学家、核武器研究九所朱光亚副所长，陪同外号叫"哑巴和尚"的苏联援华专家来"定点"的。哑巴和尚一到，就摆出几条理由反对朱光亚在此建场的意见。不轻易改变主意的朱光亚教授笑了笑，很礼貌地带他视察了几处，转回来时，他累得一屁股坐在滚烫的沙地上，叹一声说："朱，您是对的，还是这儿最合适。"

朱光亚是最先到任的教授级副所长。

有人说，李觉将军与这几位教授级副所长的组织领导才能远胜于美国的格罗夫斯将军与罗伯特·奥本海默。而善于选择进攻道路，不多话的朱光亚教授，简直准确得像原子钟的时针。

研究所八个室的领导，则是天才统帅部下设的天才将领。他们都善于攻关夺隘。王淦昌十分珍重这个才华横溢的科研群体，一来就与大家肝胆相照。

刘长禄工程师回忆道："我们都叫他王老，当我们遇到难题时，王老一来，大家便都觉得心里有谱了，王老的实验天才，会使一切难题迎刃而解。他待人亲切，不像'哑巴和尚'……"

说起"哑巴和尚"，核武器研究九所的科技人员都能讲起一两件耐人寻味的往事。青年人曾多次向他探询有关问题，他先是守口如瓶，被问急了，才列出读书清单，说，你们读了这25本书再谈原子弹研制问题。由于他有经不念，大家便谑称他为"哑巴和尚"。他不仅不念经，也不让中国学者念。刘长禄工程师曾带一本《火工品》去向他请教，当问及同步装置是否用一种电子元件时，他居然拂掉《火工品》，生气道："现在提这个问题不是时候！"他无时无处不对中国学者锁密。仿佛最高级的科学秘密，都必须锁在神秘的天国里，上帝只把钥匙交给他所宠爱的外国人。

刘长禄说，好在我们有王老这样的大师。

王淦昌教授春末夏初来时，实验队的帐篷还支在干涸的河床里，连生蒸气溶化炸药块的小茶炉也在河床浅岸的工棚中。连年大旱，不要说陈能宽带领的实验队，就连当地的几家老住户，都忘了这二三百米宽的铺遍砾石的地带曾是河床。他们甚至遗忘了雨。

不想，暴风雨突袭而来，哗啦啦下到半夜，山倾地塌般的洪峰从上游隆隆而来，浪推着风，风卷着浪，狂涛浊浪瞬息吞没帐篷和工棚。那大油桶般的茶炉也被漩涡卷走了。原先宽阔的河床，变成数百米宽十多里长的黄龙，翻滚着，怒号着，将牛羊死尸房梁楼柱破管烂筐树木草垛，一路推向下游，狂涛裂岸之声，不绝于耳。到天亮时，那狂涛怒浪如同出山的群狮已奔向远方，好像闹腾一夜的鬼怪已于黎明前销声遁逃，一切如故，这半沙漠地带死一般沉寂，唯有淤泥和三五片闪光的水洼证明，昨夜流过洪水。

实验队的科技人员倒不因顿失滔滔的长河而惋惜未能饱览其波澜的景观，而是因为洪水夺走他们的实验设备感到痛心。他们在陈能宽的带领下，个个卷起裤脚，分头在河床中寻找失物，直至日落，才在五公里远的下游河湾处找到茶炉。又借老乡的毛驴车，将茶炉运回实验场区。翌日上午，下游的老乡又送回两三只拌桶。

年轻人在这场自然界的浩劫中，所表现出来的爱国赤诚和勇敢精神，深使教授感动。他不因位尊年高袖手旁观年轻人与洪灾斗争，坚持以坚强集体的一员，参与重建实验场。在离河岸稍远的坡地架工棚，砌炉灶，锅炉和简易工棚造起来了，也比先前的故址安全了，但离河床里的水洼却远了。蒸炸药急需用水时，科技人员听到一声号令，无不放下手头的课题研究，拿出各自的脸盆排长龙到水洼中去舀水、传递水。

遇到这种情况，德高望重的教授决不会放过参与的机会。他甚至像爱游戏的孩童一般，把这种集体劳动视为难得的娱乐。他爱与青年人分享劳动的欢娱，仿佛心有青年人一样的逸趣，人也变得年轻了，笑眼里泛动童稚般的波光。

爆轰物理实验用的炸药元件，在爆炸时产生均匀的波长，以便高度聚焦波的内聚力，达到同一时间击发点火中子源，使铀核瞬间产生亿万对快中子，释放出巨大的能量。王老来后与陈能宽博士仔细研究实验方案存在的问题，指出问题的症结在炸药颗粒的均匀度上和模具的精度上，以及炸药主件的光洁度上。这样，就要在实验中不断改善制作流程和制作工艺。比如蒸药的时间，搅拌的力度等等。教授凭借多年的实验经验和丰富的数理化知识进行指导，帮助青年人逐一解决技术难题。

站在蒸气腾腾的拌桶前搅拌药泥很辛苦，有毒气体不仅侵蚀人的皮肤，也会伤肝害肺损脾。总之，是损害人的内脏。担此重任的，多半是复转军人。王教授见他们个个鬓黄面黄眼黄且肌瘦，心里隐隐作痛。为了爱护他们的健康，他规定全体职工务必戴双层口罩上岗，每岗搅拌时间不得超过15分钟，安检人员到时务必责令他们换岗。但是富有献身精神的复转军人，个个劳动热情饱满，往往拒绝执行规章制度不肯换岗，他就向行政领导和党总支建议将规章定为法规和纪律，三令五申必须严格遵守。实验队是个团结友爱的坚强集体。科技人员看到搅拌工人人手少，过于劳累，都抽空去换几班岗，人多了，得排队去替换岗上的同志。王教授为获得这一光荣的劳动权利，常持搅捧"加塞儿"。他"加塞儿"的"伎俩"实不亚于某个时期欲抢购紧俏商品的人。

陈能宽博士一旦发现教授"加塞儿"，总是要请他出列。其他年轻学者，也不忍心让他们年高的导师去吃那份"苦"，无不拦阻他上岗。但是，无论陈能宽还是他的青年伙伴，都不免有疏漏之处，使得他有可乘之隙。他一旦"得逞"，就快乐得像个顽童。

换岗，他视为光荣的置换。

此事传到城内的研究所，李觉急得从嘴里拔掉须臾不离口的古巴雪茄，指示办事人员，要他们传话到实验场，绝对禁止王教授"加塞儿"。

在大局决策上，李觉是原子弹研究所的主将；在实际工作中李觉是党联系群众的桥梁；在艰苦的生活里，李觉是大家的好友；在科学攻关的战役中，李觉既是指挥员又是战士；在生活待遇面前，李觉是专门利人毫不利己的中国共产党优秀党员。总之，这位物理大师从李觉身上看到希望，看到中国共产党因有李觉这样的众多的党员和干部，必将能克服任何困难，能办成任何一件于国于民有益的大事，从而深信，中国能成为富强的社会主义大国。

具有大学学历的李觉将军，一直保持敬师尊长的品德。他像年轻学者们一样尊称教授"王老"。他有时不得不以行政命令表示他对这位大科学家的尊敬与爱戴。他深知，在绘图板上绘制向富强之国进军的战线上，科技队伍将是我国夺取强国位置的主力兵团。他因而认为，凡是有时代感的共产党员干部都应尊重科学。怀着为国图强的共同愿望，他这时与王老大笑而言"彼此彼此"，是不言而喻的。

贫穷的环境还真能逼出人的智慧。中国人是最能在恶劣的生存环境里发展自己的。几位技师终于依靠他们的才力和体力，铺设好锅炉用自来水管，还能将余热输送到干打垒住房。

由于要试验题目增加，必须开辟新的实验区。他们又在紧张地开挖地沟，埋电缆，架设电线。沙石地，一镢一窝砾石，硬碰硬，镢头迸迸射火星，震得手臂发麻。架设高压线的设备和器件短缺，技术人员为此要跑很远的路去寻觅，为此吃尽苦头才小有所获。不管怎样，他们还是赶在冬季到来之前做好新一轮爆轰物理实验准备。

冬天是追着他们的行踪到来的。

纷纷扬扬的大雪覆盖了北国的崇山峻岭，古老长城宛若银鳞闪闪的巨龙蜿蜒盘绕于北国大地。严冬封冻不住物理学家们的工作进程，爆轰物理实验即使在寒夜里也进行。

那个供给蒸气的锅炉，日夜炭火不熄，挑灯夜战的爆轰物理学家们，似乎还有"大跃进"那股劲头，但现在的跃进，是飞跃在科学轨道上。

一天，张爱萍将军来访，绕着小锅炉转了两三圈，对张寿齐工程师说："这个锅炉功劳不小呀，叫它什么锅？"

"米海哈依尔锅。"张寿齐回答。

张寿齐向将军解释，米海哈依尔是苏联劳动英雄，他的名字家喻户晓，流传到各个社会主义国家。

"米海哈依尔是苏联的劳动英雄，你们是我国社会主义建设的劳动英雄，为什么要用他的名字来命名这口锅呢？"将军沉思片刻，用食指弹弹炉壁道，"就叫它争气锅吧。"

将军在锅炉房里谈话时，听到几次"炮"响，说到争气锅时，又一次"炮"声做注解似的，响了，从场区波动到锅炉房地面。这好像给他长达两个多月的调查画了个句号。

他笑道，王教授准在那儿。

果然，王教授"加塞儿"在爆轰实验队里。

他与教授热烈握手，此刻已不必问教授关于下马还是上马的问题。还需问教授研制原子弹的决心么，不必了。他对教授笑道，炮声已告诉我。

传说，这是将军与教授历史性的会晤。传说这次会晤之后，将军满怀信心地将调查报告呈交中央军委，并转呈中央书记处，传说书记处邓小平阅过，由罗瑞卿大将写成一页半纸，呈毛主席批阅。

毛主席批示：很好，照办。要大力协同做好这件工作。于是，同样饥饿的中国共产党人，以崇高的爱国主义精神，以他们身体力行的美德，以社会主义制度的优越性，在全国"一盘棋"的精妙阵势上架炮走马出车拱卒，向困难进军，向科学进军，把中华民族这股伟大的力量，放在科学的轨道上运行。人人都急国家之所急，人人都将己有奉献给国家之所需，甚至正在发育成长过程中的少先队员，为了支援科技攻关战斗，也节省早餐的二两粮票。

这就是当时的中国。

当时，诗人郭小川的《向困难进军》是学生们最爱朗诵的诗篇。

在长城脚下，王淦昌把试验场当作课堂，把课堂当作试验场，他既给青年人讲课，又常向他们请教各种问题，一条路走不通，他提出走另一条路，并且通过爆轰试验诊断各种方案。一方面做到物理实验与理论设计的吻合，一方面以精确的数据去修正理论设计。

因此，每天要做若干次爆轰试验。有时，半夜里也做。谁稍有点疏忽，都会受到他严厉的批评："怎么能这样马虎呢？知道不，测不到数据等于白做一次试验，白花一次钱你不心疼么？"谁若不按时完成他提出的课题，他会叹息一声说："唉，进度被延误了呀。"这比批评还锥痛人心。有一次，他回城请邓稼先计算一个方程，邓称因别的课题缠身，请求他宽限，他说："好，我等你半天吧。"这是对邓稼先例外的照顾。

他当然得经常回城参加理论设计的方案论证会。王淦昌极为尊重主持理论部的彭桓武教授，笑道："答案在彭桓武教授的口袋里呢，请掏他的腰包吧。"

谁都知道，彭桓武与程开甲，都曾就学于马克斯·玻恩门下，都是玻恩的高徒，而玻恩的门徒奥本海默、泰勒、海森堡、福克斯等人，又都曾是原子弹、氢弹的研制者。

无论爆轰物理试验还是理论设计部，都有"拦路虎"。大师们同样要在陌生领域里摸索研制原子弹的途径。彭桓武也会遇到难题。有一次，他把他的乒乓球球友、数学天才和玩桥牌的"魔术师"周毓麟扯到食堂的一角去，请教存在定理的不动点证法，说："你把这个问题讲清楚了，我陪你打三局乒乓球。"他有时独自在街道上边啃高价油条边思考，以致引起责任心极强的警察生疑，很礼貌地请他进派出所喝杯热茶，受到审讯，他还以为那是很有意思的神侃呢。

王淦昌的思维活跃程度并不亚于他的学生们。在那个曾种过高粱的大院里，他无论遇到谁，都要提出问题，不然，就带问题去敲门。他兜里揣着一个记事本，他每次掏出本子飞快记录的情景，给年轻人留下极为深刻的印象。

大师有时像个小学生——一位姓杨的同志回忆道，正因为淦昌师勤学好问，爱提出各种问题，他才那么有学问，也像尼尔斯·玻尔，是新观念的助产婆。

也许如此吧，实验部的金属物理学家陈能宽教授一个突破性的方案，深受他的推崇。

他领导的实验部出现了一批功勋卓著的科学家，比如胡仁宇、唐孝威、龙文光、钱晋、陈常宜、张寿齐、华欣生等等。有的日后成为中国科学院和中国工程院的院士，有的是核武器研究院的科研攻关主将，有的成为大学里的大教授。

陈能宽方案的突破，为第一颗原子弹艰苦的研制工作铺设了一条通向成功的路。

王淦昌教授也常关注中子源的研制工作，他不时驱车去房山县，一下车，就沿着荒坡小径走去，进入王方定领导的中子源研制小组的工棚。

那个工棚，原是存放农具的工具房，房子原先无墙，也没有门，因为周边的老百姓即使饿坏了，也没有谁来偷摘菜园里的萝卜，谁会去偷窃农具呢。社会是个无须防盗的好社会。但做中子源，要保密，王方定他们才扎起芦苇墙，再糊上泥，便成为可挡风雨又可遮人耳目的墙了。他们其实也是为了避免那位援华专家的干预才躲到这个小屋研制中子源的。王方定的得力助手罗德群说，我们不能按照那位顾问的时间表行事，只好偷偷干。不过，在这片荒坡上做实验，冬天如在冰窖里受冻，夏季像在火炉里被烤，还要被成团的蚊虫轮番袭扰。谁想得到，燧人氏的后代，在如此简陋的工棚里从事尖端科技研究，制造中国神火？

没有中子源，就不能引起核爆炸。中科院十分重视这个关键部件的研制工作，由何泽慧教授主持，让傅依备、王方定等分三路攻关。这个工棚尤其受到重视，据说，钱三强、何泽慧夫妇以及朱光亚等教授，常来关照，他们每次到来，都有个生动的故事。

罗德群说，当时生活极为艰苦，饿狠了，也没空采灰灰菜来煮汤充饥，王方定因此饿坏了胃，往往在做关键性实验时胃痛发作，痛得浑身汗湿，仍坚持做，及至昏倒在桌旁，还想到一个程序。在组里，罗德群算是身体强壮了，也饿得干瘦，但与放射性物质和活跃元素打交道，他不敢有半点疏忽，甚至渴

1992年4月20日在
京西宾馆召开学部
大会时与钱三强、
何泽慧夫妇合影

得唇焦舌燥也不敢喝一口水。因此，常听到饥肠轰鸣。一次，淦昌师突然到来，连防护服都忘了穿就问他有什么难题，接着，指导他做实验和测试，告诉他问题的症结所在，教他如何解决颗粒均匀度和气密度的方法。淦昌师正在详述问题呢，罗的饥肠叫了，叫得那么响，那么放肆，甚使他难堪。教授似未听闻，只借口歇一会儿，让他出门去透透气，解解乏。

罗德群说，淦昌师每次来传授制备技巧和实验方法都忘却时间，直到夕阳被饥饿的大地啃掉大半，夜影爬到门前才离去。临别时淦昌师慰勉地说："饥荒岁月，都饿呵，只要饿不倒就要坚持干，不干就没出路。"

淦昌师其实也饿，但他坚持赶去实验场。长城脚下1000多次的炮轰物理实验，不时波动着死寂的荒漠，宣示着科技工作者艰苦奋斗为国图强的精神。

自古以来，水灾旱灾白灾黑灾，几乎每年都降临我们的国土。三年"困难时期"，旱灾闹得最狠，烈日高悬，赤地千里，连续三年，颗粒无收。

这三年，是中国知识分子最悲壮也最辉煌的三年。他们的开拓精神，艰苦奋斗精神，团结协作精神，无私奉献精神，受到党中央和全国人民的高度尊重与珍爱。

那时，周总理和邓大姐也按粮食定量生活，因此，每当科学家们云集在西华厅开会到深夜，总理出钱请大家吃夜宵，每桌一大盆白菜豆腐肉片汤，四碟江苏风味小菜，每人二两饭或二两馒头。饭后，由秘书收粮票不收钱。一次，周总理委托陈毅和聂荣臻两位元帅召集自然科学家会议，王淦昌等科学家步入会场时惊疑地发现，会场原来是宴会厅。两位元帅呵呵笑，对大家说："总理得知各位也受饥荒，生怕各位身体衰弱，委托我们召集这个会议，会议主题只有一个，吃肉！"

科学家们既感到意外，又感到酸楚。毛主席和中央领导们都戒荤了呀，为何单单给我们举行一个吃肉的会？古今中外，何曾有哪一个国家专为科学家举办以吃肉为主旨的餐会呵！

他们相邀入席时，周总理来了。总理代表党中央毛主席向大家致意后说："这个会，只请大家来补补营养，希望大家吃好吃饱，请！"便请钱学森、钱三强坐在他身旁。他给同席的科学家夹菜后，即和两位元帅出席敬酒。

陈毅来到王淦昌席前，抱拳问："教授同志，你那个东西什么时候响呀？"

因为保密，王淦昌只是笑着点点头。

陈毅便意味深长地笑道:"各位,我陈毅可是指望你们撑腰呵,你们搞响了,我这个外长说话才硬,才响亮哩!"

党中央为了科学家们的健康,还多次安排他们去疗养院休养。王淦昌等几位科学家被请去广东从化温泉疗养院时,他万想不到,朱老总、陈老总、聂老总正在那儿迎候他多时。陈毅元帅一见面就笑着问:"教授同志,那个东西几时响呀!一年?两年?那么三年吧?"

王淦昌只能回答:"快了,快了,我们在加快研制进程呵!"

但是,比战争还更残酷的灾荒和饥荒仍在磨难着中国。在王淦昌领导的实验部紧张地进行聚焦波实验的同时,饥荒似也聚焦到那个半沙漠地带。秋风好像故意戏弄人,它把一个红果刮落到老百姓院墙外,一个技术员捡起,正要在地上压上一角纸币时,却被民兵抓了。那时的人,可以忍受饥饿,但不能容忍偷窃的行为,当他们了解到他想买去送给浮肿的同志吃时,即带上一篮红果,送他回实验场。为了对付饥饿的烦扰,王淦昌的学生们常在深夜坐在漠风拍打的帐篷里举行"精神会餐",描述各自家乡的风味美食,而后进入梦乡去觅食,却不知饥肠在发出辘辘的震波。

"精神会餐"的主持者,常常是陈能宽博士。

一天,陈能宽去密云水库管理处办事,办完公务走在湖岸上时,忽然萌发童年时代摸鱼捞虾的兴趣,便借来一根手竿,试着钓鱼。他会钓,下钩不一会儿,就钓到一尾近两公斤重的鲤鱼。

陈能宽钓到一尾鲤鱼的喜讯，好比他拿出一个方案激动人心。深受饥饿煎熬的青年学者们欢笑着来回观看，无不看得馋涎欲滴。于是，他们的学术带头人陈能宽学着欧洲大物理学家希尔贝特的口气征询大家的意见："那么，同志，就是你吧，请准确地告诉我，这条鱼该取什么样的价值走向？"

大家的回答，正合他的心思。

"让它给淦昌师补补营养。"

然而，要使王淦昌接受这尾鱼，恐怕比复杂的物理实验困难万倍。陈能宽又像主持攻关小组会那样，请大家围着在水桶里游动的鲤鱼献计献策，半小时后，他们对淦昌师说师母烹调技术高超，为了对得起这尾鱼，应该被送到老师家去，然后，大家一同到导师家，共进一次美餐……

王淦昌在最艰苦的岁月里，和他的学生们沐风浴雨，共渡苦寒，在一年内为祖国进行上千次爆轰物理试验。一次接一次的波动，振奋着古老的长城。长城，再不像九龙壁上的龙，中华民族囿于那块石壁上几百年的猛威萌动了。

这是科学的胎动。

祖国的腹地感觉到那个胎儿的呼吸。

核武器研究院突破理论设计难关之际，我国的经济也从困境中探出头来，吐了一口气，那口气，便吐出一个仍打寒战的春天。1963年的春天虽然乍暖还寒，孱弱了些，毕竟在姹紫嫣红中透出朦胧的生机，朦胧的美。

三年灾荒中，周总理一方面忙于其他国务，一方面抓国防尖端科学技术。他深知，国防尖端科技不仅能增强新中国自己的武威，更能带动国民经济腾飞。因此，他再忙，也一定要与科学家讨论，具体指导研制工作的每一段进程，并且统领全国大协作，为科研所需开绿灯。有一次，总理接见外宾后准时赶来参加讨论会，人民大会堂的工作人员见总理又在饿饭，就用茶杯盛上玉米粥送到总理座前的茶几上。总理一边当茶喝，一边倾听大家发言，竟忘了喝。会后，还剩小半杯玉米粥，他不让倒掉，带上车去，又赶往下一个工作地点。

周恩来总理可谓是全国的楷模，从他身上可以看到那个时代的风范。

1963年初，实验部为了适应大规模的试验要求，要上青海高原。临行前，张爱萍将军来送行，做了个诗意的报告，说青海湖畔的金银滩草原，真个是"天苍苍，野茫茫，风吹草低见牛羊"。他还给大家改了唐诗，"羌笛何须怨杨柳，春风已度玉门关"。别说那边无故人，不，"西出阳关有故人"。我们要有"不斩楼兰誓不还"的决心，去赢得攻关的大胜利。他只讲了几分钟的话，却能给大家以极大的鼓舞，话音一落，李觉院长即迭声道，走走走，带头上高原去。

此前，李觉多次上青海高原和吴际霖副院长在那儿筹建科研、实验、生产为一体的核武器研究院基地。那时的金银滩草原，还有野驴群、黄羊群、狼群。野畜们都不怕人。创业者燃起篝火时，旱獭即钻出草地立起，前腿垂胸，好奇地围观他们。深夜，狼群的突然造访，比抢头条新闻的记者还更热烈，足见那儿的荒凉。

尽管荒凉，李觉还是带领建设者建起了一座新城，为科技人员的到来，准备好必备的条件。由于人多，楼房不够分配，李觉带领机关行政干部住进地窝棚，而让科技人员住进暖楼。

李觉住的地窝棚没有什么特别，也是半截在地下，也是黑毛毡盖顶，也是土木围墙，也无暖气，这在海拔3200米以上的高寒地带，无异于住冰窖。李觉将军直到调离核试验研究院去任二机部副部长之前，都住在那个地窝棚里。

王淦昌行前也给年轻人做思想工作，他说，做爆轰物理实验，不像玩"二踢脚"的孩子，可在街头巷尾、在自家门前玩，我们必须到最荒凉的地方去。不去，就做不成大事。勉励年轻人多出去走一走，到大世界去实践。

他大半生都是在大世界里走的。他从离乡去沙溪小学读书

1964年参加核试验的科学家和解放军指战员合影。前排左起：王汝芝、张蕴钰、程开甲、郭永怀、彭桓武、王淦昌、朱光亚、张爱萍、刘西尧、李觉、吴际霖、陈能宽、邓稼先

至今，生活一直流动着，唯其如此，他的科学思维才像潺潺的山溪为着美的憧憬而奔涌不息吧。

这次，由于严格的保密规定，他不能告诉家人将去何方，只对夫人吴月琴谎称，去兰州出差，要在那儿工作一段时间。

他用美丽的谎言抚慰了挚爱着他的夫人，便上了青海高原。

高原基地处于冰山雪岭环抱的金银滩草原，九曲八弯的湟水流经祁连山深处的密林里，银线般地穿过绿草滩，流入蓝波闪闪的青海湖。

当时，先登上高原做实验技术准备的一位核测量专家，就是曾师从王淦昌在杜布纳工作的唐孝威。几年前，教授要他做的课题，现在派上了用场。甚至教授在杜布纳宿舍里给他出的计算题，如今也得到应用。唐孝威在核测量理论上的造诣和实验制备的天才构思，深受这位大师的赞赏。教授曾说："唐孝威的中子点火测试工作给他印象极深，就是因为这种实验难度很大。"而中子点火技术，是促使原子弹成功爆炸的关键技

20世纪60年代与夫人吴月琴在中关村宿舍区花园

术。"这几次中子点火实验的成功，是理论工作和实验工作密切配合的结果。整个进程中邓稼先领导的理论计算和唐孝威负责的实验测试配合得非常好。"（引自周发勤《蘑菇云在东方升起》）

王淦昌到达高原时，唐孝威已和测试组成员准备好了试验条件。唐孝威身体虚弱，又患有严重的类风湿关节炎，到了高寒地带工作后，病情已加重到走动艰难的程度。但他们像自己尊敬的导师那样，顽强地工作着。

正被病痛折磨的唐孝威见老教授亲临高原指导实验工作，万分高兴。同时，也为教授的高血压病患担忧。这座建设在世界屋脊上的原子城，空气稀薄，饭煮不熟，肉煨不烂，等于吃生饭菜度日，许多年轻人由于环境不适，过来不久身体就垮了。由于高原缺氧，年轻人走路都气喘，将近花甲之年的王教授能坚持下去么？

这并非"杞人忧天"，李觉将军就曾电令西宁办事处，务必延留40岁以上的科技人员，尤其是像王教授这样的科学家，都应先在海拔1800米的西宁多住几天，适应后才许上金银滩。电令里特别强调他们是国宝，国宝是应该倍加爱护的。

但是，谁都不能阻拦"只争朝夕"的王淦昌教授。他一到西宁就叫警卫员备车，连夜赶路。

翌日，他在原子城的暖楼醒起，出去散步时，见李觉钻出地窝棚，甚为感慨。李觉却乐呵呵地笑指刚钻出地面草窝的一只鸟说，高原无树，鸟儿也都住地窝呢。李觉带领行政人员为科技人员让房的事，给王淦昌以深刻印象。1993年1月14日李觉80大寿，年岁已高的王淦昌向他祝寿时说："你是原子弹第一功臣呵。"彭桓武教授即席作诗，曰：

> 忆昔峥嵘岁月稠，花园餐食励同俦；
> 草原棚内排兵马，戈壁滩上献彩球。
> 喜值新春联老友，寿臻八秩祝千秋；
> 长髯厚直将军健，犹有豪情作远游。

在我国受王淦昌、彭桓武、陈能宽、唐孝威等众多的中科院院士祝寿的将军，不多见。据说，王淦昌教授当时将诗写成横幅，并署彭桓武诗、王淦昌书。

其中第三行"草原棚内排兵马"的"棚内"，指将军住宿与办公的那个地窝棚。如今，科学家们每当回忆那段生活，无不认为应该保留李觉将军住过的地窝棚，既为铭记历史，也为警示未来。那是高原一美饰呵。

美饰，也是标志吧。在这支科技队伍中，最年长的王淦昌教授的榜样，也影响他四周的年轻人。他很少住在暖楼里，经常深入实验室和试验场区各个工号，和大家研究试验中的难题，犹如几年前在杜布纳教导中外学者以"有意义"事例去捕捉反西格马负超子的迹象，如今他指导本国青年学者如何进行校验测量。人们如果不会运用巧妙的测量方法和测量标准去探测核爆炸情况，无异于瞎子放炮，谁能正确描述核爆炸瞬间的复杂现象呢？

所幸的是，胡仁宇、唐孝威等年轻的核测量专家以他们的才智和严谨的作风，甚使这位物理大师欣慰。

他作为实验与技术的领导，要关照的事情自然很多，为了做到"万无一失"，他甚至一颗螺丝的加工和一个小小的焊点，都要严格把关。有人说，一颗原子弹的构造，几乎用上20世纪全部最先进的自然科学学科和工业技术，其复杂而又精妙的工艺更是像个迷宫。王淦昌作为技术总管，却并非是万能的。但他如果有一点不知，又是万万不能的。因此，他都要看，要问，要学，要记录，要思考，要亲自督察，周到细致地查看每一个工艺流程。

他经常告诫做爆轰物理试验的同志："雷管一定要保证质量，必须安装到位。不能有一丝一毫的马虎。如果有一个质量不好，或者有一个插不到位，波形就不好，最后就达不到理想的目的。"

有一种新研制的雷管在运输途中突然爆炸，一些同志被这事故炸蒙了头，找不到原因，忧心如焚。而新的试验又急需这种预制雷管，怎么办？

王淦昌凭借他渊博的知识和多年积累的经验，迅速判断这是静电积累所致，当即要技术人员进行验证和实验，结果证明他的判断完全正确。

类似这样的事，不胜枚举。他每解决一个问题，都能从原理到方法给大家上一堂实验物理课。人说他是物理诊所的大夫。

其实，他那奇异的"神功"，多半是学来的，他走到哪儿学到哪儿。另外，则是勤于思考，这既是出于他的习惯，也是出于"责任心驱动"。在空气稀薄的高原，患高血压症的人常常失眠，责任心也不许他安眠，他便撒开思维网去捕捉实验工作中的每一个疑点。一天，他在半夜里想到一个问题，即叫醒警卫员任银乐要车，同去总装车间。工人师傅们见他半夜来工作，深受感动，都劝他休息，劝不走，他们就抬来行军床摆在机床旁，让他半卧在床上看他们操作。他们说，王老您年事最高，可不能与我们年轻人熬呀。

那时，他已56岁，血压常常高达临界。

有些实验工号离原子城远，得乘车去。他往往不等派来小车，就搭卡车跑。路况不佳，有的路段像搓板，车颠人也颠，有人说俏皮话，说王老与我们颠簸，也变得年轻了。

"那么，我就多颠簸吧。"他笑道。

他一到，就与大家进工号车间研究问题，之后和大家在一口锅里吃饭，围在一起进餐。管理员念他太辛苦，见他来时，都吩咐炊事员多做一两个菜，年轻人每次围着他用餐，都像孩子般高兴，笑道："王老，您多来呵，您一来我们就能打牙祭。"

"我会多来的，会的。"他笑着劝年轻人吃饱吃好，鼓劲儿把工作做好。

那些年轻人若干年后，都成了专家、课题带头人。他们说，在高原上，李觉院长和淦昌师最受大家敬爱。他俩是圣城——原子城里的两大天尊。

核武器研究院的赵子立说，王老工作忙，忙得棉衣剐破了，露出破絮来，全然不知，初上高原的技术员都把他当作工厂里的老师傅。星期日，他们在草坪上打排球，球滚下缓坡，恰恰滚到他面前，他们就喊："喂，老头儿，劳驾……"他捡起球，抱到球场，看了看表笑道："再玩10分钟，回去做实验呵。"他们才知道这位师傅原来是世界著名的核物理学家王淦昌，忙鞠个躬，跑回实验室。

那个实验室，离原子城有5公里多远，专事实验人体与"球体"之间的感应。被用作实验的"人"，通过测试仪是个仿真"人"。那人有"内功"，你控制他的内功，看他在和球体接触的过程中出现何种感应。这是测试人与球体的亚临界状态。因为，到全球总装时，人难免接近或接触球体。事先做了这种实验，好采取防护措施。

这种实验，马虎不得。

美国曾有两三个因辐射致死的科学家。

1945年8月21日，26岁的青年物理学家哈里·达尼安，在用小量可裂变的物质做实验时，不慎接触十分之几秒的链式反应，右手碰上很强的核辐射。住院不久，手指隐痛起来，接着出现红肿，体内无一处不剧痛。头发脱落了，白血球激增。事件发生24天后，哈里·达尼安痛苦死去。

哈里·达尼安死后八个月，曾为人类第一颗原子弹做临界质量的物理学家斯洛廷也因辐射致死。

路易斯·斯洛廷还算幸运，当局还允许他的好友和亲人探视和陪伴。另一个神秘死去的名叫威廉·特维切尔的放射学家，则被警卫隔离在旧金山的莱特曼医院里，谁都不许接近。

这些核辐射造成的死亡事件，多年之后才能解密透露于媒体。1949年，美国报刊又透露出一些惊世骇俗的秘密，美国当年居然在某地用飞机撒播放射性物质，用活人做效应实验。此一秘密事件的揭露，对于谆谆教导他国尊重人权的美国政府，不啻是一记响亮的耳光。

而我国政府对于核试验，则是做出极为严格的规定。摆在首位的，是确保人身生命安全。据说，周恩来总理曾严令，务必做到，带有放射性尘埃的烟道，一定要沿边界无人区落到远海去。

那次，尽管我国气象学界的神仙们如愿做到了，总理仍不放心，一定要医务人员进入湮道过处的莽原荒野，寻找那时进入该地带打猎的94个人逐一抽血样化验，及至无一受污染的报告通过电话传到北京，总理才放心。

由此可见，核武器研究院的领导和科学家们对临界质量实验的重视程度。

王淦昌教授是实验部的技术总指挥导师，他自然更为关心其实验工号的安全保障和研究成果。由于心系全体科技人员的安危，他不管工作多么劳累，高原反应如何难受，都要抽空到该工号来关照从事临界质量试验的年轻学者，直到明了各种情况下的安全系数，他才放心。

一次，他发现实验员未穿好防护服就要进入实验室，赶忙叫住，批评道："为什么不严格遵守规章制度？"

他们说，时间紧迫，一忙，就忘了。那时的年轻人，都只想为国图强。他们私下言论，咱们中国的原子弹早点儿响，美国政府就会少用屁股说话。

因此，他们要抢时间，拼命干活儿，置个人的安危于不顾。

"做这样的实验，马虎不得。"王淦昌耐心地教导他们遵守操作规则的重要性。他说："正因为你们有献身精神，才见得人生的珍贵。所以，才要你们严格遵守规章制度，这是出于对你们的爱护。要知道，人的生命是最珍贵的呀！"

一切都在有序不紊中进行，时间似乎也在严格的实验程序中安全地走向爆轰物理实验的每一个零时，又从辉煌的光闪中迈进新的实验准备阶段。

1967年在新疆核试验场王淦昌（左一）、郭永怀（左三）、邓稼先（右二）

关于天堂的种种传说，在原子城里都变成活生生的——人是真诚的，事是真实的，王淦昌教授觉得，他生活在非凡的人群中。这个伟大集体，通过天才的劳动，在世界屋脊上创造了一个接一个令人振奋的奇迹。

王淦昌教授有两代学生在高原上与他工作，他们无不作出天才的贡献，就是爱踢足球的那群青年，也在他的教导和影响下，做出不小的成绩。如此，全球模拟试验准备工作就绪了。1964年6月，原子城迎来不同寻常的一天。

提起这次试验的一些细节，报章上似乎讳莫如深。文学的意念像古树上的花苞，隐含童稚般的羞怯。当时参试的科学家们大概也以这种心理来对待他们研制出的那个"全球"吧，人在自己创造的伟绩面前变得渺小了。为了一个"减震"问题，甚至使大科学家们都绞尽脑汁，才想出奇妙的土办法——用沙发从总装厂抬"全球"到15公里的试验场去。于是，王淦昌教授——这位天才的实验物理学家，和他的好友及其学生们——一群中华民族的科学才子，在世界屋脊上演出了最幼稚而又最严肃、最神圣的一幕。

　　　　一个古老民族的科技队伍，
　　　　犹如天国的孩童扮演轿夫。
　　　　他们抬起自己制造的雷神，
　　　　庄严地起步于高原上的黎明。
　　　　最高行政长官变成了孩子头，

天才们以轿夫的节奏跟他走，

冰山雪岭惊骇得闪开大道时，

中国已走到原子时代的门口……

中国，好像在那天突然从幼稚走向成熟，从弱小变为强大，从荒凉闪出辉煌。"全球"的原理试验成功了，王淦昌的学生唐孝威测出令人满意的数据，如同测出中华民族本身的心力、智力、体力。那炽烈的光闪，那威猛的波动，都在荧屏上显示预定的标准波形和数据，也显示了中国人的强健和伟大。

王淦昌无疑是最高兴的。他欣喜得像当年在贵州湄潭撩开衣角让学生们看他的实验成果那样，眼里泛起童稚般的微笑。

然而，成功的验证还得看照相底片如何，当胡仁宇和唐孝威拿着底片进入会议室报告"测试信号理想，试验圆满成功"时，全场热烈鼓掌，大家互相祝贺。

王淦昌鼓掌欢笑："好呵，好好，真叫人高兴呵。"

他暗自判断：第一颗"争气弹"爆炸之日临近了。

高原六月春未晓，残雪犹凝迟归鸟；

长空寒碧白云静，阔海暖晴蓝波摇。

独闻百灵钻天歌，唯见嫩绿出墙脚；

惊蛰雷鸣一声笑，和风微微扶弱草。

一位爆轰物理学家触景生情，低吟这几行古体诗，憧憬事业的葳蕤之势。

这年，时序似乎紧缩也紧迫了。因为1963年的美、英、苏"三家条约"犹如抛向新中国的绞索，要绞杀我国新生的原子能工业。我国必须加快原子弹研制工程进度。

时间，像燃速极快的鞭炮催促着人们。

严峻的国际环境促使中国与时间赛跑。

4月，周总理主持第八次专委会。会上决定：原子弹采用塔爆方式；限于9月10日之前做好一切试验准备；要求做到"保响，保测，保安全，一次成功"。总理还要求，一次试验，多方收效，再次强调十六字方针："严肃认真，周到细致，稳妥可靠，万无一失。"

如此，更不能失去时日，周总理要求全国各条战线，都急"争气弹"之所需，路路开绿灯，让这一神圣的事业畅快无阻地通行。终于，在10月引发出高原的惊蛰之雷。

但在国外，一些人仍做遏制中国的梦。

中国却是醒着的。

一天深夜，王淦昌又驱车来到总装车间。他的警卫员任银乐说，那些日子里，王老好像没合过一次眼没打过一个盹儿。

科学家珍视时间，更为看重比时间珍贵的人生使命。

但凡要开论证会，教授生怕迟到，都请警卫员提个醒。一次，他因为思考问题，误了与会者的时间，过后批评警卫员为什么忘了看表。

警卫员说："表丢在兰州招待所里了。"

20世纪60年代王淦昌、聂荣臻（中）、朱光亚（右）在核试验基地

"唉，没有表怎么行呵。"他记住这件事。

一天，他路过商店，去买一块上海表送给那位警卫员，怕警卫员不接受，借口道："你要结婚了，这是我送给你的礼品。"还补充道，"有了表，就不会误车。"

警卫员自然明白他的心意，此后，常常提醒教授，该在何时歇一会儿，该在什么时候出门赶到工作地点。

当他驾驭时间的快马驰骋在高原上时，他的学生程开甲教授、忻贤杰和吕敏等也乘着时间的快马，在祖国西北的罗布泊地区，展开更为紧张的试验场区的技术准备工作。中国的历史上紧了发条，秒针正迈开长足，飞快地从负数逼近核爆炸的零时。尽管核霸国的"三家条约"不断地从他们的喉咙里抛出禁止核试验和核扩散的套马索，终究未能绊住由周恩来、聂荣臻亲自指挥的中国科技队伍。张爱萍上将领导的核试验总指挥部已悄悄在罗布泊地区汇集各路参试大军，好像把全民族的力量集中到了那个聚焦点，孔雀河畔耸立起一座百多米高的爆塔，死去千年的大戈壁滩突然活了，出现一座座帐篷城。作为物理实验的导师，王淦昌教授自然走下高原，来到这个神秘而荒凉的戈壁王国。

临近大试验时刻，王淦昌教授工作得越发紧张，也更细致。尽管技术准备都已一丝不苟地按照程序完成，他仍忐忑不安地在指挥部帐篷里来回踱步，不时问他的学生程开甲、唐孝威等专家，是否有疏漏之处，他甚至想叫邓稼先帮助他推算一个问题。

导师如此，学生更甚。有的想半夜开车去工号打开包装再检查一遍。这件事被张爱萍将军知道了，劝他们镇静下来，经过检验了的仪器一概不许动。将军说："你们可别像猴子搬娃娃，颠来倒去呵。"

将军为缓解科学家们的紧张情绪，请他们去临时停机坪参观直升机，还亲自陪同他们的导师王淦昌、彭桓武等大教授乘直升机去浏览古楼兰王国。考察文化遗迹，捡秦砖汉瓦，在那儿吟诗作赋填词。他建议，此后凡做大试验，大家都要作诗。后来，"核诗"多如泉涌，有的还出了诗集。将军认为，诗境无边，人的神思可在无限的诗境上自由欢翔。

但是，还是有人难以安静。最紧张的人莫过于理论部领头人邓稼先教授。他一紧张就跑厕所，隔三五分钟去一次。他那么急，就是坐着，也急出一身汗。

中国历史终于迈进1964年10月16日这一天，并在15时掀动核宝库的门铃。强光一闪，地动山摇，分娩的大地溅起一片血光。冲击波奔雷似地追随热辐射去摧毁方圆几十公里荒滩上的效应物。那些效应物仿佛历史陈列的帝国列强百年侵华史的罪证、罪犯，在瞬间的闪击下，化作齑粉，灰飞烟灭。爆炸的原子弹以其熔铁化石无坚不摧的磅礴威势，显示了中华民族强大的凝聚力和爆发力。铁塔气化了，只留下几根弯曲扭结的钢筋伏在地面，而巨大的蘑菇红云却仍然翻腾着烈焰浓烟隆隆升腾，向漠野投下30平方公里大的阴影，宛若突然怒耸而起的庞然大物。

这个威猛的大物，就是中国魂！

人们崇拜伟大，但这伟大的业绩却是人们创造的。人们歌颂辉煌，而这比1000颗太阳还亮的火球，正是出于中国人富于创造的双手。

张爱萍将军一望见蘑菇云怒耸而起，兴奋万分，抑制不住激动的感情，大声向周总理报告："总理，爆炸成功了！"

对讲机在他的座位前，一根红线连着北京，连着中南海西花厅。那是周总理的办公室。

总理守着那台直通试验基地的对讲机三天了。

将军的话响着。但是，总理不忙回话。3秒钟里，世界仿佛进入伟大的静穆。

周总理冷静地问："是核爆，还是化爆？"

恰好，王淦昌就坐在将军身旁，将军转而问他。

这位物理大师，以他童稚般的欢笑回答"是核爆，您瞧，它多美，好看极了！"

将军再报告时，总理笑了，代表党中央、毛主席向大家祝贺。

面向高耸于漠野的蘑菇云，王淦昌兴奋得不断重复一个"好"字。当程开甲和一群参试人员欢跑着朝他拥来时，他才笑道："好呵，好呵，真有趣呵！"

曾说"再穷也要有一根打狗棍"的张爱萍将军，这时看到的"打狗棍"居然具有摧枯拉朽无坚不摧的强大威力，情不自禁地出口成诗：

东风起舞，
壮志千军鼓。
百年苦斗今复主，
英雄矢志伏虎。
霞光喷射云空，
腾起万丈长龙。
春雷震惊寰宇，
人间天上欢隆。

他是为"百年苦斗今复主"的中国人民有了对付侵略者的"打狗棍"而歌的。他同时想到让天上人间共享成功的喜悦和科学成果。

罗布泊的冲击波，促使外国人重新认识中国人。那个一向轻视新中国存在的美国政府，到了约翰逊总统这一届，不能不为这一震撼世界的伟大事件而惊惶。这个专用核试验音响效果恫吓世界和平的骄狂政府，这时才从约翰逊总统的头脑里清醒过来，第一次睁开理智的眼睛望着中国说："再不能等闲视之了。"

在此之前，联邦德国某市民族主义者常常把垃圾倒在一位华商的店门外面，表示他们对黄种人的歧视和轻侮。店主怕警察罚款，每早都要忍辱负累清扫掉。他几乎成为那条街的为人不齿的清道夫。10月17日清早，他的店门出现奇迹，没有垃圾了。巡警彬彬有礼地向他道贺："先生，从此以后，再不会有人敢给您添麻烦了。"

店主这才知道中国有了原子弹！他激动地向祖国遥拜，泪水涟涟地说："列祖列宗呵，我的炎黄先祖呵……"

珠峰上的冰冠

人说，罗布泊震波，是中华民族这一生命群体的造山运动释放出来的巨大能量。也有一说，是罗布泊震波造成这一伟大民族群落生命的奇峰，它高邈，它崔巍，宛若珠峰险峻雄奇，屹立在地球之巅。

王淦昌高高兴兴回北京探家，家人高高兴兴告诉他，家里人手一份《号外》，夫人特意留给他一份，让他欢喜欢喜。他们不知，他也是那一科学奇迹的伟大创造者。

运动着的生命，都需要短暂的憩息。他回家，只像过路客，歇一歇腿，又上世界屋脊去，在那个高峰地带继续与他的友人、他的学生辈们进行原子弹小型化研究，进而研制出带有热核材料的"原理弹"。以致在动乱岁月的阴霾布满祖国上空的时候，外国人又测到中国更为强烈的波动。

1966年12月，我国西部边疆的上空，出现了两颗太阳。

一位哈萨克族猎人说，他望见大太阳把小太阳踢到一边去，那小的，吓得脸色煞白。

当时，在戈壁荒滩驰骋的列车上，旅客们也看到这一天上的奇观，有的以为，王母娘娘又生出天之骄子，要在天池举行

王淦昌与于敏院士
讨论工作

洗礼呢。

殊不知，那是氢弹原理性试验爆出的火球。

这是异乎寻常的成功，聂荣臻元帅高兴得紧握王淦昌的手问："怎么样？"

"不轻松！"王淦昌笑着回答。

是不轻松呵，氢弹的预研与原子弹的研制几乎同步于那个"艰难岁月"。先是由钱三强领导黄祖洽、于敏等20多位青年科学家的"中子物理组"进行理论研究，探讨"泰勒—乌拉姆原理"的奥秘。

第一颗原子弹刚爆炸成功，周恩来总理即下令：把氢弹的理论研究摆在首位。

1965年1月，毛主席又明确指示："原子弹要有，氢弹也要快。"

快，是要快出镇魔卫国的核扳手，还要快出许多宝贝来。氢弹结构的复杂性，能衍生出多门类的高科技，那都是强国兴邦的法宝。所以，毛主席说："要快。"是要快快增强国家的综合国力呵，是要快快催出国家的强盛呵。

为了"要快"，二机部把"氢弹"提到首位。

邓稼先、周光召、于敏领导的理论设计，因此作出决定：第一步突破氢弹原理；第二步，完成百万吨级梯恩梯当量威力的热核弹头理论设计，力争在1968年以前实现国家首次氢弹试验。

这么一来，北郊的那个大院再次出现"百花齐放、百家争鸣"的局面。邓稼先、周光召、黄祖恰、于敏等几位主任、副主任轮流讲课，主持讨论，夜以继日，太阳不走，月亮依恋，星群闪烁。北郊的这方宝地，夜夜灯火辉煌。

为了加快进程，于敏带领一个组去上海苦战100天。后来，邓稼先也去了。天气闷热，他们边摇扇子边讨论，累了，一瓶啤酒当茶喝，你一口，我一口……

中国科学家们日夜探索氢弹秘密。

理论设计十分艰难，唯其难，更见实验诊断何等艰巨。王淦昌不仅要参加彭桓武、邓稼先主持的方案论证会，还要和陈能宽、胡仁宇、唐孝威等人拿出行之有效的实验手段和实验方法对理论设计进行诊断。

有人说，如果理论是孕妇，实验就是助产婆。这未免失于偏颇。

另一种说法是美国一海军要员50年前讲的。他说："一个国家的强盛，不仅要看军火库里有什么东西，而且更要看实验室的状况好赖。"

"实践出真知"——我们可用毛主席的哲理说明实验物理的重要性，因为只有通过实验，才能对物理有理还是无理作出终审裁决，也只有通过实验，才能探索真知。

因此，王淦昌如此回答元帅："不轻松！"

他不仅道出在实现原子弹小型化武器化以及氢弹原理性试验过程中，理论设计和爆轰实验的复杂性，也预言了第一颗氢弹研制过程的艰难。

与周光召（中）、彭桓武（右一）讨论问题

果然，社会出现了比物质状态方程更难解决的政治状态方程——我国出现历史上罕见的极为复杂的"文革"现象。"文革"就好像希腊神话中那个潘多拉打开的魔盒，放出各种病菌，使中国人得了癫狂流行病一样，全国大乱。人们疯狂地论争，热衷于进行派斗，谁都想斗赢，都想争个天下大白。

王淦昌因此忧心忡忡。

邓稼先却只用一个口号，平息了研究院的纷争。据说，邓稼先发现外刊有一则消息：法国计划在1967年爆炸氢弹。他便与于敏、周光召等人商量，用大字报写出那则新闻，号召大家为国争光赶在法国前面研制出氢弹。

他们的口号深受研究院李觉、朱光亚等领导赞同，并得到大家响应。高音喇叭骤然闭嘴，派性旗帜立即收敛，大家都回到各自的研究室潜心研究氢弹。

王淦昌深为感慨："都有一颗爱国心呵。"

他们的爱国心在困境中奋起翅膀。

于敏等人的方案，被富有卓识的邓稼先认定，他俩飞往青海高原。

刘西尧副部长在青海湖畔听了方案汇报，果断拍板。这一板，赶在"一月风暴"之前，赢得了宝贵的时间

氢弹研制工作全面展开之际，上海的"一月风暴"席卷全国。"派兵守卫研究院"，中央命令各条战线保证研制进程畅通无阻。

王淦昌教授这时已届花甲之年，却还像年轻人那样，奋斗于风雪高原，奔波于戈壁荒滩，以他严谨的领导作风和卓越的实验天才带领实验部成功地进行了原子弹小型化试验、导弹核武器试验、氢弹原理试验。奋飞虽不轻松，但每到达事业成功的高度，便都有无比的愉悦。人生是要追求再度辉煌的，否则生命就不会像醒起的朝阳。

机载的中国第一颗氢弹，终于在1967年6月17日起飞，飞向强大，飞向崇高，飞向辉煌。在万里无云的西北大漠上空，在伟大的静穆中，投出一轮美焰四射的"人造太阳"。那炽烈的光闪，那威猛的轰鸣，使得远在近千公里的乌鲁木齐的天空倍儿亮，门窗都震颤了，在试验场区的参试人员，无不感到天欲坠地欲裂山欲崩塌，只见那隆隆升腾的蘑菇状烟云，在高空撑开五光十色的草帽形巨伞，扩展其炫目的光环，以其凛然不可犯的声威，为祖国的安宁和人类的和平画开安全圈似的，欢隆着，向广宙扩展，扩展……

唯当你停止骚扰邻居的时候，你才能共享生活的宁静。

这是中国的格言。

中国的震波，又一次波动全球舆论。

英国《太阳报》6月19日刊登文章：《北京敲响了氢弹的战鼓》；其姐妹刊《每日简报》同日发表评论说：他们有7亿人，而现在有一颗氢弹了。

美国《观象仪》周刊6月25日发表题为《中国可信任的氢弹》，各国的媒体都为此发出惊叹。

法新社巴黎18日法文电综合评述两年八个月来，中国几次惊人的核试验：中国人民爆炸热核炸弹所取得的惊人成就，再次使全世界专家感到吃惊。惊奇的是中国人取得这个成就具有惊人的速度。

中国人民核方面的成就，使世界震惊不已。

1964年10月16日，中国第一次核爆炸使人吃惊，因为中国人试验的炸弹，不是一颗钚弹，而是一颗浓缩铀弹。没有遵循其他核大国的老路。

1966年5月9日，中国进行的核爆炸又令人震惊，因为试验的炸弹包含有热核材料，是一颗"加强了"的炸弹。

1966年10月27日进行的爆炸，再令人惊奇，这是一颗原子弹，爆炸前由一枚中程火箭运载。

1966年12月28日也使人十分惊奇，因为中国的第五次爆炸是一颗威力达几十万吨级的氢弹（广岛的炸弹是1.5万吨级）。

这一次的氢弹爆炸，甚至使美国最有经验和最了解情况的专家大为惊叹。

7月7日，毛主席在北京接见军训会议代表时兴奋地说："两年零八个月搞出氢弹，我们的发展速度超过了美国、苏联和英国，现在居世界第四位。我们搞原子弹、氢弹有很大成绩。这是赫鲁晓夫帮忙的结果，撤走专家，逼我们走自己的路，应发给他一个1吨重的勋章。"

那么，谁发给中国共产党及其领袖们勋章呢，那人类最高的荣誉该怎样奖给在饥荒岁月和动乱年代中创造出这些科学奇迹的中国人民和中国科学家呢？

中国原子弹、氢弹的成功爆炸，既是全民族的辉煌，也是王淦昌教授生平最璀璨的篇章……

外国人可以从中认识中国。

中国人更能从中认识人生。

王淦昌教授不会忘记，正是侵略战争的烟云淹没了他物理学的黄金时代。他决不会忘记日机死神般地追踪、轰炸他和流亡的大学师生。帝国列强过去不是以科学的、武器的优势威凌中国人么。中国人如果还只会弯腰捡鸡蛋、鸭蛋，将会重复历史的屈辱，像那堆蜷缩在第一个爆心的钢筋铁轨那样，在重现民族的荣光之后，再被侵略者鞭抽脊梁骨。

1969年的青海高原，已被类似"两弹"不如"两蛋"的愚蠢思想侵入，灾难的阴影投到科技人员的心上，这支当年被周总理等老一辈革命家捧为国宝的科技队伍，开始被那些蠢牛一样的家伙当作路边草任意践踏和凌辱。人心涣散了。这时担任核武器研究院副院长的王淦昌教授，恰恰领受第一次地下核试验技术领导任务，真是困难重重。他只能靠自己"以身作则"

的行动，靠个人的威望，靠科技人员和工人对他的尊敬和信任来开展工作。受苦受难的人们，只要看见身背氧气袋的年逾花甲的老教授走向实验室、进入车间，便都跟随他去完成最艰难的研制任务。

当时，有个关键试件加工难度大，又是放射性物质，还易变形，预定出厂的列车快到发车时刻，样品还在车床上加工。在人们万分焦虑之际，教授亲临车间，鼓励车间副主任上机床加工，使之完全达到精度要求。他驱车护送试件赶到车站时，列车已到发车时间。路上还算顺利，戈壁荒滩静静转动着，把列车转到乌鲁木齐，王淦昌带领随员进入基地办事处，准备转车去场区。他刚喝一口茶，忽闻枪声大作。

他一惊，问他的得意门生贺贤士："发生了什么事情？"

贺贤士冒险出门去了解情况，过了一会儿，回来向他报告，外面搞派斗，有一派堵住去南疆的路口。

"这要误大事的呀！"教授万分焦急，在厅堂里走来走去，迭声道："这事误不得，无论如何，今天得走，非走不可！"

同志们都劝他："太危险了，我们不能让您老去冒险。"

他突然站住，看着大家，目光坚定而锐利，仿佛说，这有什么好怕的，当年在流亡路上，日机追踪扫射轰炸，浙大师生怕过么。

贺贤士曾就学于浙江大学，颇知那段历史，他担心教授会像当年敢在敌机轰炸时过江去开箱做实验，而不顾大家劝阻，再冒风险，钻进派斗的弹雨。于是挂个长途电话，向北京报告险情。

北京说，请教授等一等。翌晨，他乘上周恩来总理派遣的专机，又一次飞往罗布泊。

跟随他飞去的科技人员，又像他那样忘我地工作。他却不能忘记改善大家的工作环境，派人监测洞中的放射性物质浓度，从洞内搬走一些放射性物质。但经测量，仍超剂量，他便要求施工人员在洞内别喝水，不吃东西，把口罩改为一次性使用；并且缩短作业时间，轮班进洞安装调试，而他自己却经常在洞内长时间工作。经过几个月的紧张准备，终于在9月23日成功地进行了我国首次地下核试验。外国人又一次惊呼，中国强烈的波动，促使珠穆朗玛峰升高了。

不幸，阴霾罩住珠峰的冰冠。

世界屋脊上的"清理阶级队伍"运动，给他扣上"反动学术权威""活命哲学""扰乱军心"等黑帽子。群众愤愤不平，说，那帮家伙没到洞里去，哪知洞中潜藏危险，即使去了，也会愚蠢地和死神剥鸡蛋吃。一位科学家因此被抓，被拉去草地假枪毙。

教授得知此事，大为震怒；一怒，血压猛升，站上"临界"。

那时的高原，离上帝和死神都很近。死的威胁，吓不倒刚正不阿的王淦昌教授，他在一片恐怖中，仍为周总理关于总结某次核试验的指示，奔走于四川山沟里的泥泞土路上，挨家挨户地去请参试人员写总结材料。那些在高原上被屈打致残的学者，那些刚从劳改农场回来的科技人员，看到教授滑倒在自家门前，看到他一身雨水一身泥地站起，默默期望着他们，心中的积怨冰释了，或拄着拐杖，或相搀着跟随他们的恩师走回研究室，夜以继日地写完总结，完成周恩来总理的嘱托，又跟他到罗布泊进行核试验。

这年，刚从苦难中站起来的张爱萍将军也来了。将军是拄着拐杖来的。这位我军名将，虽然罹难于"文革"囚室五六年，腿骨致残，但从不忘新中国要有一条打狗棍的话，一回到领导岗位就重整科技队伍，制定出集中力量加速研制洲际运载火箭、潜射导弹、通信卫星"三抓"的战略方针，决心做出"三鸣世界惊"的辉煌业绩。他当然不忘核试验的进程。这次，他是为着看科学家们"创新路"而来的。

张爱萍将军到达基地时，核试验已进入48小时倒计时。老将军和老科学家，都从灾难中来，又都忘却各自的创伤。既然都能活着相见，便都为共同的信念活下去，为求祖国的富强各尽天职。

王淦昌教授每次临近"零前"，似乎都挂念什么事。这回，他在试验场前徘徊，直到起爆前才被人拖上直升机离开。回到安全地点还来不及擦拭冷汗呢，便听到沉闷的轰鸣。地颤了，山晃了晃，腾起千万道尘埃，不一会儿，大地便被浓浓的尘雾淹没。张爱萍激动万分，对他说，真了不起，"南山狮吼震惊！"

王淦昌教授的选择，是一位世界著名核物理学家的选择，也是中华民族最高文化层次上的一个科学群体代表性的选择。教授像在科学前沿辨识先进途径那样，选择了人生的高地。那是珠穆朗玛冰峰上的瑞光。

第八章

开创和平利用核能的新纪元

伟大而富有意义的转折

噩梦般的十年"文化大革命",使中国的经济、政治、文化乃至民心元气大伤,然而它那沉重的积淀,留给人们的教训却是相当丰富的。"四人帮"的粉碎宣告这一运动的结束,中国共产党的第二代领导人邓小平重新登上政治舞台,以他的丰富经验、聪明才智和战略胆魄,郑重掀开历史崭新的一页。

1978年的春天,祖国大地万物复苏,人们从十年"文革"的桎梏中解放出来,迎接科学、文化艺术繁荣的新时代的到来。

这年春天,召开了十年"文革"后的第一次全国科学大会,那一颗颗饱受创伤的心灵,精神和肉体备受折磨的科学家,有的已是白发苍苍，有的已经身形伛偻，但个个都满面春风地端坐在席位上，倾听邓小平的讲话。他的讲话精辟之处在于：头一次明确提出科学技术是生产力；再次指出，知识分子、脑力劳动者已成为中国工人阶级的一部分。与会者莫不心情振奋，个个摩拳擦掌，都在制定科技攻关计划，欲将"文革"耽搁的时间夺回来。

聂荣臻元帅还特地为大会寄来贺诗，诗曰：

华旸出谷天下明，
阴霾一扫九州通。
昂首赶超新差距，
顿足狠批四帮凶。
廿余沧桑足堪训，
奋起攻关新长征。

1988年在中国科学院高能物理研究所王淦昌（后右三）与其他科学家聆听邓小平同志关于发展高科技的讲话

且喜《沁园春》意好，

今朝更待《满江红》。

聂帅的诗在大会上当场朗诵，并浓墨书写悬挂于会议厅内，为大会送去温暖春风。许多人虽然伤痛隐隐，但望着这振奋人心的场面，旧的恩怨也随之一扫而光，重新鼓起创造的热情和勇气。

王淦昌参加了大会，并被选为主席团成员。他精神矍铄，情绪饱满。"文革"期间，因"四人帮"的淫威，朋友见面都三缄其口，时常提防有不测的祸害袭来。如今，科学的春天尽管姗姗来迟，但毕竟还是来了。人们可以畅所欲言，尽抒情怀。那些在核物理研究院清理阶级队伍期间，曾发表过不公正言论的同志，与他见面每欲开口道歉时，他总是巧妙地引开话题，不提旧事。真乃是"而今迈步从头越"。他经常笑声爽朗地和年轻人攀谈，向老朋友问好，仿佛一下年轻了一二十岁。

就在当年，他奉调担任第二机械工业部副部长、兼任原子能研究所所长，同时，又当选为第五届全国人大常委会委员，身兼数职，又都是关系重大的千钧重担，他却乐观豪迈胜似年轻人。从四川大山沟迁回首都北京，进入二机部大楼，他开始为国家的核工业建设的长远计划作战略性设计了。

这是一个伟大而富有历史意义的转折。

作为一个具有爱国情怀和身负使命感的科学家，他长期从事核武器的研制工作，为国家的安全和强盛倾注了毕生的心血

二机部老领导久别重逢。前排左起：刘伟、刘杰、宋任穷、王淦昌、姜圣阶

和汗水。然而作为以献身科学为己任的职业科学家，他具有更深邃的目光和敏锐的思维。在他那浩无际涯的胸襟里，装载着神州大地的悲欢，也思考着人类的前途和命运。中国，再也不是闭关锁国，故步自封的中国。中国，必须纳入世界的轨道，与飞旋的新世纪同步运行。

当那个决定第二次世界大战胜负的历史性的瞬间——1945年的8月6日和8月9日，美国将他的"胖子"和"小男孩"投向日本的广岛和长崎后，一座几十万人的城市，顷刻间就化作废墟，以致投弹的飞行人员透过护目镜望见广岛上浓烟之中形成的蘑菇云，竟说道："上帝呀，我们都干了些什么呀！"

侵略者受惩罚罪有应得。无辜的人民却遭受不可估量的损失。日本是迄今为止人类历史上唯一遭受核灾难的国家，而那惨绝人寰的一页却深深印在世界各国人民的心中。据说，爱因斯坦在得到原子弹在广岛爆炸的消息后，曾发出痛苦和绝望的呼叫。此后，他在世界各地发表演讲，写文章，呼吁和平。此后，由英国大科学家罗素发起，并有包括爱因斯坦在内的12位各国的著名科学家签名的决议《罗素、爱因斯坦宣言》便应运而生。《宣言》号召大家将激烈的冲突情感丢弃一边，而仅仅将自己当作生物学上的一种族的成员，面对着核武器的威胁有可能种族灭绝的情况下，一切正直的科学家们应自觉起来反对核战争，基于人类的道德良心，要维护世界和平，要为此而不惜竭尽全力……

人类，从沉重的痛苦中醒来。

世界，发生历史性的转折。

早在1955年的夏天，全世界就有73个国家的1400多名科学家和政府领导人聚集在瑞士的日内瓦，共同商讨和平利用原子能的问题，这是人类第一次为着生存和发展，为着未来的命运而考虑和平利用原子能。

而在中国，周恩来总理早就指出："二机部不能成为爆炸部，要搞核电……"

和平利用核能的春风，吹进了中国大地。以邓小平为核心的党中央第二代领导集体，科学分析了当代世界格局的变化，提出了"军民结合、平战结合、军品优先、以民养军"的国防工业战略调整方针，核工业也必定随之而调整。此后，党中央和国务院领导人几乎作了一系列指示：国防科技工业部门，要服从国家建设的大局，除完成武器装备的科研生产任务外，要努力搞好民品研制；要将军工技术，特别是一些尖端技术向民用转移；要协同民用部门突破技术难关；要把军转民、技术引进、国内技术攻关三者结合起来开发民用产品。在时任国务院副总理、国防科委主任张爱萍的主持下，经过两年多实践，于1982年3月提出了"核工业应在保证军用的前提下，把重点转移到为国民经济利用上来"的发展方针。后来，这一方针被概括为精辟的四个大字——"保军转民"。

这四个闪烁金光的大字，是新时期的一面旗帜，是指引核工业前进的方向！

重整旧部迈上新征途

沐浴着三月的春风，王淦昌又回到他阔别17年的原子能研究所，这是劫后重生，亦是新里程的开始。

然而，他看到的是一番什么样的景象呢？许多研究室的门上挂锁，闲置的仪器上蜘蛛正在结网，耗子在墙角奔跑。真是凋零破败，冷冷清清。十年"文化大革命"的一场风暴，使得原本人才荟萃、学术活动繁荣的原子能所元气大伤。病的病，走的走，改行的改行，勉强支撑下来的仅不足10人。

面对着即将迈向科技现代化的新形势，王淦昌清醒地意识到首要的任务是建立起健全的领导班子和一支朝气蓬勃的科研队伍。重整旧部，迈上新征途！

他走马上任的第一件事，是主持成立了"文革"后的新一届原子能所学术委员会，他自任主任委员，另有四名副主任委员和80余名委员。紧接着，由二机部党组亲自任命了7位副所长。至此，以王淦昌为首的原子能所的新的领导班子正式形成。

人尽其才，"官"有其位。科研工作扎扎实实地走上了正轨。

因"文革"的干扰，有的人难免业务荒疏，想要晋升和提拔吗？有学术委员会进行考核和评议，使有真才实干的人得到应有的晋升，心通气也顺，干劲倍增。

有的具有长期领导工作经验的优秀干部，却戴着"叛徒"、"特务"的帽子被迫离所，或进"牛棚"，或遭遣返，失去工作机会和人身自由，如今已是冰河解冻之时，他们应重新获得解放，赢得人生的第二个春天。王淦昌为使他们能官复原职，尽心竭力，东奔西走，亦如刘备三顾茅庐请诸葛亮似的深入家中，请这些老将出山，携手共创原子能所的新的繁荣局面。原子能所副所长、党委副书记李毅就是其中一例。

有的人长期随他从事科研，却因工作关系而长期夫妻两地分居，解决他们家庭团聚不仅是个人问题，亦是科研工作的需要，他为此费尽心血。攻克重点项目——惯性约束核聚变研究的主力队员王乃彦又是一例。

有的人在"两弹"研制中作出贡献，不仅适合而且理应成为改制后的新原子能所的部门负责人，却不恰当地调离岗位去大学教书，他甚为惋惜。为集中优势攻破科研难题，他又亲自出马多次向上申诉，主动协调各方的关系，让这些人回到了相应的岗位。

王淦昌就像是一位眼明心亮的高手，四处捡拾遗落在草丛中、道路旁的珍珠宝石，并将他们擦拭、磨砺，使其重新放射出夺目的光彩。

为改变原子能所科研队伍日渐老龄化的趋向，他与几位副所长一道上书二机部领导，建议由原子能所创办研究生院，同时扩大招收优秀的大学毕业生，根据二机部所需专业来设置课程，由所内高级科技人员亲自任教，这一富有战略性眼光的宏伟计划在他的力主倡导下终于得以实现。

欲迈向新途，必改造旧制。

建设研究所除了人员外，最重要的莫过于设备了。在王淦昌和总工程师马福邦等人的直接领导下，将原苏联援建的101研究性重水反应堆，经过艰苦繁重的一年多时间的改造，终于获得了极大的成功，并因此而获得国防科工委重大成果奖、国家建委优秀设计奖和国家科学技术进步一等奖。

类似于这样的改建工程，在王淦昌任职期间几乎贯穿于始终，他总是千方百计替国家考虑，挖掘潜力，改旧创新。能自己建造的决不盲目进口，而国家重点投资的大型仪器设备，他又力主使其发挥重要作用，为科研服务。

身处高位的他，能清醒地瞩目于国家建设的总方针，即："科学技术与经济建设应当协调发展，并把促进经济发展作为首位。"为此，他为原子能研究所的科研方向，提出了精辟的、统领性的意见，即："重应用，固基础；利民生，挖潜力；发挥才智，多出成果；发扬民主，集思广益；加强团结，为国出力。"他日夜思谋，多方运筹的也便是这一方针的实现。无论在会议上、工作中，总是对全所的工作人员强调，原子能事业要为农业、工业和国防现代化服务。每一个同志都要结合自己的专业，认真研究一下，看看为国民经济究竟还能够做些什么工作，要选择那些对国民经济有实用价值的、有经济效益的题目。

1998年5月28日王淦昌在家人陪同下最后一次赴中国原子能科学研究院听取工作汇报

呕心沥血，建设核电

1954年6月，世界上的第一座原子能发电站在苏联建成，并稳定运行发电。它的领导人是物理学家布洛欣采夫。这是人类历史上，从原子时代的诞生仅40多年的时间内，原子能得到广泛应用的一大实证。这一消息当然极大地鼓舞了近代物理研究所的科学家们。其实，王淦昌自从得悉发现核裂变之日起，就始终关心着核能为人类造福的问题。如今，苏联科学界的榜样就摆在面前，怎不令人兴奋？他挥笔写就《苏联原子能电力站建成的伟大意义》一文，在《科学通报》上发表，阐述了原子能的优点和反应堆产生放射性同位素的用途，文中写道："原子能应用于和平建设，必定有非常光辉的远大前途。这次第一个原子能电力站的建立，不过是开端而已。"文章还从科学家的角度谈道："从开始发现放射现象到今天原子能可以用于发电，更是经过很多科学家历经半个世纪以上的钻研才获得的成果。我们应该珍惜这些成果，丰富这些成果，以使它更好地为人民、为和平服务。"

1955年7月，王淦昌与薛禹谷参加了苏联科学院讨论和平利用原子能的科学与技术问题的会议，并宣读了中国科学院致大会的贺词。会议期间，他参观了苏联的第一个（也是欧洲第一个）反应堆——石墨反应堆、装有浓缩铀235的物理技术反应堆、重水铀堆、第一个原子能发电站，以及当时世界上最大的同步回旋加速器和苏联科学院物理研究所的小型同步加速器与物理化学实验室，还了解了苏联科学家在高能粒子物理、同位素化学等方面开展工作的情况。回国后，他以极其兴奋和激动的心情，在《科学通报》上发表了会议的纪念文章。文章告诉读者，"苏联的世界第一个原子能发电站的反应堆也是铀—石墨堆，发电机送出的电能是5000千瓦，电站厂房排出的废水和气体的放射性强度极低，不足以危害工作人员和周围的居民。电站的经营管理也比用煤发电的电站简便"。"和平利用原子能的最普遍最有效的方法之一是建立原子能发电站"。这是我国最早具体介绍核电站的一篇文章。文章还详细介绍了苏联科学家利用放射性治疗恶性肿瘤、促进农作物增产和农畜产品辐照保鲜的情况。文章最后还满怀信心地表示，"不久的将来，我们的原子能和平利用事业一定能够迅速地得到发展，并且为我国的经济和文化建设作出重要的贡献"。

1956年，王淦昌亲自主持制定了我国科技发展十二年规划，他将和平利用原子能这一项列在首位。

然而，整整24年过去了，中国自从爆炸完第一颗原子弹，又爆炸完第一颗氢弹后，科技体制便陷入了各种矛盾之中，既有政治体制和经济条件的限制，又有学术派别及部门体系之间的争鸣，任宝贵的时间白白流淌过去。尽管周恩来总理1970年2月8日就提出要搞核电，并于1974年抱病主持中央专委，批准了二机部提出的建设30万千瓦核电站的方案，但因"文革"的干扰，这著名的"7·28"工程，方案停留在纸上，计划锁在抽屉里，工程却迟迟未能起步。

日月轮回，转了一圈又一圈。

时下，已是1978年了。人生易老，岁月蹉跎，时不我待啊。

王淦昌便邀请了姜圣阶、连培生等五位核工业专家，乘着十月国庆节的假日，商议给改革开放的总设计师邓小平同志写信，根据党中央提出的"军民结合，平战结合；军品优先，以民养军"的国防工业战略总方针，核工业部门的方针也要调整。

"发展核电是我们的第二次创业，必须要提到这样的战略高度来看。"王淦昌高屋建瓴地提出自己的看法，大家均表示同意。

"是啊，我清楚地记得周总理在1970年的2月、7月、11月曾先后三次提出要搞核电的建议。他还说，二机部总不能成为爆

1985年6月王淦昌（前排左二）与姜圣阶（前排左三）赴德国考察核能

1991年王淦昌访问日本横滨电气技术实验室，右二为实验室主任奥瓦丹诺（Owadano）教授

炸部吧。"连培生说完，便拿出他找到的一堆资料，"请看吧，法国，自1971年第一个核电站建成以来，目前已有47个核电站在运行，核能发电量占全国总发电量的65％。美国，核电占总发电量的三成，现有核电站93座，正建设的还有20座，有一座离西点军校不过10多公里。日本，现有核电站33座，在建设的有4座。苏联、加拿大、瑞典、瑞士、巴基斯坦、南斯拉夫……都相继建成并运行自己的核电站。衡量一个国家是否是核大国不是看它有没有原子弹，而是看它有没有核电站。这是国际原子能会议上，某些国家代表的发言。请大家想想我们该如何办？"

几位副部长和核专家被连培生的一席话激起心海波澜，再也坐不住了。十月金风，秋高气爽。正值国庆狂欢之夜，满城的彩灯、霓虹灯，与星月交相辉映，格外绚丽辉煌。

没有更多的闲话，更没有多余的时间。

就着狂欢节的豪兴，铺纸、研墨，由王淦昌执笔，给邓小平同志写了一封信，信中详尽阐述了四个方面的问题。首先是发展核能的必要性，其次是我国已经具备发展核能的条件，再次是历数了当前的各种混乱状况，最后是科学家的建议。信的末尾疾声呼吁："我们迫切希望部以上有一个领导机关负责解决这些问题。核电规划虽然复杂，只要有集中的领导，经过一定时间的调查研究，就能较好地编织出来……"

邓小平同志极其重视科学家的意见，他对这封信做了批复后，就转到有关部门。

于是，一份1980年的中共中央2号文件正式指出：核电建设不能分散搞，要集中精力，全面规划，分工协作。和平利用原子能的工作理应由二机部统一规划管理。

核电建设的步伐由此便加快起来。

然而，要带领13亿中国人民进军四个现代化，领导者和决策人的科学技术知识乃是至关重要的。1980年，中共中央书记处决定举办"科学技术知识"讲座，分十个专题，分别邀请有关方面的专家来讲演。王淦昌得知后，既兴奋又激动，便主动要求担任讲解核能这一课。

8月14日这一天，在中南海由胡耀邦同志主持的会议上，有党中央、国务院和有关部门领导人共135人到会听他讲课。王淦昌从五个方面提出自己的建议：

一是核电在我国能源规划中应占有一定的位置，到20世纪末应发展到一定规模。二是我国建设核电应从哪些缺煤少水的地区开始。三是我国发展核电应坚持"自力更生为主，争取外援为辅"的方针。四是我国核电技术起步较晚，更应抓紧科学研究和工程研究，以便培养人才，积累经验，准备将来参加国际间的合作。五是核电建设周期长，部门多，范围广，必须在党中央统一领导下方能完成。

他的讲课深深吸引了与会的所有人。

1979年2月，中央决定组织一个中国核能学会代表团访美。它的缘起，是在前一年的春天，美国核学会国际发展委员会成员汪志馨（王淦昌的学生）教授组织了一个美国核学会旅游代表团到中国参观访问。在一番学术交流、报告演讲之后，向中国核科学家提出访美的邀请。这样的美意亲情，更促进了中国科学家向外学习取经的热望。于是，一个由三委、三部的20人组成的代表团成立了。王淦昌以中国核学会理事长身份任团长，带两个小组，对美国的核工业和核科研进行全面了解，并与之建立联系，探讨进一步开展交流，进行合作的可能性。

他面临的是一次充满希望的旅程。

他担负的是中美两国科技交流的使命。

踏上美国的土地，王淦昌感到既熟悉又新奇。早在他年轻时，为了学习深造，他曾到美国伯克利大学做研究工作，先进的设备，良好的环境，以及科学家之间的诚挚友谊，都给他留

1979年4月11日中国核学会代表团访问美国劳伦斯伯克利实验室与该所诺贝尔奖获得者G.西博格（G. Seaborg）教授合影（前排右三）。前排左三为团长王淦昌教授

下了深刻的印象。如今，重游这个繁荣富庶的国度，自然别有一番感慨。然而，无心游览风景的他几乎是一下飞机便带着小组的人马直接进入工作状态。在接受美国核学会同行们的欢迎便宴后，翌日起就参观美国的能源部、麻省理工学院（MIT）、密苏理大学、阿尔贡国家实验室（ANL）、橡树岭国家实验室（ORNL）、洛斯·阿拉莫斯实验室（LANL）、劳伦斯伯克利实验室（LBL）、ORTEC公司等单位，从美国的东海岸到西海岸，一座座科研所，一个个开发公司，他们都一一参观访问，几乎是昼夜兼程马不停蹄。参观时，他不仅仔细观看，认真倾听，还做笔记，不时提出一些疑问，或当场得到解答，或带回去继

续研究讨论。他眼里看到的是美国科研所的景象，心里想的却是国内的一些情形。当他得知，在MIT核工程系里每年的博士后人选中，有35％的研究生是从国外招生时，心里立即就拟定计划，要推荐国内的青年学者到这里来学习。而在ANL，他又与实验室的负责人商谈想派中国学者参加实验工作和建立姊妹研究所的问题。参观项目繁多，时间急迫又仓促，有的地方条件还很不完备，比如阿伯奎克的圣地亚哥实验室，那里的加速器装置刚开始建设，施工现场杂乱无章，王淦昌却能沿着摇晃的扶梯上上下下仔细观看，仿佛能从这无序的混沌状态中窥见它的未来，甚至能窥见自己国家即将建设的科研室的美好未来。他的兴致之高，精力之旺盛，连续工作不怕疲劳的精神，感动

考察美国核电站。王淦昌（右）

了所有的人。正当他们考察的第三天，美国的三里岛核电厂发生了事故，王淦昌却能以一个卓越科学家的敏锐眼光，坚定地指出，只要弄清事故原因，类似三里岛所发生的情况是能够避免的。我们决不能因此而动摇发展核电的信心。

结束对美国的访问后，王淦昌又率领他的团员一路风尘进入加拿大，兴致勃勃地参观了渥太华、多伦多的核电厂和乔克河实验室。在实验室里，正在设计改造的一个串列加速器与超导磁铁加速器相连接的装置，引发了王淦昌浓厚的兴趣。他环绕细致观看，不时提出一些疑问，分明是行家里手，却如一副初学者的姿态。当人们不得不催他快走时，他干脆一屁股坐下不动了，说："我们就是来参观学习的，走马观花就什么也学不到。"他那种求知若渴的心情，年轻人深受感动。

访问归来的王淦昌，信心更足，干劲更高，为发展我国的核电事业整日殚精竭虑，投以极大的热情。在1979年6月的第五届全国人大第二次会议上，他提出了《积极开展原子能发电站及有关的研究工作》的提案；在当年的《自然杂志》10月号上，他发表了《勇攀原子能科学技术的新高峰》一文，再次呼吁全党全民都要重视核电，建设核电，造福我们的子孙后代。

此后，王淦昌又多次率团到世界各地出席关于核能问题的研讨会。踏着太平洋、大西洋的波涛，迎着新世纪发展变化的强劲风云，他登上世纪的论坛，抒发一个中国科学家建设核电的壮志豪情。1980年11月，他以中国核学会理事长的身份，率团出席由美国核学会和欧洲核学会联合举办的世界核能问题会

议，作了题为《中国核能的发展前景》的报告。1984年3月，他
又以中国核工业部科技委副主任的身份，出席了日本原子工业
讨论会（JAIF）第17届年会，作了题为《中国核能的发展与国
际合作》的报告。在报告中，他介绍了中国的铀资源勘探与开
采的情况和正在建设中的浙江秦山核电站及广东大亚湾核电站
的情况，以及正在开展研究的激光惯性约束核聚变的研究工作
情况。他还介绍了中国在和平利用核能方面与意大利、法国、
美国、联邦德国等开展的交流与合作。王淦昌呼吁，中日之间
是一衣带水的邻邦，应各自发挥资源和技术的优势，加强合作，

1984年7月在日
本原子工业讨论
会第17届年会上
作报告

1985年6月在德国伽兴等离子体研究所参观，听威托休（Witosui）所长讲解

互相弥补不足。

　　王淦昌以自己德高望重之身，在整个20世纪80年代的前半期，在核能领域里，四海驰骋，为中国核能事业的发展，做出了重要贡献。

第九章

为解决人类能源探索新的途径

创出激光聚变的"中国牌"

大雪纷飞的夜晚，北京城依旧显露出繁华热闹的景象。大小商店的霓虹灯闪着彩色光芒，向来去匆匆的行人和车辆热情致意。

一位戴着棉帽的老者，连续几个夜晚都骑着自行车，冒着凛冽的寒风来到友谊宾馆，一进门便直奔他要寻找的房间，找到他要寻找的人。这个老头儿便是王淦昌，当时已年近花甲，却偏偏有着一颗红彤彤的赤子之心。

这是1965年的隆冬，上海光机所的邓锡铭、余文炎等几位专门从事高功率激光发生器研究的科研人员，应邀来北京汇报，在友谊宾馆召开小型座谈会，王淦昌便是专程来向他们探询实验的每个细节，并给他们以鼓励，促其增添信心和干劲的。

这时的王淦昌已是国内外著名的物理学家，而邓锡铭尚属崭露头角的年轻人，可他们之间已有了深厚的情谊。

他们的友谊，是随着激光惯性约束核聚变的设想、创立、实验和发展而不断延伸的。

望着导师精神矍铄、满面红光的样子，邓锡铭感到由衷的高兴，又不禁忆起他和导师几次见面的情景来。

1959年5月，在莫斯科的北京饭店里，年仅二十几岁的邓锡铭第一次见到自己仰慕已久的前辈科学家王淦昌，内心感到无比的崇敬，不由得十分拘谨，说话也极不自然。他在吴有训副院长的带领下前往杜布纳联合原子核研究所参观，当天，正巧赶上王淦昌向张闻天同志介绍工作进展情况，邓锡铭像小学生一样立于身后，杜布纳联合原子核研究所那匆匆的一幕，给他在后来的科研生涯增添了无穷的动力，可他没有想到，若干年后，他当年景仰的老前辈，真的成了他们这个科研集体的良师、组织者和带头人。

第二次见面是时隔五年后的1964年。

邓锡铭已是上海光机所的研究员，专门从事大功率激光发生器的研制工作。他因公出差来京，恰巧与参加第三届全国人民代表大会的王淦昌相遇，二人便十分投机地谈起关于激光核聚变的初步设想来。邓锡铭实在未曾料到长期从事核物理的王老竟对激光这个于近年来才发展起来的新兴学科，倾注如此巨大的热情和关注。

在20世纪60年代，出现了一项重大的科技成就——激光。它，这一具有优异特性的新光源，发展之迅速，用途之广泛，在科学发展中是少见的。大约在20世纪初期，科学证明：光既具有微粒性，又具有波动性，它是波粒二象性的统一。爱因斯坦在用统计平衡观点研究黑体辐射的工作中，得到一个重要结论：自然界存在着两种不同的发光方式。一种叫自发发射，另一种叫受激发射。20年代，量子力学建立以后，这两种发光方式的物理内容得到更为深刻的阐明。同时，光谱学也得到很大的发展。这些都为激光的出现奠定了理论基础。1940年前后，有人在气体放电实验研究中，观察到粒子数反转现象。本来，按照当时的实验技术基础，已有条件建立某种类型的激光器，但是，由于当时没有把受激辐射、粒子数反转几个概念联系起来，因此，始终未能提出激光器的概念。第二次世界大战以后，微波技术的发展，推动了波谱学的发展，从而研制了微波波短的激光器。1958年，美国的肖洛和汤斯等人都提出激光器的原理和方案，这几人都因而获得诺贝尔物理奖。于是，1960年，美国建成了世界上第一台红宝石激光器。

对于这些前沿学科领域里的信息和动向，王淦昌是十分注意的。尽管他是老人，担任的职务、行政事务也够繁忙的，但他仍然倾注很大的精力注重开拓性的研究工作。继美国科学家发明激光器之后14个月，即1961年9月，中国科学院长春光机所研究成功国内第一台激光器。1963年又做出兆瓦级Q开关高功率激光器。他读到中外刊资料上关于激光的资料文献后，便浮想联翩，昼思夜想难以入寐。这一年春天，他参加第三届全国人民代表大会，恰巧又与上海光机所的邓锡铭研究员相遇，便把自己的想法告诉了他，邓锡铭一听万分欣喜，自己正在从事大功率激光器的研制工作，真与导师不谋而合，两人越谈越投机，并一起筹划如何进行实验。王淦昌还向激光专家王之江询问了激光研究的现状和进展，并提出用高功率激光打靶实现惯性约束核聚变的设想。随后，他写了一份近20页纸的报告，论述了用激光驱动热核反应，并对此做了基本分析和定量的估算，这已不是一种朦胧的科学设想，这一建议与苏联学者巴索夫的设想非常类似。在时间上也几乎是同时独立提出的。邓锡铭保存了这份报告，可是十年"文化大革命"一开始，邓锡铭的办公室被查封，这份具有开创性的报告至今下落不明。1964年年底，邓锡铭把王淦昌的这个创意向当时中国科学院副院长张劲夫作了汇报，立即得到他的赞赏和支持。就这样，激光惯性约束核聚变的预研工作在王淦昌的建议下开始向前迈步了，而当时的英、法、德、日等国都还没有着手呢！

这是他与王淦昌的第二次交往，并交流激光核聚变研究工作的情形。

而眼前是又一个寒梅报春的季节，一年前商议的事情做得怎样了？王老连续几个晚上都来到宾馆，极虚心地向内行人讨教。他问邓锡铭，什么是Q开关？什么是锁模？什么是ASE？这些纯激光科学技术领域内的知识问题，他一问再问，从不以老科学家自居，不怕被人耻笑为："连这都听不懂？"当时的具体情况是，搞激光的人对核物理、核聚变是那样陌生；而搞核聚变的人对激光也同样不熟悉。王老以他对一个新学科技术领域的预见和巨大的影响力，终于把这两方面的科学队伍汇合起来，引起了领导的重视，使之成为大家的行动。

自从激光引发氘核出中子的想法得到证实后，大家的心都踏实了许多，信心也增强了许多。不久，他又邀请了全国最有权威的光学专家王大珩、理论物理学家于敏加盟，中国科学院的周光召对此也十分关心，尽管国家科研经费紧张，仍然积极支持这个项目。经过多年努力，终于建成310瓦功率的大型激光装置，此项

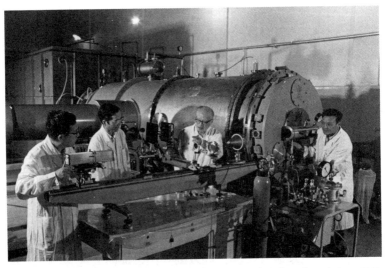

1989年在中国原子能科学研究院氟化氪激光装制前指导工作。左起：王乃彦、洪润生、王淦昌、单玉生

科研人员增至1000多人。这一装置被张爱萍将军命名为"神光"。

在"神光"装置研制过程中，王淦昌经常启发诱导邓锡铭等人，我们不能在规模上、数量上和美国人相比，但在质量上、创新上要有自己的特色，要走自己的路，创出地道的"中国牌"。在他的启发诱导下，我国的"神光"装置研制方案中采用了十多种新技术，并全部得到实现。这些技术，虽然不能说全都是独创，但至少可以说均属世界先进的技术与方法。

在"神光"装置研制过程中，王淦昌除多次到上海光机所现场视察外，还多次写信和打电话给邓锡铭及中国科学院的周光召，对研制工作给予了热情的支持与关心。他不仅学识渊博，

1986年4月10日王淦昌（左一）随四川省人大代表团部分代表拜见聂荣臻元帅（左二）

且品德高尚，与人为善，因此在他周围常常聚集一大批科学工作者，从而起到集思广益，学术交流的作用，对科学技术的发展，特别是现代的一些综合性的大型科学实验更有好处。

"神光"装置在运行过程中，不断得到改进、发展，其性能、指标都超过原来的设计要求。利用"神光"装置，我国在惯性约束核聚变研究方面做出了一批国际一流水平的成果。

1987年8月8日，聂荣臻元帅给王淦昌和王大珩写了一封信，信中说：

> 在建军60周年的喜庆日子里，感谢你们又告诉我一个喜讯：激光核聚变实验装置已经建成。整个工程体现了自力更生和勤俭节约的原则，很值得赞扬。你们和许多同志多年来为祖国科技事业的发展，为国防力量的增强，精勤不息，贡献殊多。现在又在高技术领域带头拼搏，喜讯频传，令人高兴。请转达我对同志们的敬意和祝贺！

激光，把人类引入一个多姿多彩的现代社会。它能广泛地被工业、农业、军事、医学等许多方面所利用。一块有几厘米厚的钢板，用一台数百瓦的连续二氧化碳激光切割机切割，工作时，只听见咝咝的响声，看不见红外光扫射，就可以使钢板一分为二。一块厚厚的棉布，只要用100瓦的二氧化碳激光器走一圈，上百件的衣服便裁好了。而激光雷达，它测量目标的距离、方位和速度的精度比普通微波雷达要高得多。至于激光通信，根据计算，一束小小的激光束能同时传送100亿路电话和1000万套电话，它的信息容量是很大的。激光照射的农作物的种子，成熟早，产量高；激光用作手术的"光刀"割肿瘤出血少，无感染。

然而，只有激光受控核聚变这一项，是王淦昌的伟大发现和卓越贡献。它将为人类提供21世纪找到永不枯竭的能源的方法。世界各国也都为此在竞相寻找突破点。欧美许多国家不惜花费巨额资金和大量人力，我国在王淦昌的倡导和国家的大力支持下，在21世纪三四十年代，聚变能会进入商品化阶段。

科学，为人类擎起一盏不熄的长明灯。

高瞻远瞩的"863计划"

人类自从第二次世界大战以来，科学技术以惊人的速度向前发展，其规模之广，作用范围之大，影响之深远，都是历史上前所未有的。

科学技术的革命，必将影响和带动社会组织形态的变革。

1983年3月，里根总统提出"星球大战计划"，即战略防御倡议。因为它扩展到宇宙空间并涉及太空武器，故有"星球大战"之称。美国为实施此项计划，于1984年4月成立战略防御计划局。整个计划估计耗资5000亿～10000亿美元。

我国的爱国科学家和知识分子们，面对美国如此咄咄逼人的军事计划，不得不引起深思，采取怎样的对策才能避免我们被甩在后面，重蹈落后挨打的覆辙呢？

　　一天，光学专家王大珩和电子专家陈芳允，进行了一番热烈的交谈，认识达到统一后，他俩又邀请王淦昌、杨嘉墀一道，反复研究、分析论证，形成了一些明晰的看法。这四位科学家遂于1986年3月联名向中央提出了《关于跟踪研究外国战略性高技术发展的建议》一文。《建议》中这样写道："我们绝不能置之不顾，或者认为可以待10年、15年我国的经济实力相当好时再说，或者认为以后可以靠引进。我们认为真正的新技术是引进不来的，而且认为必须从现在抓起，以力所能及的资金和人才'跟踪'。新技术的发展正在向两极分化，搞好了是好上加好，

1986年3月向中央提出发展高技术建议（即"863"计划）的四位科学家。
右起：王淦昌、杨家墀、王大珩、陈芳允

稍一懈怠，就成为一蹶不振。此时不抓，就会落到日后翻不了身……在整个世界都在加速新技术发展的形势下，我们若不急赶直追，后果是可想而知的。"《建议》中还谈道："我们觉得面对'星球大战'所导致的世界形势，我们有必要采取在新技术上'跟踪'的策略。""我国近20年来，已有一定的基础，并培养了一支攻坚队伍。这是我国多年来精心培养出来的宝贵财富。我们应该组织他们继续前进，而不宜任其分散。否则，现在散了，以后要重整旗鼓就难了，那将使人才大大的浪费。"

这份《建议》最初并未得到应有的重视，他们通过一些渠道，将报告呈交邓小平同志，很快便得到他的批准。为此，国务委员张劲夫同志特意找四位上书的老专家谈话，表示支持他们的态度并同意拨款。

潜心从事激光惯性约束核聚变的王淦昌，发现在这个庞大而辉煌的高科技项目中，并没有激光惯性约束核聚变这一项，他感到十分诧异。能源问题是当今世界急需解决的课题，而可控的核聚变能又是各国正在攻克的前沿尖端课题，中央有关同志怕还不清楚吧，他和他的助手们这些年已研究出了些眉目。如果不能在"863"里立项，这项新的科研项目很可能因经费不足而半途夭折。争还是不争，他决定要争。不是为个人，而是为科学即为真理，为集体也是为国家民族的利益，因为这样尖端的问题，只有他和他的一群助手们知道其重要性。这件事终于被总书记知道了，他委托李鹏同志来处理这件事。

1989年1月，在中南海总理办公室内李鹏总理接见了王大珩、王淦昌、贺贤士、于敏、邓锡铭五位科学家。

科学家们担心他们的愿望受挫，便开始了据理力争。

他们阐述道："许多人至今仍抱有怀疑，害怕核放射污染。但是他们不知道，核聚变和目前核电站利用的铀核裂变不同，其直接产物是非放射性的，不会成为环境的潜在污染源。它是利用氘，即重氢核，以及氚，即超重轻核融合时发生的聚变能。氘存在于海水之中，氚可以通过两个氘相互碰撞的核反应产生，或者在反应堆中由锂-6原子核吸收中子而获得，它们的来源无穷无尽，因此，可以认为实现可控的核聚变是人类最终解决能源问题的途径。"

李鹏说："我们的核工业是为国家为人民立了功的，过去在毛主席、周总理的领导下，自力更生完成了原子弹、氢弹的试验，科学家的功劳实不可没。如今科学技术高速发展，你们能预先提出设想，起到了党和国家的智囊作用，对于你们提出的建议，当然应该重视，惯性约束核聚变不仅应该立项，还一定要加强国际合作，早日实现预定的目的。"

听了李鹏总理一席话，五位科学家的心踏实了。

于是，在"863"高科技的系列里，又加进了两个新项目，即：惯性约束核聚变和通信现代化。

激光惯性约束核聚变的研究，倾注了王淦昌后半生的全部心血和智慧。从1964年问题的提起，至70年代后期动乱结束，他与王大珩、邓锡铭等人不遗余力地为这项科研东奔西走，从奠定激光等离子体理论诊断，以及靶的设计制造理论、实验和技术基础，做了全面的部署。他还多次发表文章，论述此项科研的重要性。

二十多年的辛苦探索和追求，已逐步形成了一支颇有实力的科研队伍，但与先进国家相比，仍然落后一二十年。面对这种局面，王淦昌十分焦虑，以古稀之年的高龄，怀揣一颗童稚般的红心。1984年9月10日，他以国家科委核聚变专业组组长的身份向国家科委主任宋健提出《关于将受控核聚变能源开发列入国家长远规划重大项目的建议》。他奔走呼号，四处游说，告诫某些领导人，不要重复核电站因起步晚而发展速度缓慢的错误。

为了受控核聚变的研究能在中国尽早成功，他几乎进行了不屈不挠的争取，团结了与之相联系的各部门的人员，为着造福子孙万代的事业，他献出了自己红彤彤的晚年。

国防科工委主任丁衡高（左二）、国防科工委科技委副主任聂力（左一）向王淦昌拜年

王淦昌（左一）在参观
"863"成果展览

1993年2月，一支攻坚队伍，ICF专家组终于建成了。他们在王淦昌的亲自关怀与指导下，在全国几个大的核物理研究所的配合下，正所向披靡地在科技高峰攀登着。

鲜红的党旗在夕阳中飘动

在人生蜿蜒曲折的征途上，王淦昌走过了大半个春秋，在迈进72岁的金色晚年之际，他加入了中国共产党。他，一名曾经屡弱的知识分子，眼含热泪，在党旗下宣誓，像老战士那样高唱《国际歌》。

1984年4月18日，在联邦德国驻华使馆，王淦昌接受了西柏林自由大学授予他的荣誉证书，以纪念他在柏林大学获得博士学位50周年。这个荣誉是为获得学位50年后仍站在科研第一线的科学家设立的，德国人趣称为"金博士"。据说，王淦昌是享有这一荣誉的唯一的中国人。西柏林自由大学校长黑克曼教授将证书庄重

1984年5月9日西柏林自由大学授予王淦昌荣誉证书，以纪念王老在柏林大学获博士学位50周年仍站在科研第一线

地交给王淦昌，在致辞中称他为研究基本粒子的卓越科学家。

　　越是接近生命的黄昏，奋斗的激情越是炽热。1981年，他被选为原子能研究院的党委委员，权力越大越是关注周围平凡而普通的劳动者。他也更加谦虚和蔼，平易近人，经常在党小组会上说："我年纪最大却党龄最短，尽管一心想把工作搞好，但因缺点多，能力有限，只能生出许多的遗憾。欢迎大家多批评帮助啊。"他爱护年轻的科技人员，有如将军爱兵如子。在激光聚变研究过程中，一位助理研究员卢仁祥不幸患了肝癌，他得知后非常焦急，科技攻关离不开这些第一线的技术人员啊，他不仅写信去慰问，还亲自带着营养品到医院去探望。他坐在病人的床沿，亲手剥香蕉送到他嘴边，鼓励他安心治病，早日康复，重返科研第一线。温存的语言和真挚的情意感动了在场所有的人。人与人之间的距离、心与心之间的鸿沟被填平了。

　　他这一生是以实验物理著称，但他也始终注重基础研究，是为物理研究定方向的人。在这方面他一生有许多杰作。在一次国内举办的当代物理学家联谊会上，有老、中、青三代著名物理学家参加，李政道问他，王先生，在你所从事的众多项科研工作中，你认为哪项是你最满意的？他只用了5分钟，便简要叙述了他认为平生最满意的1964年提出的"激光引发氘核出中子"这一项。因为这在当时是一个全新的概念，而且这种想法引出了后来成为惯性约束核聚变的重要科研题目，一旦实现，将使人类彻底解决能源问题。

　　他的讲话受到与会同仁的好评。

王淦昌（右）与诺贝尔物理奖获得者李政道（左）亲切交谈

　　人们常说，饮水思源。王淦昌便是这样一位老人。当他已是80高龄时，却还时常怀念培育他成长的中学时代的老师。

　　那是上海的某个夏季，当他完成了预定任务之后，他特意走访了中学时代的母校和老师。他提着一兜营养品叩开他的表哥——崔老师的门。九旬高龄的崔雁冰，万万没有想到这位共和国的大部长、著名科学家还会记得自己，当即感动得不知说什么好。望着和自己几乎同样的满头霜发、满脸皱纹的老人，王淦昌竟还和少年时代一样，一进门就喊着："表哥，表哥！我看您来了！"那份纯真的感情使老人心里备感温暖。师生二人倾心交谈，畅叙昔日的师生情谊。王淦昌说自己这一生之所以

1987年6月王淦昌（右）在上海看望浦东中学英语老师崔雁冰先生

取得一些成绩，得益于中学外语基础打得牢，得益于崔老师教学有方。老人尽力回忆往事，赞扬他中学时代就已显露出过人的才华，预言他日后必能成就大事业，他的预言果然成真。

他缅怀先辈，尊敬师长，然而他更注重与年轻人的交往。他的家经常成为年轻人聚会的场所。就在他80岁寿诞之日，科技界老、中、青三辈人，他的学长、亲密的挚友和学生们，共同为他举行生日庆祝大会，称赞他"以杰出的科学贡献和高尚的科学道德赢得了几代科学家的尊重和爱戴，堪称一代师表"，并号召核工业战线广大职工向他学习之时，他却以谦虚的态度反思自己对新的科技知识掌握的不足，同时，他又精神抖擞地走上讲台，向人们汇报新近展开的"准分子激光"研究工作的

1987年5月28日祝贺王淦昌八十寿辰学术报告会后的留影
前排左起：周光召、伍绍祖、周培源、严济慈、王淦昌、赵忠尧、钱学森

情况。当投影仪在银幕上打出王淦昌的报告题目时，全场一片寂静，人们屏息倾听。一个八旬老人，洪亮的声音，清晰的言词，敏捷的思维，紧紧抓住全场每一个人。他的演讲把人们又引入一个世界前沿科学的新领域。

在核物理前沿辛勤奋斗了60年之久的王淦昌和他的国内外物理同行们，做出了一个大胆的预言，即：到2030年或2040年，可控的核聚变能可以进入商业化阶段。当代的物理学巨匠们，为21世纪的人类建造了一座丰碑。但在通向那个终极目标的路上，还有多少障碍、关口，多少疑难待人们去解决啊。

这样一项跨世纪的丰碑工程，必然需要国际合作。他们与美国、日本、法国的几个激光研究所经常互赠刊物，交流情况，

1988年王淦昌（中）参观中国科学院正负电子对撞机装置

互派人员往来，既观摩技术表演，又培养人才，为促进这一跨世纪的工程实施做不懈的努力。

他的脚步更勤了。

他经常应邀出席首都几所大学为青年学者的学术论文或科技发明颁奖的大会。

他应邀去高能物理研究所，为我国第一台正负电子对撞机的诞生做鉴定，并发表演讲。

他统领并时刻关注的核聚变能的研究，在北京、上海、四川等地正顽强地推进着。

他居高位却从不妄自尊大；他久负盛名，却又从不为名利所累。在关键时刻，他从不退缩以求一己的苟安，不忘记和众多的科技工作者一道，坚持为真理而斗争。崇高的使命感和责任感，使他从不间断地进行工作。即使在政治风暴激烈的"六四"风潮里，他亦能镇定地率领科学家小组出访俄罗斯，并

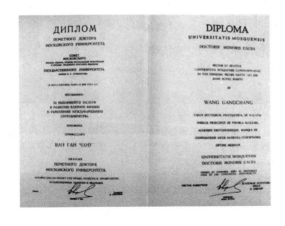

1990年10月3日莫斯科大学授予王淦昌名誉博士学位的证书

1990年10月3日莫斯科大学授予王淦昌（中）名誉博士学位

被莫斯科大学授予名誉博士称号。苏联国家科学院院士、莫斯科大学校长罗古诺夫亲切地握着他的手说："我们心中友谊的明灯，是任何政治风暴都吹不灭的！"

这就是科学巨子，王淦昌！

祖国因为有了他而自豪！

世界科学殿堂因为有了他而增辉！他的三代学生们，如今都已是国家的栋梁，在通向激光核聚变能的终极目标道路上，他们时刻感受到王老师那温暖的目光在关注着他们，那前进的步伐因而更坚定、更有力了！

附 录

王淦昌年表

◆ 1907年

阴历丁未年四月十七，阳历5月28日生于江苏省常熟县支塘镇枫塘湾。父亲王以仁行医为业。

◆ 1911年　4岁

父亲王以仁逝世。

◆ 1913年　6岁

入私塾读书。

◆ 1915年　8岁

入江苏太仓县沙溪小学读书。

◆ 1920年　13岁

母亲病逝。由大哥王舜昌和外祖母抚养。秋，考入上海浦东中学。

◆ 1924年 17岁

夏，在上海进技术学校学习汽车驾驶和维修技术。

◆ 1925年 18岁

春，在上海进技术学校学习汽车驾驶和维修技术。6月，"五卅惨案"后，参加反帝爱国运动，险遭巡捕拘捕。夏，考入清华首届本科。秋，到北京清华大学就读。

◆ 1929年 22岁

秋，毕业于北京清华大学物理系，是该校第一届物理系毕业生。毕业后，在清华物理系任吴有训的助教。

◆ 1930年 23岁

夏，考取江苏省官费留学生。秋，随即赴德柏林大学威廉皇家研究所。

◆ 1933年 26岁

12月，完成博士论文答辩，主考人冯·劳厄，答辩委员有迈特内、玻登斯坦等教授。

◆ 1934年 27岁

1月，离开德国，去法、意、英、荷等国做学术访问，见到卢瑟福、查德威克、埃利斯等物理学家。

4月，回至中国上海。

7月，到青岛山东大学物理系任教，讲授近代物理。

◆ 1936年 29岁

秋，应浙江大学竺可桢校长的聘请到杭州浙大物理系任教授。

◆ 1937年　30岁

5月23日至5月25日，玻尔访问浙大，与王淦昌讨论原子核与宇宙线物理。

11月5日，日军在金山卫登陆，浙大西迁浙江建德。

12月，南京、杭州相继陷落，浙大再迁江西吉安。

◆ 1938年　31岁

1月至2月，浙大在江西吉安开课。

2月底，浙大三迁江西泰和。3月至6月底，浙大在泰和开课。

6月30日至7月中旬，与张其昀、束星北、钱钟翰等教授及学生共20人组成前方战士慰劳队，经南昌、汉口到前线慰劳。

7月25日，江西九江沦陷。8月，浙大四迁广西宜山。11月1日，浙大开始在广西宜山开课。王淦昌开近代物理、军用物理等课。

◆ 1939年　32岁

2月5日，日机18架向浙大校舍掷炸弹118枚。7月，在"物理讨论"课上介绍铀核裂变的发现。与助教钱人元合作，试图用照相底片研究核反应。11月，广西南宁陷落，浙大开始五迁贵州遵义。

◆ 1941年　34岁

从贵州遵义寄出《关于探测中微子的建议》一文，10月13日，寄到美国《物理评论》编辑部，1942年1月发表。暑期，浙大理学院（包括物理系）迁往贵州湄潭。

◆ 1942年　35岁

1月11日。浙大物理系师生在湄潭以物理学会名义举办"伽利略逝世三百周年纪念会"，王淦昌作题为《原子核力场》的报告。

《关于探测中微子的建议》一文，1月在《物理评论》上发表后，J·S·阿伦按此建议做了实验，3月完成实验报告，发表于6月的《物理评论》上。

12月，在湄潭浙大物理系举行的中国物理学会贵州区分会第十届年会上，作题为《用化学方法研究宇宙线及原子物理之展望》的学术演讲，主张制造感光胶质块取代照相底片探测宇宙线粒子，并宣读《关于介子的人工产生》《寻求 β 射线发射的半衰期与原子序数的关系的尝试》。指导研究生叶笃正完成《湄潭近地层大气电位的观测研究》。

◆　**1944年　37岁**

4月10日，李约瑟到浙大参观后，在为遵义浙大师生作题为《战时与平时之国际科学合作》的讲演时，称赞浙大为"东方剑桥"。

◆　**1945年　38岁**

4月，《核力与重力的关系》一文又在英国《自然》上发表。

5月,《中子的放射性》一文，在《自然》上发表。8月下旬，作《关于原子弹及其原理》的报告。

10月，在中国物理学会贵州区分会第13届会上宣读论文：《关于初级宇宙线的本能》《一种新的有机活化磷光体》。12月，将《中子的反质子》一文，投寄英国《自然》，次年4月发表。

◆　**1946年　39岁**

从1945年开始到1946年上半年，指导忻贤杰完成实验研究报告《用机械方法产生磷光》（此论文1947年在《中国物理学报》发表）。

自贵州湄潭与程开甲合作《五维场论》一文投寄《物理评论》。6月1日寄到，10月发表。

夏，浙江大学迁回杭州。11月，浙江大学在杭州复课。

◆　**1947年　40岁**

由吴有训提名，因1942年《关于探测中微子的建议》一文，获第二届"范旭东奖"。

3月，自杭州寄出《建议探测中微子的几种方法》，当年在《物理评论》上发表。

9月，接受美国资助，赴美国加州大学伯克利分校物理系做访问学者。与琼斯合作研究介子的衰变。

◆　**1948年　41岁**

9月，与琼斯合作，完成《关于介子的衰变》一文，在《物理评论》上发表。

11月，美国科学促进协会出百年来科学大事记，中国人名列其中的仅有彭桓武、王淦昌二人。

◆　**1949年　42岁**

1月，从美国回到中国，带回一个云雾室。16日，出席杭州科协欢迎会，报告美国原子能研究近况。5月3日，浙江杭州解放。7月，到北平参加第一次全国自然科学工作者大会筹备会。

◆　**1950年　43岁**

1月，获得范旭东先生纪念奖的论文《微中子问题的现阶段》发表于《科学世界》上。4月，到北京任中国科学院近代物理研究所研究员，参加建所工作。10月，参加近代物理所所务会议，分工负责宇宙线物理部分。由严济慈先生介绍加入中国"九三学社"。

◆　1951年　44岁

5月，到四川参加土地改革运动。

◆　1952年　45岁

5月，与吴桓兴、林传骝等赴朝鲜战场，探测美军是否投掷了放射性物质。

10月，主持制订近代物理研究所第一个五年计划。

◆　1954年　47岁

物理研究所在云南落雪山建造海拔3000多米的高山宇宙线实验室。

8月，在《科学通报》上发表《苏联原子能核电站建成的伟大意义》一文，强调原子能的和平利用。

◆　1956年　49岁

9月，去莫斯科参加杜布纳联合原子核研究所成立会议，会后留在该所任研究员。

◆　1958年　51岁

被选为杜布纳联合原子能研究所副所长。

◆　1959年　52岁

3月9日，王淦昌小组在4万多张底片中发现了第一个反西格马负超子的事例。6月，苏联领导集团撕毁协助中国研制原子弹的协议。

◆　**1960年　53岁**

12月24日，王淦昌离开杜布纳联合原子核研究所，回到北京。

◆　**1961年　54岁**

3月底4月初，根据二机部钱三强等领导的约请，参加原子弹研制工作，到核武器研究院任研究员，负责有关物理实验。后又任副院长。开始在燕山脚下与一批科学家做爆轰实验。

◆　**1978年　71岁**

3月，在北京参加全国科学大会。夏，从四川调北京，任第二机械工业部副部长。

7月20日，兼任中国原子能研究所所长。10月，与第二机械工业部其他四位专家联名上书中央领导，提出发展我国核电事业的建议。

◆　**1982年　75岁**

10月，因发现反西格马负超子与丁大钊、王祝翔共获国家自然科学一等奖。

◆　**1985年　78岁**

4月，在北京联邦德国驻华使馆接受西柏林大学颁发的荣誉证书（表彰王淦昌在获得柏林大学博士学位50年后仍在科研第一线工作）。

◆　**1986年　79岁**

1月21日，与核工业部若干专家一起被中央领导人接见，座谈核能的和平利用问题。

3月，与王大珩、陈芳允、杨家墀一起，向中央领导人提出跟踪国外高技术发展的建议。在邓小平亲自指示和支持下，形成了后来的我国发展高技术的"863"计划。

◆　**1995年　88岁**

1月12日，获首届"何梁何利基金成就奖"。

◆　**1998年　91岁**

12月10日21时48分因病在北京逝世，享年91岁。

附注：

1999年9月18日，中共中央、国务院、中央军委隆重召开大会，表彰研制"两弹一星"有突出贡献的科学家，王淦昌被追

2007年5月28日中国核工业集团公司在人民大会堂举行"王淦昌院士诞辰百年学术思想座谈会"

2007年5月27日诺贝尔物理奖获得者杨振宁参观"王淦昌院士百年回顾展"

授"两弹一星"功勋奖。2000年春，王淦昌夫妇骨灰合葬于故乡常熟，叶落归根，一代师表长眠于虞山之巅。9月中国原子能摇篮——中国原子能科学研究院，举行王淦昌铜像揭幕仪式。2002年10月，九院一所（中国工程物理研究院）举行王淦昌雕像落成揭幕仪式。2003年9月，国家天文台1997年发现的小行星9国际永久编号为14588）正式命名为"王淦昌星"。2004年8月，《王淦昌全集》出版，全书共6卷，150万字。此书2007年获国家新闻出版总署"第一届中国出版政府图书奖"。2005年7月，九院八所（中国激光聚变中心）举行王淦昌铜像落成揭幕仪式。2007年5月，中国科学院、中国工程物理研究院、中国原子能科学研究院、浙江大学等相继举办王淦昌诞生一百周年系列纪念活动。国务院副总理曾培炎、著名科学家杨振宁应邀参加相关活动并讲话。